住房和城乡建设部"十四五"规划教材
高职高专通识教育系列教材

土木建筑类高职学生创新创业教育

中国建设教育协会就业创业工作委员会
浙江省建筑业院校产学研联盟　组织编写

朱国锋　主编　叶　玲　主审

中国建筑工业出版社

图书在版编目（CIP）数据

土木建筑类高职学生创新创业教育／中国建设教育
协会就业创业工作委员会，浙江省建筑业院校产学研联盟
组织编写；朱国锋主编. —北京：中国建筑工业出版
社，2020.4（2025.1重印）
住房和城乡建设部"十四五"规划教材　高职高专通
识教育系列教材
ISBN 978-7-112-24863-6

Ⅰ.①土…　Ⅱ.①中…②浙…③朱…　Ⅲ.①大学生
-创业-高等职业教育-教材　Ⅳ.①G717.38

中国版本图书馆 CIP 数据核字（2020）第 025387 号

《土木建筑类高职学生创新创业教育》是根据教育部大学生创新创业教育的基本要求，结合土木建筑类学生的专业特点而编写的创新创业基础类教材，针对在校高职学生如何学习创业而设计加入了QC活动、专利、工法编写等专业基础知识内容，这些内容也是将来学生从事土木建筑类工作时的基本工作技能。

本教材为土木建筑类高职高专院校创新创业公共基础课程的通用教材，也可以作为创新创业培训用书和立志创业的相关人员参考用书。

本教材配套数字资源由 32 节 MOOC 剪辑而成，若有意购买完整 MOOC 请致电（010）58337165。同时教师可通过以下方式获取课件：1. 邮箱：jckj@cabp.com.cn；2. 电话：（010）58337285；3. 建工书院：http://edu.cabplink.com。

责任编辑：刘平平　李　阳
责任校对：刘梦然

住房和城乡建设部"十四五"规划教材
高职高专通识教育系列教材
土木建筑类高职学生创新创业教育
中国建设教育协会就业创业工作委员会　组织编写
浙 江 省 建 筑 业 院 校 产 学 研 联 盟
朱国锋　主编　叶　玲　主审

*

中国建筑工业出版社出版、发行（北京海淀三里河路 9 号）
各地新华书店、建筑书店经销
北京鸿文瀚海文化传媒有限公司制版
建工社（河北）印刷有限公司印刷

*

开本：787 毫米×1092 毫米　1/16　印张：11½　字数：285 千字
2022 年 1 月第一版　　2025 年 1 月第四次印刷
定价：**38.00** 元（赠教师课件）
ISBN 978-7-112-24863-6
（35254）

本书编审委员会

主　　　任：刘杰
副主任委员：王凤君　项贻强　李　平
委　　　员：朱国锋　郑　立　叶　玲　李晓东　朱勇年
　　　　　　郑朝灿　楼天良　王春福　汪　洋　李小敏
　　　　　　陈　辉　林清辉　郑夏翊　杨海平　常　莲

本书编写组

组长：朱国锋
成员：吴芳珍　李卫平　王春福　吕正辉　刘永胜　许彦伟
　　　章　卉　项甜美　赵素萍　牛　艳

序 言

　　2015 年 5 月 13 日发布的《国务院办公厅关于深化高等学校创新创业教育改革的实施意见》(国办发［2015］36 号)，对加强创新创业教育提出明确要求。各地高校纷纷将创新创业课程纳入必修课，并推出一系列创新创业课程，考核、师资建设等改革项目。

　　大学生是创业活动中最具朝气和活力、最具创新精神的群体之一，需要给予特别关注和大力扶持，创新精神的培育是大学教育中一个非常重要的内容。另外，大学生就业是党和政府历来重点关注的热点工作，通过促进创业带动就业，是实施积极就业政策的重要举措，对实施扩大就业的发展战略具有十分重要的现实意义和长远的战略意义。

　　教育部在落实国务院关于创新创业教育的政策中，明确要求高校加强创新创业教育课程体系建设。把创新创业教育有效纳入专业教育、文化素质教育教学计划和学分体系中，建立多层次、立体化的创新创业教育课程体系。为突出专业特色，创新创业类课程的设置要与专业课程体系有机融合，创新创业实践活动要与专业实践教学有效衔接，积极推进人才培养模式、教学内容和课程体系改革。加强创新创业教育教材建设，编写实用性强且有特色的高质量教材。

　　由中国建设教育协会和浙江省建筑业院校产学研联盟共同组织编写的《土木建筑类高职学生创新创业教育》和《土木建筑类高职学生职业发展与就业指导》两本教材，较好地体现了土木建筑类鲜明的专业特征，运用现代教育思想理念编写而成的一体化、新形态教材内容适合土木建筑类高职学生特点和创业的实际情况。希望这两本教材能够对土木建筑类高职学生创新创业和就业指导起到有效的辅助指导作用，让更多怀揣梦想的优秀土木建筑类高职学生成功创业或就业，积极追求人生价值的实现。

中国建设教育协会理事长
全国住房和城乡建设职业教育教学指导委员会副主任委员　　刘杰

前　言

　　今天，通过就业实现人生发展已不再是高职院校毕业生的唯一选择。通过自主创业成就梦想，实现人生价值也已经成为不少高职院校毕业生的一种选择。尽管土木建筑类的创业比其他行业独立创业更为艰难和复杂，但还是有非常大的空间可以由高职学生去探索和实施。社会的进步、经济的发展所导致的人才需求变化，要求我们新时期高职学生具备就业和创业的双重能力。

　　也许，今天我们还没有强烈的创业欲望，认为自己不适合去创业，但是，职业的发展与成功比以往任何年代都离不开创业精神与能力的支撑，工作目标的实现和任务的完成更多地依赖创新、创业的思维与方法。创业能力已经成为新时代人才必备的基本素质。

　　这是一门需要占用你一些时间，但对你一生都会非常重要的课程，

　　这是一门以问题为导向，需要大家一起来讨论学习的新课程。

　　本教材融入土木建筑的元素，在规划本教材之初，我们对在校学生和土木建筑类企业进行了广泛调查，请他们提出自己的想法和意见。他们（在校学生）中有的说：

　　"鼓励自主创业好，也许我还不能独自创业，但是有同学创业，我愿意做他的合作伙伴。"

　　"我很开心学校能开设这个课程，希望能够早日在心中种下创业的种子。"

　　"在校期间就要加强创业能力的锻炼。"

　　但也有的同学反映：

　　"我只是来拿大学文凭的，创业跟我没关系。"

　　"我是学建筑施工的，我好像不需要学习创业知识。"

　　"创业太难，成功者少。"

　　还有的说：

　　"多给点钱，创业就一定能火。"

　　"怕亏钱的就不要选择创业。"

　　"我讨厌看老板的脸色工作，我一定自己干，自己创业。"

　　等等！

　　这些问题和顾虑都非常现实，这些问题有的不好回答，因为同样的问题在人生不同的时间段、不同的环境、不同的条件下的解决方式方法不尽相同，或者说不能照搬前人的经验和方法。本教材尽量以问题为导向，但主要目的不是给出结论，而是给出方法，引导同学们去思考，启发意识、树立观念、激发热情、培养精神、形成能力。愿本书能成为你创业起步的好伙伴。

目 录

认识创新创业

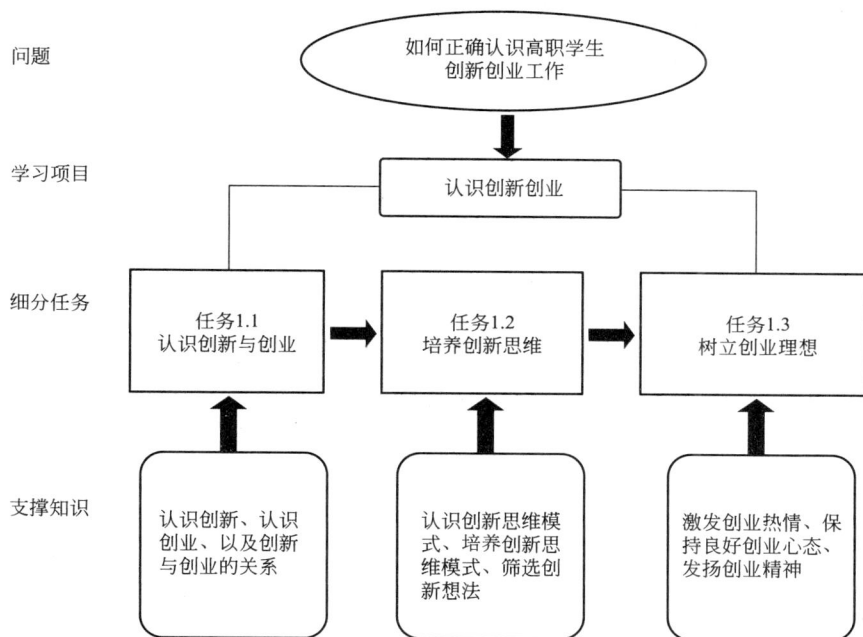

问题 → 如何正确认识高职学生创新创业工作

学习项目 → 认识创新创业

细分任务 →

任务1.1
认识创新与创业

任务1.2
培养创新思维

任务1.3
树立创业理想

支撑知识 →

认识创新、认识创业、以及创新与创业的关系

认识创新思维模式、培养创新思维模式、筛选创新想法

激发创业热情、保持良好创业心态、发扬创业精神

项目1 知识（技能）框架图

创新就是在消灭自己，不创新就会被他人消灭。

——华为技术有限公司创始人、总裁 任正非

【知识目标】

1. 掌握创新与创业的内涵；

2. 熟悉创新创业的基本方法；

3. 了解创新创业要素；

4. 了解创新思维和创业精神。

【技能目标】

1. 树立创业意识；

2. 学会创新的基本技法。

为什么要在高职学生中开展创新创业的教育工作？

当代高职学生面临严峻的就业形势，需要积极提升自我，适应当代社会发展的需要，使自己成为符合时代发展需要的复合型人才，而具有创新创业思维能力，是成长的基础。如何将在课堂上和书本上学到的知识与实践相结合，实践与认识如何紧密地结合，并给人类创造价值是大家普遍关心的问题。

创新创业就是一个认识与实践完美结合的过程。

任务 1.1　认识创新与创业

1.1.1　认识创新

1. 创新是什么

创新能力是人才的核心能力，尤其是创业人才特别需要创新精神和创新能力，可以说创新是创业的灵魂。

那么到底什么是创新呢？

一种说法认为：创新是以新思维、新发明和新描述为特征的一种概念化过程。这种说法强调一个"新"，但是不是只要是新的改变就是创新呢？显然是不够的。

第二种说法认为：创新是指以现有的思维模式提出有别于常规或常人思路的见解为导向，利用现有的知识和物质，在特定的环境中，本着理想化需要或为满足社会需求，而改进或创造新的事物、方法、元素、路径、环境，并能获得一定有益效果的行为。这种说法相对全面一些，体现了创新的几个内涵：一是新，二是基于现实，三是创造，四是有效性。但是这种定义方式失之于简洁，在实践中还是比较容易产生疑问。

创新这个词现在用得很多，其实它是一个经济学概念，是由奥地利经济学家约瑟夫·熊彼特（J. A. Schumpeter）首次提出的。按照熊彼特的观点，创新就是建立一种新的生产函数，也就是说，把一种从来没有过的关于生产要素和生产条件的"新组合"引入生产体系。

熊彼特把新组合的实现称为企业，把以实现新组合为基本职能的人们称为企业家，一些民营企业的企业家被大家称为"老板"。因此创新不只是一个技术概念，还是一个经济概念，是把现成的技术革新引入经济组织，形成新的经济能力。

【拓展阅读】 熊彼特在 1934—1944 年间研究提出强调企业家作用的交互式创新理论是第一代创新理论，如图 1-1 所示。

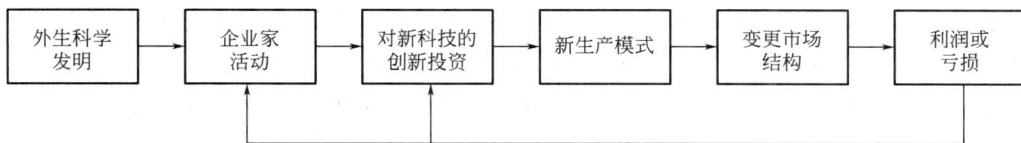

图 1-1　熊彼特的第一代创新理论

从图 1-1 可以看到，所谓创新是一个从新思想的产生到产品的设计、试制、生产、营销和市场化的一系列行动。表现为不同参与者和机构（包括企业、政府、学校、科研机构等）之间交互作用的网络。在这个网络中，任何一个节点都可能成为创新行为实现的特定空间。创新行为因而可以表现在技术、体制或知识等不同层面。

2. 创新的基本方法

创新方法有很多，作为对创新有想法的土木建筑类高职学生，要了解创新的基本方法，这里仅仅介绍最常用的：试错法、六顶思考帽法和头脑风暴法等三种。

（1）试错法

试错法指通过不断试验和消除误差，探索具有"黑箱"性质的系统方法。试错法是纯粹经验的学习方法，应用试错法的主体，通过间断地或连续地改变黑箱系统的参量，试验黑箱所作出的应答，以寻求达到目标的途径。主体行为的成败是用它趋近目标的程度或达到中间目标的过程评价的。趋近目标的信息给主体，主体就会继续采取成功的行为方式；偏离目标的信息反馈给主体，主体就会避免采取失败的行为方式。通过这种不断地尝试和不断地评价，主体就能逐渐达到所要追求的目标，如图 1-2 所示。

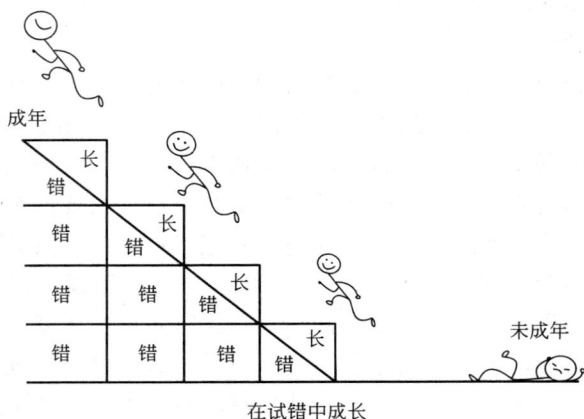

图 1-2　试错法图解

1）试错法的特点

试错法的特点有四个：解决问题导向、针对具体问题、不追求最佳解法和仅需最低限度的知识，即便对问题的领域只有少量的知识，试错法仍然可以应用。

2）试错法的运用

试错法即猜测-反驳法。因此，它的运作分两步进行，即猜测和反驳。

猜测是试错法的第一步。没有猜测，就不会发现错误，也就不会有反驳和更正。猜测在一定意义上就是怀疑，这种怀疑不是为了怀疑而怀疑，而是为了发现问题、更正问题，是秉承科学、审慎的态度而进行的有意识的怀疑。我们的认识方面来自于观察、实践，另一方面来自于大脑中已有的知识储存。然而，大脑中的知识储存并不是原封不动地被吸收、利用的，而是有选择地、批判地被吸收和利用的。这就需要猜测、怀疑，对已往知识进行修正，也只有修正过的知识才能融进新的认识、理论之中。

3）试错法运用的成功案例

在发明史上，最为经典的试错法案例莫过于爱迪生试制耐用灯泡的过程。在持续一年多的时间里，爱迪生尝试过 1600 多种材料，经过 7000 多次试验，才发现棉线做的灯丝，可以连续点亮 45 个小时。此前，有人问他失败千次的感觉如何，爱迪生却说："我没有失败，只是证实了上千种不能用作灯丝的材料而已"。至于"竹丝"和"钨丝"的发现，则是进一步试错的结果。

（2）六项思考帽法

六项思考帽是指使用六种不同颜色的帽子，代表六种不同的思维模式，是英国学者爱德华·德·博诺（Edward de Bono）博士开发的一种思维训练模式，或者说是一个全面思考问题的模型。它提供了"平行思维"的工具，避免将时间浪费在互相争执上。强调的是"能够成为什么"，而非"本身是什么"，是寻求一条向前发展的路，而不是争论谁对谁错。运用德博诺的六项思考帽，将会使混乱的思考变得更清晰，使团体中无意义的争论变成集思广益的创造，使每个人变得富有创造性。

六项思考帽法是一个比较值得大家去了解的创新理论，请大家阅读相关资料进一步了解。

（3）头脑风暴法

头脑风暴法由美国 BBDO 广告公司的奥斯本首创，该方法主要由价值工程工作小组人员在正常融洽和不受任何限制的气氛中以会议形式进行讨论、座谈，打破常规，积极思考，畅所欲言，充分发表看法。

头脑风暴法出自"头脑风暴"一词。所谓头脑风暴最早是精神病理学上的用语，指精神病患者的精神错乱状态，如今指无限制的自由联想和讨论，其目的在于产生新观念或激发创新设想。

在群体决策中，由于群体成员心理相互作用影响，易屈于权威或大多数人意见，形成所谓的"群体思维"。群体思维削弱了群体的批判精神和创造力，降低了决策的质量。为了保证群体决策的创造性，提高决策质量，管理上发展了一系列改善群体决策的方法，头脑风暴法是较为典型的一个。

1.1.2 认识创业

1. 创业是什么

关于什么是创业，有多种说法，比较抽象的说法可能更关注本质，但是不利于理解，比如有人定义创业为：不拘泥于当前的资源约束、寻求机会、进行价值创造的行为过程。

比较具体的创业概念，一般有两种理解，第一种是理解成"创办企业"，第二种是把创业理解成"开创事业"。开创事业的范围很广，在各行各业成为佼佼者都可以算开创事业，创办企业成为企业家只是开创事业的途径之一，所以一般我们把前者称为狭义的创业，后者称为广义的创业。

在商业时代，"创办企业"这个概念的确可以涵盖一大部分的创业实践，但是由于它用了"企业"这个具体的结果来定义创业，对创业的内涵难免有所限制。例如，有的人虽然自己没有条件和机会去创办企业，但是在为别人工作的过程中积极进取，勇于开拓，最终成为企业管理者或者技术骨干，这样的人应该是一个值得效仿的"创业者"；相反，如果一些人成立了一个企业，但是干的却是造假、欺诈的事情，这样的"创办企业"，我们当然不能称其为创业。

以"开创事业"来定义创业，范围更广，内涵更加丰富，比如上面所说，成为一个非

常优秀的从业者，学术上把这一类称为"内创业"或"岗位创业"。但是这种创业的概念和就业之间的界限就有些模糊，比如我们的创业教育如果只是让大家就业，那么创业教育和专业教育的区别是什么呢？

美国著名的创业管理专家提蒙斯（J. A. Timmons）教授在 1990 年提出了经典的创业管理模型。如图 1-3 所示。

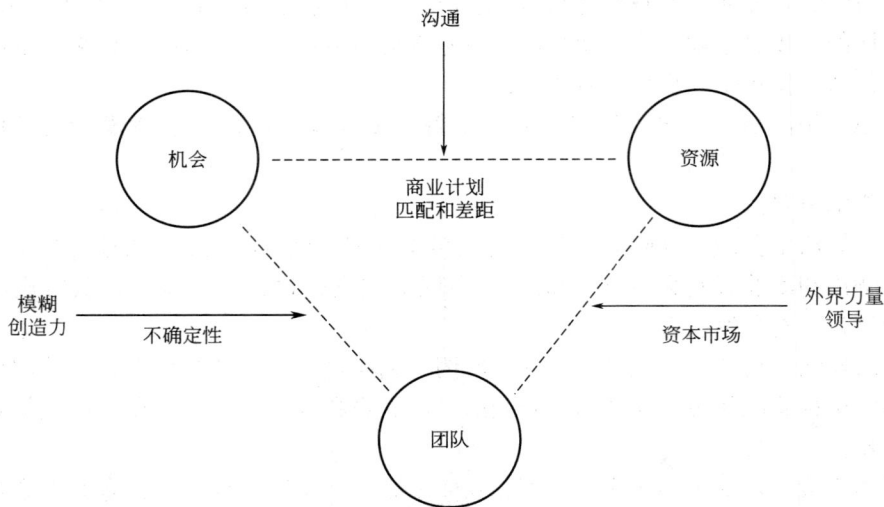

图 1-3　提蒙斯创业管理模型

在这个模型中，提蒙斯指出，影响创业的主要因素是团队、机会和资源。而创业过程也就可以看作是团队整合，利用资源，识别、开发机会的过程，也是不断调适、平衡、整合"机会、资源、团队"的动态过程。

有人把创业定义为一种精神，其实也是非常有道理的。仔细琢磨上面的两种定义，似乎都不全面，但是无论哪种定义里，真正的创业者其实都体现出一种精神追求和价值取向，这才是创业的本质。所以，创业教育最重要的体现并不仅仅是帮助大家去创办一个企业，而是帮助大家具备真正的创业者所应该具备的精神追求和价值取向。理解了这些精神追求和价值取向，并为之奋斗，你就是一个真正的创业者，你的奋斗过程，就是创业。

2. 创业的要素

（1）创业的基本组成要素

创业的基本组成要素就是创业活动所必须具有实质或本质的组成部分。大量的实践证明，创业成功是一系列要素科学组合的结果。创业者可以通过改善这些要素的组合来提高其创业成功的可能性。结合土木建筑类高职学生而言，创业的 6 个基本组成要素分析如下：

1）强烈的创业欲望

"欲望"，实际就是一种生活目标，一种人生理想。创业者的欲望与普通人欲望的不同之处，在于他们的欲望往往超出他们的现实，往往需要打破他们现在的立足点，打破眼前的樊笼，才能够实现。所以，创业者的欲望往往伴随着行动力和牺牲精神。

关于人的欲望，地产商冯仑有一段很精辟的论述。他说："地主的生活最愉快，企业家的生活最有成就感，奴隶主的生活最有权威。"地主地里能打多少粮食，预期很清楚，一旦预期清楚，欲望就会被自然约束，也就用不着再努力，所以，会过得很愉快。企业家不同，企业家的预期和他的努力相互作用，预期越高努力越大，努力越大预期越高，这两个作用力交替起作用，逼着企业家往前冲。如果用"创业家"代替冯仑这段话里的"企业家"，你会发现它同样贴切，或许我们可以套用一句伟人的话："欲望是创业的最大推动力。"

2）创业的胆量

研究发现，但凡成功人士都有某种程度的赌性，企业界人士犹然。很多创业者在创业的道路上，都有过"惊险一跳"的经历。

【拓展阅读】

周枫"婷美"内衣的破釜沉舟

当年周枫带人做"婷美"内衣，一个 500 万元的项目，做了两年多，花了 440 万元还是没有做成。眼看钱就没了，合作伙伴都失去了信心，要周枫把这个项目卖了。周枫说："这样好的项目不能卖，要卖也要卖个好价钱。"合作伙伴说："这个项目怎么能卖到那么多钱，要不然你自己把这个项目买下来算了。"周枫就真花 5 万元把这个项目买了下来。原来大家一起还有个合伙公司，作为代价，周枫把在这个合伙公司的利益也全部放弃了，据说损失达几千万元。单干的周枫带着 23 名员工，把自己的房子抵押出去，跟几个朋友一共凑了 300 万元。他把其中 5 万元存在账上，另外的钱，他算过，一共可以在北京打 2 个月的广告。从当年的 11 月到 12 月底，他告诉员工："这回做成了咱们就成了，不成，你们把那 5 万块钱分了，算是你们的遣散费，我不欠你们的工资。咱们就这样了！"这些话把他的员工感动得要哭，当时人人奋勇争先，个个无比卖力，结果"婷美"就成功了。周枫成了亿万富翁，他的许多员工成了千万富翁、百万富翁。

创业需要胆量，需要冒险。冒险精神是创业家精神的一个重要组成部分，但创业毕竟不是赌博。创业家的冒险，不同于冒进。有一个故事：一个人问一个哲学家，什么叫冒险，什么叫冒进？哲学家说，"比如有一个山洞，山洞里有一桶金子，你进去把金子拿了出来。假如那山洞是一个狼洞，你这就是冒险；假如那山洞是一个老虎洞，你这就是冒进。"这个人表示懂了。哲学家又说，"假如那山洞里的只是一捆劈柴，那么，即使那是一个狗洞，你也是冒进。"这个故事意思是说，冒险是这样一种东西，你经过努力，有可能得到，而且那东西值得你得到。否则，你只是冒进，死了都不值得。创业者一定要分清冒险与冒进的关系，要区分清楚什么是勇敢，什么是无知。无知的冒进只会使事情变得更糟，你的行为将变得毫无意义，并且惹人耻笑。

【拓展阅读】

比亚迪集团创始人、董事长兼总裁王传福的创业故事

是什么成就了王传福的创业神话，使之成为商界奇才呢？也许你以为答案肯定他的勤奋和汗水，但他却认为：要想成功，最关键的还是要有冒险精神。当然，冒险并不是想干什么就干什么，想怎么干就怎么干，我们需要聪明地冒险，用技术和经验做前提，以增大成功的胜算。

一个出身农家的人，在 26 岁时就成了高级工程师、副教授；创业几年后，他就将镍镉电池产销量做到全球第一、镍氢电池排名第二、锂电池排名第三，37 岁便成为饮誉全球的"电池大王"；2003 年，他斥巨资高歌猛进汽车行业，誓要成为汽车大王；2018 年 5 月 9 日，"2018 中国品牌价值百强榜"发布，比亚迪排名第 88 位，这个人就是比亚迪股份有限公司董事局主席兼总裁王传福。

王传福敢想敢干的作风为他的成功增添了砝码。香港风险投资公司汇亚集团董事兼常务副总裁王干芝说："王传福是我见到少有的非常 Focus（专注）的人，他大学学的是电池，研究生学电池，工作做的还是电池。"

比亚迪刚开始在香港上市时，作为公司的核心创始人，王传福就登上《福布斯》杂志"中国大陆百富榜"，但是，巨额财富并没有给王传福带来生活上的任何变化，他和妻子及 5 岁的孩子依然住在深圳龙岗区葵涌镇上一套两室一厅的房子里，开的是一辆开了很久的"凌志"。王传福身上唯一值钱的东西是一块"阿迪达斯"运动表，因为它能够显示很多地方的时间，通过它王传福可以确切地知道分散在全球的分支机构是在白天还是夜晚。

王传福早已视名誉和财富为无物了。相应的，随着个人财富和公司财富的增加，给王传福带来的更多的是责任和压力的增长，他现在要对两万多名员工的生活负责，有很强的社会责任感。

王传福知道，从电池行业进入到自己并不熟悉的全新行业，这本身就是一个非常大的挑战。因为有了这种挑战，也因为背负的社会责任，作为公司带头人的他在要求公司所有员工加强学习迎接挑战的同时，更要带领大家打造一支敢于冒险的团队。

为此，他说："冒险精神给比亚迪的初期发展带来了举世瞩目的成就，同样，比亚迪要成为汽车大王，同样需要冒险精神，更需要一支敢于冒险的企业团队。"

3）吃苦精神

古语里有一句"艰难困苦，玉汝于成"，还有一句"筚路蓝缕"，意思都是说创业不易。不易在哪里呢？首先是要忍受肉体上和精神上的折磨。

对一般人来说，忍耐是一种美德，对创业者来说，忍耐却是必须具备的品格。指甲钳大王梁伯强一次次创业，一次次辛苦累积财富，而每一次点滴积累的财富最后总是被各种各样"莫名其妙的原因"剥夺，一般人早发疯了，可梁伯强都忍下了。现在他是一个成功者。

老话说"吃得菜根，百事可做"。对创业来说，肉体上的折磨算不得什么，精神上的折磨才是致命的。如果有心创业，一定要先在心里问一问自己，面对从肉体到精神上的全面折磨，你有没有那样一种宠辱不惊的"定力"与"精神力"。如果没有，那么一定要小心。对有些人来说，一辈子给别人打工，做一个打工仔，是个更合适的选择。

创业之路从来都没有一帆风顺的，今天我们所看的成功者，创业无不经历了无数困难与坎坷，吃着常人不能吃的苦。只有准备吃苦的人才能成功创业。

4）一定的创业视野

人们都喜欢夸耀自己见多识广，对于创业者来说，就不是夸耀，是要真正见多识广。

广博的见识，开阔的眼界，可以很有效地拉近自己与成功的距离，使创业活动少走弯路。研究发现创业者的创业思路有几个共同来源。

第一，对将创业的行业背景有一定的了解。这也是一些创业前辈所说的不熟不做，从学校里出来，或者由原来所从事的职业下海，要从原来有的对行业的运作规律、技术、管理的了解程度来判断是否进入这个行业，进入一个熟悉的行业，创业活动成功的概率就会大很多。

第二，创业思路来自广泛的阅读。有些好的创业思路光靠冥思苦想是出不来的，要广泛阅读一些图书、报纸、杂志等。一些好的报道会启发你的思路。

第三，创业也需要广泛交友。很多创业者最初的创业想法也是在朋友启发下产生，或干脆就是由朋友直接提出的。所以，这些人在创业成功后，都会更加积极地保持与不同行业领域的朋友联系，并且广交天下友，不断地开拓自己的社交圈子。与朋友们进行头脑风暴，就能够不断地有新思路、新点子。

如昆明最大的汽车配件公司新晟源老板何新源至今仍保持着和朋友在茶楼酒馆喝茶谈天的爱好，何新源称其为"头脑风暴"。这样的头脑风暴，使他能够不断有新思路、新点子，生意越做越大，越做越好。

5）市场的敏感度

敏感不是神经过敏。创业者的敏感，是对外界变化的敏感，尤其是对商业机会的快速反应。

有谁能够从别人的一句话里听出8亿元的商机，而且是隔着桌子几个不相干之人的一句话？

这就是某企业家那个"一言8亿"的传奇故事。

能赚到这笔钱不是出自偶然，而是源于他的商业敏感。有些人的商业感觉是天生的，更多人的商业感觉则依靠后天培养。如果你有心做一个商人，你就应该像训练猎犬一样训练自己的商业感觉。良好的商业感觉，是创业者成功的最好保证。

【拓展阅读】

北京徐勇的"胡同游"创意

一些人的商业敏感来自耳朵，一些人的商业敏感来自眼睛，还有一些人的商业敏感来自于自己的两条腿。北京人都很熟悉什刹海边那些拉洋车的，黑红两色的装饰，非常显眼。这些人都是一个叫徐勇的年轻人的部下。1990年，爱好摄影的徐勇出版了一本名叫《胡同101像》的摄影集，有对中国民俗感兴趣的外国朋友看到这本影集，就开始请徐勇带自己去胡同参观，讲解胡同文化历史。徐勇立刻就意识到这里有机会。不久他的以北京"坐三轮逛胡同"为主题的旅游公司办了起来。当初徐勇将自己的想法告诉朋友和家人的时候，几乎遭到了所有人的一致反对，北京可看的东西太多了，故宫、长城、颐和园等，哪一个不比胡同更吸引人，有多少到北京来的人会有兴趣去看那破破烂烂的胡同，北京本地人更不会有兴趣。政府有关部门当时也不看好他的主意。现在，徐勇的"胡同游"却日进斗金，让所有人大跌眼镜。

6）一定的人脉资源

在中国，人脉就是一种强大的资源，也就是我们平时所说的"有关系"，创业不是引"无源之水"，栽"无本之木"。每一个人创业，都必然有其凭依的条件，也就是其拥有的资源。一个创业者的素质如何，看一看其建立和拓展资源的能力就可以知道。

创业者资源，其中最重要的一点是人脉资源的创业，一个创业者如果不能在最短时间之内建立自己最广泛的人际网络，那他的创业一定会非常艰难，即使其初期能够依靠领先技术或者自身素质，比如吃苦耐劳或精打细算，获得某种程度上的成功，我们也可以断言他的事业一定做不大。

第一是同学资源。创业者人际资源按其重要性来看第一是同学资源。现在社会上同学会很盛行，仅北京大学，各种各样的同学会就不下几十个。中国最好的工商管理学院之一的上海中欧工商管理学院，除了在上海本部有一个学友俱乐部外，在北京还有个学友俱乐部分部。中国人民大学、北京大学和清华大学等大学在北京、上海、广州、深圳都有同学会或校友会分会，在这些地方，形形色色的同学会也非常多。

第二是职业资源，第三是朋友资源。

（2）创业的成功要素

1）要诚信——创业立足之本

风险投资界有句名言："风险投资成功的第一要素是人，第二要素是人，第三要素还是人。"此话足以证明风险投资家对创业者个人素质的关注程度。在他们看来，创业项目、商业计划、企业模式等都可适时而变，唯有创业者品质难以在短时间内改变。

今天的市场经济已进入诚信时代，作为一种特殊的资本形态，诚信日益成为企业的立足之本与发展源泉。

所以创业者品质决定着企业的市场声誉和发展空间。不守"诚信"，或为"赢一时之利"，但必然"失长久之利"。反之，则能以良好口碑带来滚滚财源，使创业渐入佳境。

2）要自信——创业的动力

日本八佰伴集团创始人和田一夫开始时仅经营一家小水果铺，还被一场大火烧得"一无所有"。但是，在"不摧毁旧的，就不能建设新的"信念支持下，最终东山再起，成为名噪一时的创业家。

人的意志可以发挥无限力量，可以把梦想变为现实。对创业者来说，信心就是创业的动力。要对自己有信心，对未来有信心，要坚信成败并非命中注定而是全靠自己努力，更要坚信自己能战胜一切困难。

3）要有勇气——视挫败为成功之基石

硅谷有着"创业大本营"的美誉，在这儿，每年都有数以万计的企业倒下，同时也有成千上万的创业者一夜暴富。美国知名创业教练约翰·奈斯汉说："造就硅谷成功神话的秘密，就是失败"。失败的结果或许令人难堪，但却是取之不尽的活教材，在失败过程中所累积的努力与经验，都是缔造下一次成功的宝贵基础。成功需要经验积累，创业的过程就是在不断的失败中跌打滚爬。只有在失败中不断积累经验财富，不断前行，才有可能到达成功彼岸。美国3M公司有一句关于创业的"至理名言"："为了发现王子，你必须与无数只青蛙接吻"。对于创业家来说，必须有勇气直面困境，敢于与困难"接吻"。

4）要有一定的社交能力——借力打力觅捷径

以往人们总是强调自主创业，但如今这种观念正在改变，人际关系在创业和大学生创新创业教育的作用逐渐加大，人脉圈日益成为创业信息、资金、经验的"蓄水池"，有时甚至在商业活动中能起到四两拨千斤的神奇功效。

目前"朋友经济"在招商中的作用日益显现。北京大学中国金融投资家俱乐部的成员就包括投资公司老板、证券商、银行家以及政府部门金融方面官员，他们手中掌控着1200亿元资本和无限商机。

在当今提倡合作双赢的时代，过去那种单枪匹马的创业方式已越来越不适应时代需求。扩大社交圈，通过朋友掌握更多信息、寻求更大发展，日益成为成功创业的捷径。

5）要具有一定的合作能力——趋时避害形成合力

携程计算机技术（上海）有限公司总裁季琦告诉青年创业者，"携程网"的成功除了抓住当初互联网快速发展的契机，有一个良好的创业团队是关键。"携程网"的团队成员来自美国Oracle公司、德意志银行和上海旅行社等，是技术、管理、金融运作和旅游的完美组合。大家在一起创业，分享各自的知识和经验，同时也避免了很多创业"雷区"。

【拓展阅读】
创业的四种模式

通过对创业者的不同认识了解，大致有下面四种创业模式。

（1）复制型创业

复制原有公司的经营模式，创新的成分很低，就是大家所熟知的照样画瓢。例如一个土建类高职学生毕业后到一家土建测量设备店工作，这个店的客户群体主要是土建类施工企业，工作的主要任务是开拓市场，跑工地的项目部，联系设备供应商等，时间一长，摸清了其中的门道，后来离职自行创立一家与原服务测量店类似的新商店。新创公司中属于复制型创业的比率虽然很高，但由于这类型创业的创新贡献太低，缺乏创业精神的内涵，不是创业管理主要研究的对象。这种类型的创业基本上只能称为"如何开办新公司"，但若选择的时机恰当，成功的概率还是比较高的。

（2）模仿型创业

这种形式的创业，对于市场虽然也无法带来新价值的创造，创新的成分也很低，但与复制型创业的不同之处在于，创业过程对于创业者而言还是具有很大的冒险成分。例如某建筑工地的一个项目经理辞掉工作，开设一家当下流行的建筑项目全生命周期的咨询单位。这种形式的创业具有较高的不确定性，学习过程长，犯错机会多，代价也较高昂。这种创业者如果具有适合的创业人格特性，经过系统的创业管理培训，掌握正确的市场进入时机，还是有很大机会可以获得成功。

（3）安定型创业

这种形式的创业，虽然为市场创造了新的价值，但对创业者而言，本身并没有面临太大的改变，做的也是比较熟悉的工作。这种创业类型强调的是创业精神的实现，也就是创新的活动，而不是新组织的创造，企业内部创业即属于这一类型。例如研发单位的某小组在开发完成一项新产品后，继续在该企业部门开发另一项新品。

（4）冒险型创业

这种类型的创业，除了对创业者本身带来极大改变，个人前途的不确定性也很高；对新企业的产品创新活动而言，也将面临很高的失败风险。冒险型创业是一种难度很高的创业类型，有较高的失败率，但成功所得的回报也很惊人。这种类型的创业如果想要获得成功，必须在创业者能力、创业时机、创业精神发挥、创业策略研究拟定、经营模式设计、创业过程管理等各方面，都有很好的搭配。

3. 创业的四个基本阶段

（1）第一阶段

作为生存阶段的第一阶段，以产品和技术来赢得市场，只要有想法、有客户响应就可以，一句话，能养活自己，绝大多数的创业者都在这个领域徘徊，能够按照原先的计划，把根立住，把自己养活已经是一个不容易的开端。

（2）第二阶段

第二阶段为公司化阶段，通过规范化管理来增加创办企业的效益，这是需要创业者的思维从想法提升到思考的高度，而原先的搞关系就转变成一个个渠道的建设，公司的销售是依靠渠道来完成，团队也初步形成。

（3）第三阶段

集团化阶段表示进入了第三阶段。这时依靠的是硬实力（公司具有自己的核心竞争力），整个集团和子公司形成了系统平台，依靠的是一个个团队通过系统平台来完成管理，人治变成了公司治理，销售变成了营销，区域性渠道转变成一个个地区性的网络，从而形成了系统。思维从平面到三维，相当于你作为创业者已经可以坐着数钱，理论上是这样，要达到这个地步谈何容易。

（4）第四阶段

这是创业者的最高境界，成立集团总部阶段，集团总部的系统平台和各子集团的运营系统形成了一种体系。集团总部依靠的是一种可跨越行业边界的无边界核心竞争力（软实力），子集团形成的是行业核心竞争力（硬实力）。这样将使集团在各行各业取得它们在"单兵作战"的情况下所无法企及的业绩水平和速度。思维已从三维到多维，这也是企业发展所能追求和达到的最高境界。

这四个阶段也是企业发展的路径，一般创业者能到第二个阶段已经非常成功。

4. 创业者的基本类型

（1）生存型创业者

生存型创业者大多为下岗工人、辞职者和刚入社会的大学生，这是创业者数量最大的创业人群。一般初次创业范围均局限于商业贸易，少量从事实业，也基本是小型的加工业，当然也有因为机遇好成长为大中型企业的，但数量极少，由高职学生创业直接成功的案例非常少。仅想依靠机遇成就大业，早已是不切实际的幻想了。

（2）主动型创业者

主动型创业者又可以分为两种：一种是盲动型创业者，一种是冷静型创业者。前一种创业者大多极为自信，做事冲动，这种类型的创业者不太喜欢评估成功概率。这样的创业者很容易失败，一旦成功，往往就是一番大事业。冷静型创业者是创业者中的精华，其特点是谋定而后动，不打无准备之仗，或是掌握资源，或是拥有技术，一旦行动，成功概率通常很高。

（3）赚钱型创业者

赚钱型创业者除了赚钱，没有什么明确的目标。他们就是喜欢创业，喜欢做老板的感觉。他们不计较自己能做什么，会做什么。可能今天在做着这样一件事，明天又在做着那样一件事，他们做的事情之间可以完全不相干。甚至其中有些人，连对赚钱都没有明显的兴趣，也从来不考虑自己创业的成败得失。奇怪的是，这一类创业者中赚钱的并不少，创业失败的概率也并不比那些兢兢业业、勤勤恳恳的创业者高，而且这一类创业者大多过得很快乐。

1.1.3　创新与创业的关系

创新与创业之间的关系，可以有多种维度和视角，于是在不同的背景下有了各种不同的表述。比如：创新是创业的基础；创业是对创新的检验；创业是创新的载体和表现形式；二者相互促进、相互制约；还有说创新与创业二者目标同向、内容同质、功能同效、殊途同归。这些视角和表述，都有一定的道理，但有时也显得不够全面。但是在正确理解创新和创业的概念之后，我们再来理解创新和创业的关系，就比较容易得出清晰的答案。

创新和创业之间的关系就好比是珍珠和珍珠首饰之间的关系。单个的珍珠有其价值，大大小小各种颜色的珍珠如果能很好组合，形成一个美观的首饰，其价值会大大的提升。一个成功的创业，就是各种大大小小的创新组合，从这个角度说，创新是创业的基础，创业是创新的组合与提升。

一个首饰需要有很多的珍珠串起来，如果其中有一颗特别大的珍珠，这个首饰的价值就会大大提升。从这个角度说，一个伟大的创新可以成为创业的核心与灵魂，而创业就是这个创新的价值实现途径。这个核心的创新也有不同的类型，这就决定了创业企业的类型。以华为为例，华为坚持每年将10%以上的销售收入投入研究与开发，截至2015年12月31日，华为累计共获得专利授权50377件，其中90%以上专利为发明专利，可见科技创新是华为的核心价值之一。而另一个创业成功的手机企业小米，则较少在科技创新上投入，其核心创新是营销模式的创新。

以上创新和创业的关系，都是从创办企业的角度考虑。从大学生能力培养的角度来说，创业的实践是最好的创新能力培养方式，因为在创业实践过程中，大学生需要面对各种复杂的问题，解决这些问题的过程，就是创新能力培养的过程。所以，从这个角度来说，创业实践是创新能力培养的最佳途径，而创新能力提升是创业实践的必然结果。

【拓展阅读】

创新和创业之间缺什么？

如果有了创新的东西，创新的产品也好，创新的模式也好，是不是就等同于可以创业了？

如果可以等同的话，清华大学是我国拥有专利最多的一所大学，那清华大学就会是创业最多、出企业家最多的大学。但现实并不是这样。

那中国出企业家最多的学校是哪家？清华还是北大？都不是，是浙江大学。胡润研究院发布百富榜系列之《2016 信中利·胡润百富榜校友会特别报告》中说："浙大以 38 人排名第一，比清华多 16 人；北大以 26 人排名第二，清华以 22 人排名第三，人大以 20 人排名第四。浙大明星级企业家包括浙大首富史玉柱，80 后白手起家首富王麒诚、吴艳夫妇，步步高段永平和绿城宋卫平等。71％浙大毕业的上榜企业家将企业总部设立在浙江，而浙大首富史玉柱总部在上海。"

这个结果令人大跌眼镜，清华出了这么多成果做了很多创新，为什么不是清华？这是因为创新和创业之间还有一个重要的因素，这个因素就是企业家精神，浙江在经商方面的氛围是其中的关键。

任务 1.2 培养创新思维

创新思维与创业有着十分密切的关系。创新思维是创业的基础，创业推动着创新。创新思维是创业者必备的素质，是创业者开拓新领域、发展新事业、解决各种矛盾和问题的助推器。有时候，创新思维对创业者工作新局面有着决定性的影响，创业者只有在创业的过程中具有持续不断的创新思维和创新意识，才可能产生新的富有创意的想法和方案，才可能不断寻求新的模式、新的思路，最终获得创业的成功。

1.2.1 认识创新思维模式

3. 创新思维的涵义

1. 创新思维

（1）创新思维的涵义

创新思维是一种具有开创意义的思维活动，即开拓人类认识新领域，开创人类认识新成果的思维活动，它往往表现为发明新技术、形成新观念、提出新方案和决策、创建新理论。对领导活动而言，其表现在社会发展处于十字路口，为职业经理作出重大选择等。这是狭义上的理解。从广义上讲，创新思维不仅表现为作出了完整的新发现和新发明的思维过程，而且还表现为在思考的方法和技巧上，在某些局部的结论和见解上具有新奇独到之处的思维活动。创新思维广泛存在于政治、军事决策中和生产、教育、艺术及科学研究活动中。如领导工作实践中，具有创新思维的职业经理可以想别人所未想、见别人所未见、做别人所未做的事，敢于突破原有的框架，或是从多种原有规范的交叉处着手，或是反向思考问题，从而取得创造性、突破性的成就。

（2）创新思维的特征

1）独创性或新颖性。创新思维贵在创新，它或者在思路的选择上，或者在思考的技巧上，或者在思维的结论上，具有"前无古人"的独到之处，具有一定范围内的首创性、开拓性，一位希望事业有成或生活出意义来或做一个称职的领导的人，就要在前人、常人没有涉足，不敢前往的领域"开垦"出自己的一片天地，就要站在前人、常人的肩上再前进一步，而不要在前人、常人已有的成就面前踏步或仿效，不要被司空见惯的事物所迷惑。因此，具有创新思维的人，对事物必须具有浓厚的创新兴趣，在实际活动中善于超出思维常规，对"完善"的事物、平稳有序发展的事物进行重新认识，以求新的发现，这种发现就是一种独创、一种新的见解、新的发明和新的突破。

2）极大的灵活性。创新思维并无现成的思维方法和程序可循，所以它的方式、方法、程序、途径等都没有固定的框架。进行创新思维活动的人在考虑问题时可以迅速地从一个思路转向另一个思路，从一种意境进入另一种意境，多方位地试探解决问题的办法，这样，创新思维活动就表现出不同的结果或不同的方法、技巧。

例如，面对一个处于世界经济趋于一体化、竞争日趋激烈之中的小企业的前途问题，企业的职业经理不能无动于衷或沿用老思路，否则，只有死路一条。企业职业经理必须或是考虑引进外资，联合办厂，或是改组企业的人力、财力、物力的配置结构，并进行技术革新，或是加强产品宣传，并在包装上下功夫，或是上述三者并用。企业职业经理也可以考虑企业的转产，或者让某一大型企业兼并，成为大企业的一个分厂。这里的第一条思路是方法、技巧的创新，第二条思路是结果的创新，两种不同的创新都是创新思维在拯救该企业问题的应用。创新思维的灵活性还表现为，人们在一定的原则界限内的自由选择、发挥等。一般来讲，原则的有效性体现在它的具体运用上，否则，原则就变成了僵死的教条。

3）艺术性和非拟化。创新思维活动是一种开放的、灵活多变的思维活动，它的发生伴随有"想象""直觉""灵感"之类的非逻辑、非规范思维活动，而"想象""直觉""灵感"等往往因人而异、因时而异、因问题和对象而异，所以创新思维活动具有极大的特殊性、随机性和技巧性，他人不可以完全模仿、模拟。创新思维活动的上述特点同艺术活动有相似之处，艺术活动就是每个人充分发挥自己才能，包括利用"直觉""灵感""想象"等非理性的活动，艺术活动的表面现象和过程可以模仿，如凡·高的名画《向日葵》，人们都可以去画"向日葵"，且大小、颜色都可以模仿，甚至临摹。

4）对象的潜在性。创新思维活动从现实的活动和客体出发，但它的指向不是现存的客体，而是一个潜在的、尚未被认识和实践的对象。例如，在改革浪潮席卷全球的今天，无论是发达国家，还是发展中国家，都在寻求适合本国国情的改革之路，那么，这条路究竟怎么走，各国正在探索，即各国的职业经理们分别依据本国所面临的各种现实情况，进行创造性的思索，大胆试验，所以，这条路至今还不太清晰，还是潜在的，至多是处在由潜在向现实的不断转变之中。所以，创新思维的对象或者是刚刚进入人类的实践范围，尚未被人类所认识的客体，人们只能猜测它的存在状况，或者是人们虽然有了一定的认识，但认识尚不完全，还可以从深度和广度上加以进一步认识的客体，这两类客体无疑带有潜在性。

5）风险性。由于创新思维活动是一种探索未知的活动，因此要受着多种因素的限制和影响，如事物发展及其本质暴露的程度、实践的条件与水平、认识的水平与能力等，这就决定了创新思维并不能每次都能取得成功，甚至有可能毫无成效或者作出错误的结论。

2. 影响创新思维的因素

很多人认为创新思维是天生的，不会因为后天的学习而改变，真的是这样吗？美国斯坦福大学蒂娜·齐莉格（Tina Seelig）教授认为，创新并不神秘，它不过是思维习惯和外界环境共同作用的产物。她在这一模式中详细地说明了创新思维是受到哪些因素影响，它们之间又是如何互动的。

（1）影响创新思维的内部因素

蒂娜·齐莉格教授提出影响创新思维的内部因素：知识、想象力和态度。美国当代著名的心理学家、教育家、芝加哥大学教育系教育学教授本杰明·布卢姆，曾在 20 世纪 50 年代深入研究过人类的学习行为。他的研究主要集中在"你知道什么、你能做什么以及你的感觉怎么样"这三点对学习效果的影响，也就是通常所说的知识、能力和态度对学习效果的作用。而在创新思维培养中，"能力"一项可以具体化为"想象力"，因为创意必须要有想象力做依托。

4. 影响创新思维的因素

（2）影响创新思维的外部因素

无论我们怎样增加知识、发挥想象，保持积极的态度，终究逃脱不了外部环境的影响。而这些外部因素主要体现在以下三个方面：资源、环境和文化。

1）资源

资源指周围环境里一切可利用的东西。资金是一种资源，个人、专家、大学、公司等凡是能给你提供帮助，鼓励你创新的一切个体、机构都是一种资源。

知识与资源之间是相辅相成的，你了解的知识越多，得到的资源就越多。比如，你越得到如何钓鱼的知识，就能钓到更多的鱼。反之亦然，你生活的地方如果是渔乡，就必然懂得更多的捕鱼知识。因此，周围环境里的资源会影响到你的实质储备，同样，你的知识储备也反作用于资源的获得。这也是蒂娜·齐莉格教授在创新引擎模式中把资源这一因素放到与知识相应的位置上。

生活中有些资源是显而易见的，有些资源却需要一定的努力才可以得以发现，关键就要看你有没有善于发现可用资源的能力了。遗憾的是，很多人都忙着崇拜、复制其他地方的优秀资源，却忽视自己身边或许更优秀、更出色的资源。

2）环境

在创新引擎模式中，环境因素与想象力相对应，因为我们创建的外部环境正是内在想象力的直观反映。我们根据内心的想象来构建外部环境，反过来，外部环境加深或弱化我们的内在想象。在营造创新型工作或学习氛围时，管理层、教育工作者和家长要切记空间大小、奖惩制度、人员组合等因素都会影响到员工、学生创新思维的发挥，哪怕微小的变动都可能带来极大的影响。

3）文化

文化指集体对待问题的观点和态度。每个人都深受集体文化的影响，崇拜集体推崇的英雄模范，警惕集体鄙视的言行，遵守集体制定的规范。从早上睁开眼睛到晚上闭上眼睛，我们无时无刻不在接受集体灌输给我们的观念。个体、家庭、学校和企业共同营造了当地的集体文化，也就是说，文化是一个地区对待世界的集体观念，所以蒂娜·齐莉格教授在创新引擎模型里把文化因素放到与态度相对应的位置。

同时，文化并不是亘古不变的，而是不断流动的，不断变化的。文化的变化是先从一小部分人开始的，这部分人的观念逐渐被大家所接受，就形成了新的主流文化。一旦形成

主流文化，集体就会以立法的形式将它确定下来，从而进一步加固了这种观念，如此周而复始。因此，我们每个人都可以对周围的文化产生影响。

（3）内外因素的互相作用

你会发现创新引擎模型中的内部和外部因素是相关联系且互相作用的，我们可以来举几个例子：

1）态度-知识

对某事的态度很可能引发你的好奇心，从而促进你主动去了解相关的知识。

2）知识-想象力

有了丰富的知识储备，就可以自由地发挥想象，产生意想不到的创意。

3）想象力-资源-环境

根据内心的想象，利用身边一切可利用的资源，建造适宜创新的办公室环境。

4）环境-态度-文化

外部环境反作用于人的内在态度，共同对周围的文化产生影响。

内部因素作用于外部因素，外部因素反映内部因素，内、外因相辅相成，构成一个完整的整体。只有充分发挥各个因素的作用，潜在的创新思维才能被完全激活，才能使个体、团队或组织拥有渴望已久的快速创新能力。

创新思维是可以通过练习加强的。主动培养观察能力，学会横向、纵向的思考问题，换种方式提问，多提几个为什么，这几点只要坚持练习，创新思维必会有所增强。此外，也可以专门构建一些鼓励创新的环境，打造一支渴望创新的团队，营造一种不怕失败、大胆尝试的氛围，所有这些措施会进一步加深个人或团队的创新思维。

同时，你的创新引擎需要你亲自点燃，潜在的创新能力还需要你亲自释放出来。一旦启动了创新引擎，你就拥有了克服任何困难的能力，就能全面认识问题，分析问题，最终找到合适的解决方案。任何想法，无论最初看起来多么的荒谬离奇，只要通过想象力得以实现，都将会推动社会的进步。

因此，我们每个人都有义务发挥自己的创新思维，为自己的社会创造一个美好的未来。请开始点燃我们的创新引擎吧！

1.2.2　培养创新思维模式

一个人在生活、工作、学习中所呈现出来的行为、语言、选择都是由我们的思维方式决定的。我们常常被告知："读书是人类进步的阶梯""读书能够让你看到不同的世界"。然而，在固定的思维模式中，读再多的书，学习再多的知识，都只是不断增加知识容量和负担。因为你没有好的"系统"去容纳你的知识，你只是停留在知道的层面，却不能让你的知识为你所用。

思维就是承载知识的"系统"，只有不断更新自己的思考模式，才能真正运用知识完成你的能力升级。创新思维的六个思考模式，是帮助大家打开思维视野的一种非常有用工具。

1.2.3 筛选创新想法

经过发想环节之后，我们可能会产生上百个想法，而且这些想法大多都是无序零乱的，我们需要有一些方法帮我们来处理这些大量的信息，让结论慢慢从中显现出来。因此，在这一任务中我们将探讨如何有效地整理分析产生的想法，并且筛选出有价值的、有创造性的设想来加以开发实施。

1. 信息整理法——亲和图法

亲和图法，也称 KJ 法，是一种比较简单的信息整理法，它是人类学家川喜田二郎所开发的一种数据收集与归纳的思考方法，取其英文姓氏的开头字母缩写命名。

亲和图法是归纳法中的一种，将信息内在的联系，或者亲和性，加以整理归类，从复杂的现象中整理出思路，以便找出解决问题的方法。亲和图法的过程与原理，类似一个正金字塔形，从最底部的原始数据开始，不断向上归纳整合，最后得到金字塔顶端的精华结论。它的操作流程有以下几步：

第一步，设定主题。

第二步，提出想法。

第三步，卡片记录。关于主题的所有想法或收集到的数据都记录在卡片上，以一个想法一张卡片为原则。

第四步，找出关联。开始寻找想法之间的亲和性，把属性相同的卡片进行归类。

第五步，卡片分类。将相同属性的卡片归类在一起。

第六步，下索引标题。为该组同一属性的卡片群组赋予一个标题，如果标题下的不对，将连带影响结论的正确性。

第四步～第六步可以循环往复的使用，一直归纳整合到你觉得结论已经呼之欲出了，可以开始第七步。

第七步，进行结构化的图解。界定最后一组分属不同标题的卡片群组之前的关系，最好控制在 10 个以内，并以箭头等图解方式理清和整理。

第八步，找出结论。依据结构化图解，发展出一篇文章或故事，并引导结论。

以上就是亲和图法的操作过程，它可以帮助我们整理大量的信息，并且从中找到最具创造性最有价值的结论。

2. 想法筛选法——投票法

当产生了非常多的创新想法之后，我们就要考虑究竟哪些想法是可以优先转化为创新机会或者是真实项目的，那么我们如何进行选择和评估呢？这时候投票法可以帮助我们进行筛选。

投票法，顾名思义就是大家根据自己的标准遴选出最好的想法，并以投票的方式推选出公认的好想法。下面将介绍两种投票法：

（1）粘点法

粘点法是非常简单快速的一种决定想法优先顺序的方法，它的操作非常简单，步骤如下：

1）我们把所有想到的创新想法清晰整齐地贴在白纸、黑板，或者白板上，如果实在没有这样的东西，墙面，餐桌，书桌也是完全可以的。

2）把团队成员分为一些小组，比如最小的组可以是 2～3 人一组，方便大家可以在做出决策之前再进行一次讨论和斟酌，当然如果本来团队成员就比较少的话，也可以以个人为单位。

3）给每个小组或个人分发不同颜色的可以粘贴的小圆点，可以每组分发 10 个圆点。

4）给小组成员相互讨论的时间，商量一下要投票给哪些想法。

5）一旦小组决定好了，就选派一个成员上来把小圆点贴在想要选择的想法旁边，并且做好优先顺序排列，觉得最好的想法，可以多贴几个小圆点，以此类推，逐级递减。

6）所有的小组都完成粘贴之后，大家再进行一次观察和讨论，看看各个小组的选择是怎么样的。

7）按照小圆点的数量，筛选整理出最好的 5 个想法，可供下一轮讨论。

这一方法的优点是简便易行，快速高效，省时省力，但缺点就是它提供不了深度分析的思考内容。

（2）匿名投票法

匿名投票法是以个人为单位进行的，它可以让参与者感觉比较自由，有安全感，比较适合团队在焦虑，或者压力比较大的时候使用，它会很好地保护个人观点，尤其适合在团队成员意见分歧比较大的时候使用。但是保护个人观点的弊端就是会助长团队成员的偏执看法，所以主持人要注意在一开始就要说明，在筛选和评估想法的过程中，请大家要从大局出发进行思考。它的具体操作步骤如下：

1）由主持人或团队队长宣布要遴选的想法的数量。数量建议按照总数量的 10%～15% 的比例来计算。假设在发想环节已经产生了 100 个想法，那么可以遴选出 10～15 个想法。

2）要求每位参与者给遴选出来的想法分好等级。比如 A 代表最完美的想法，接下去 B、C 等，依次递减。

3）要求每位参与者考虑自己心中的遴选列表，并把每一个想法都写到一张卡片上。按照优先顺序，在卡片上标号序号，比如 1～5，然后在该想法后面标注好它的评价等级，如 A、B、C……。

4）当所有人都完成之后，卡片背面朝上，提交给主持人，由他进行整理和统计，并把投票结果展示在白板或黑板上。到这一阶段，投票过程都是保持匿名的。

如果你不喜欢用 A、B、C 来作为评估的方法，喜欢用分数来评估也是可以的，但是要注意，不要和想法的排列序号相重合，比如你要用 5 分制来评估，打 1～5 分，那么想法的排列序号就从 6 开始。这样统计起来就不会乱。

这两种投票法在激发了大量的创新想法之后使用，可以帮助你快速简单地进行筛选和评估想法，选出可以优先转化为创新机会或真实项目的想法。

【拓展阅读】

压力越大创新思维越活跃

——选自《斯坦福大学最受欢迎的创意课》

哈佛商学院的特瑞萨·阿玛贝尔、康斯坦斯·哈德利和史蒂夫·克雷默，多年来一直从事组织创意思维的研究。《哈佛商业评论》上曾刊登过他们合写的一篇文章，题目是"枪口下的创意"。在文章中，他们借助比喻，人们日常工作或生活的情景分为四类，下面我们来一一说明：

第一种情景是在无/轻度压力情况下表现出丰富的创意性思维。这时，由于没有或很少有压力，人们可以进行各种各样的尝试，创意性思维无限爆发，感觉就像在从事冒险活动一样。但是，能在无/轻度压力情况下，经得起安逸环境的诱惑，就必须有极强的自制力，不断寻求挑战激励自己。

第二种情景是在无/轻度压力情况下表现得完全没有或很少有创意性思维。这种情景很像坐在自动驾驶飞机的驾驶座里，不用担心一切驾驶问题。正是由于压力不足又缺乏自我控制的能力，人们很容易满足于现有的安逸，找不到明确的目标，把该做的事一拖再拖，最终感觉生活单调乏味，完全没有创新的激情。

与第二种情景刚好相反，第三种情景虽有足够的压力，但缺乏明确的目标，仍表现出创意匮乏。这时，人们感觉他们好像踏在永不停歇的跑步机上，传送带一直不停地转动，迫使你不得不疲于应付，却不知道究竟是在为什么奔跑。

第四种情景是在高压状态下激发起无穷的创意。这时，尽管人们明显感觉到背后巨大的压力，但他们深知自己在做什么，为什么要这么做，此时的任务对他们而言更像是使命，他们会发挥出所有潜在的创意思维。

1970年"阿波罗13号"宇宙飞船在登月途中氧气箱发生爆炸，舱内的3名宇航员的生命受到严重威胁。为了挽救宇航员的生命，美国国家航空航天局必须在几个小时内迅速研究出解决方案，展开一场分秒必争的太空救援任务。《枪口下的创意》描述了这段惊心动魄的历史：

1970年，"阿波罗13号"飞船在飞往月球的途中，服务舱内的二号氧气箱发生爆炸，直接破坏了舱内的空气过滤系统，使二氧化碳含量急剧升高。如果在极短时间内不将它修好或换掉的话，舱内宇航员将会处于极度危险的境地。当控制中心忽然接到飞船从遥远太空传来"休斯敦，我们出问题了！"的信息时，地上的所有工程师、科学家、技术人员都立刻明白他们肩上的担子有多重了。分秒必争，他们立即把造飞船用的全部材料都拿来，甚至是飞行手册也不放过，抱着一线希望，期盼着能用这些飞船里就有的材料设计一个新的空气过滤系统，方便宇航员复制。

在这种危急关头，工作人员充分发挥他们的想象力，终于设计出了一个新的过滤系统。尽管由于时间紧迫，新系统在外形上仍有待改进，但它足以挽救宇航员的生命。设计师称，即使宇航员的意识有多么的不清醒，他们还是可以按设计的原型自己组合一个新系统的。事实证明，新系统真的成功了，3位宇航员顺利返回了地球。

很显然，在上面的例子中，所有人都顶着巨大的压力，同时又表现出了超强的创意思维。一边是悬于一线的生命，一边是有限的时间和有限的材料，只有充分发挥想象力，借助无限的创意思维才能完成这个艰巨的任务。

在现实生活中，虽然像这么极端的情境很少，但类似的事情比比皆是。比如，我们常常突然接到老板的电话，要我们在极短的时间内，把看起来根本不可能完成的事情做好，或者把还没一点眉目的产品推向市场。

2001年的"9·11"恐怖袭击发生后，知名的网上拍卖商易趣公司决定开展一项名为

"美国拍卖"的慈善活动，希望在 100 天之内为 6 家不同的慈善基金会募捐 1 亿美元以帮助"9·11"事件的遇害家属。一般情况下，举办一场这样的慈善活动需要 5 个月的准备时间，但是在"9·11"事件的特殊情况下，易趣公司只用了 3 天就完成了全部的准备工作——第一天设计网站，第二天编码，第三天测试。共有 100 名工程师参与了这次活动，他们夜以继日地工作，每个人都感觉到强烈的使命感，殚精竭虑，终于在离规定时间还剩 1 小时完成了任务。

这个例子说明，在突发事件带来的巨大压力面前，人们潜在的创意思维往往会被激发出来，完成平时难以想象的任务。

任务 1.3　树立创业理想

1.3.1　激发创业热情

近年，大学生创业已成为我国学界和业界广泛关注的热点问题。当前我国大学生就业形势并不乐观，而高职学生就业竞争力较本科学生具有先天性弱势，为此我们高职院校加强对学生创业进行指导教育，引导学生树立创业意识，激励学生开展创业活动，激发创业热情，是带动和实现学生就业的好出路。高职院校应将创业激励教育贯穿于培养学生创业意识、规范学生创业行为、支持学生创业模式的始终，激励学生更多地了解认知创业，更多地参与创业活动，不断地增强创业能力，最终收获创业成果。

1. 帮助学生解读创业前景，激励学生形成创业意识

高职院校应为学生举办一场创业前景宣讲，内容涉及国家给予大学生创业的优惠扶持政策和为大学生创业营造的良好氛围，学校为学生创业提供创业知识、锻炼创业能力、整合创业资源、参与创业实践的多样平台，创业市场环境及诸多大学生创业成功实例等，给予学生一种意识激励，使学生认知到创业并不是遥不可及的，通过学校系统教育指导与自身努力配合是可以克服重重困难收获创业果实的；使学生认知到在严峻的就业压力下自己不是被动地选择创业，创业其实也是一种很有前景的理想职业选择，从而激发自己产生创业热情，形成创业意识。

2. 为学生创建完善的创业课堂，激励学生萌生创业行为

高职院校应是学生开设学习丰富创业知识的第一课堂，并且是学生创建巩固创业知识、掌握创业技能的第二课堂。在第一课堂中，创业型教师要教授学生掌握如何利用自身现有资源去猎寻创业机会、评价分析创业机会、采取正确的创业决策与盈利模式及获取创业成果等核心创业知识。在此基础上，创建形式多样的第二课堂，如邀请创业型企业家、成功创业的大学生进行系列创业讲座，为学生讲授他们的创业经历与经验；组织创业设想大赛、创业产品展示大赛等活动；利用校园网络开设"创业 BBS"栏目以服务学生与创业者在线进行创业咨询与经验交流等。这些课堂活动内容能促使学生具备创业的基础知识，掌握与锻炼创业的基本技能，树立创业信心，从而激发创业行为朝着正方向发展。

3. 为学生搭建创业实践平台，激励学生感受创业模式

高职院校应采用校企结合方式为学生搭建参与创业实践的平台。合作对象具有针对性与独特性，尽量寻找采用不同创业盈利模式的创业型企业进行合作，使学生真切感受不同创业模式的迥异与利弊，分析其优劣势及面临的机遇与挑战，以此激励学生选择适合自身知识、技能、信息和资金水平的创业盈利方式，并不断地对创业模式进行调整以满足创业进程需要。

【拓展阅读】

"最多跑一次"激发学生创业热情

"我的第二家公司很快能拿到工商执照啦！"这几天，李蒋辉和同学（图1-4）正忙着新公司的开张营业。"相比之前处处盖章的复杂流程和繁琐手续，现在只需到学校创业学院办公室走一趟，就能完成公司注册登记的全部流程。"

图1-4　李蒋辉与同学

李蒋辉是绍兴职业技术学院电子商务技术专业大二学生，2017年10月刚入学不久，就创办了"绍兴于帆网络科技有限公司"，利用社交媒体平台、淘宝平台，销售自己设计并注册的服装品牌系列产品，月销量超100万元。

李蒋辉说，是绍职院浓浓的创业氛围吸引了他。这位宁波小伙子高中时尝试过电商创业，高考填报志愿时，他选择就读该校电子商务技术专业。进校不久，他感受到绍兴纺织服装业发展优势，创办了第一家公司。他说，当时开办公司没一点儿经验，工商注册登记什么的，全找"代办"，跑了几个星期。最后在老师的指导和帮助下，顺利进驻该校"范蠡创业园"（图1-5）。李蒋辉的新公司叫"绍兴市越城区最后一公里电子商务经营部"。他说，这次注册登记不仅"不用跑""不用找代办"还"不用花一分钱"。

与李蒋辉一样，该校金融专业大一学子陈少少创办的"绍兴创邑网络科技有限公司"也即将开张营业。他说，学校的创业服务非常精准、便捷，自己信心满满。

图 1-5　范蠡创业园

2018 年 5 月，该校获评全省高校首批示范性创业学院。目前，有 43 个学生自主创业项目入驻范蠡创业园，吸引了 200 余名学子开展创业实践。其中有 16 个创业项目已注册成为法人公司，发展势头良好。如"火花传媒"创业项目去年 8 月获第八届全国大学生电子商务总决赛特等奖后，注册成立绍兴市灵深电子商务有限责任公司，运用社群电商升级新零售商业模式，现已获得 200 万天使轮投资。"久客网络"创业项目注册成立浙江久客网络科技有限公司，目前月营业额 800 余万。

为进一步深化创新创业教育，激发"双创"活力，孵化更多的学生创业项目成功走向社会并接受挑战、赢得发展，该校对入驻的学生创业项目，优化简化审查、确认、核准、备案等环节，提前做好学生创业注册所需材料的一系列盖章审批工作，还邀请校外有关专家讲解企业注册流程，介绍"工商全程电子化登记平台"使用方法并现场演示。如今，该校所有学生创业项目负责人可以一次性拿到法人公司注册所需的全部材料，并在创业学院办公室使用"工商全程电子化登记平台"完成自主申报，基本实现大学生创业注册登记"只进一扇门""最多跑一次"。

据悉，该校将进一步整合资源，精准、高效、便捷服务大学生创业，不断满足大学生创业的个性化需求，丰富创业体验，激发创业活力。

（资料来源：浙江新闻官网）

1.3.2　保持良好创业心态

人们常说，心态决定一切。不管做什么事情，想要成功的话心态很重要。创业者们想要创业，那就得心态要好。心态积极的话，结果也会很积极，要保持心态积极，环境就可以由你掌控，否则你就会被环境控制。在刚开始创业的时候很辛苦，每个人的心态都要保持良好，才不会乱了阵脚。每一个创业成功的人，在创业之初的艰苦都是难免的，俗话都说了万事开头难。在开始的时候，遇到的问题很多，最好能把工作都理顺，后期创业中才会更加轻松。如果心态不好的话，可以进行调整，但是要在初期就开始随时调整。

1. 勇往直前的心态

如果我跟你谈到创业，我想你第一时间想到的是找出一项没人做出来过的项目或服务，紧接着是各种各样的条件，经济、机遇、市场……每个人都会有一些想法，但是要去做，就一个个都认怂了。我不是说这些限制因素不用解决了，而是说我们必须要有勇于创业的精神，这些困难想要解决总会找到方法，我们不能在看到困难甚至还没上阵的时候就蔫了。有了想法敢去做才可能成功，我们在行动上也要是"巨人"。

2. 全力以赴的心态

既然选择了创业，就必须全心全力地投入到你的项目当中去。资金不足可以贷款，可以考虑融资，没有机会就去调查市场，去做广告投放，一切都需要你的团队竭力的付出，尤其是在创业初期，想要偷闲你就已经输了。有了创业的方向，就要顺势展开这条道路的各个脉络，尽全力付出，才能杀出一条血路。斑豹尽力却丢了食物，羚羊尽全力才能逃脱追捕，保全性命，相信其中的道理不言而喻。

3. 持之以恒的心态

我们所要面临的可不只是在最开始想到的困难，未来有太多未知的可能，而你的团队将可能面临空前的压力。可能之前所有的预设以及所有的努力都会成为一场空。这时候你可能会叹息，会呢喃道这样做还有什么意思，又或者团队内部出现了分歧……有太多难以预想的难题，而这个时候，你的团队必须坚定，必须挺过去。被打败了可以再来，但认输了一切就结束了。适当调整，协调沟通，一起抗压，也许明天就会苦尽甘来。再往前挖一步，就会甜泉涌出，相信希望就在下一个转角。

4. 团结合作的心态

纵观全世界各大名企，几乎没有能够不靠他人单打独斗的。显而易见，在你的团队有一定实力之后，就一定要借助第三方的资源，才能发展的更加壮大。作为创业者，一定要有与其他团队合作的心态以及识别合作伙伴的慧眼。选对了人，他就能成为你的助推器，选错了，那就可能会延误你们的发展，甚至导致你们全军覆没。另外，也要均衡好合作双方的利益，切莫因小失大。

我们的生活中不乏成功创业者的例子，比如 facebook 创始人扎克伯格，又比如"老干妈"创始人陶碧华，他们也都具有这些品质。拥有其中一种心态都不容易，能同时拥有这四种心态者，可以成就行业的独角兽了！希望在创业途中的同学们能够清楚这些心态的重要性。

1.3.3 发扬创业精神

1. 创业精神内涵

创业精神是指在创业者的主观世界中，那些具有开创性的思想、观念、个性、意志、作风和品质等。其内涵包含三个方面：一是对机会的追求，创业精神是追求环境的趋势和变化而且往往是尚未被人们注意的趋势和变化；二是创新，创业精神包含了变革、革新、转换和引入新方法——即新产品、新服务或者是做生意的新方式；三是增长，创业者追求增长，他们不满足于停留在小规模或现有的规模上，创业者希望他的企业能够尽可能的增长，员工能够拼命工作。因为他们

5. 创业精神的内涵

在不断寻找新趋势和机会，不断地创新，不断地推出新产品和新的经营方式。

创业精神具有高度的综合性、三维整体性、超越历史的先进性、鲜明的时代特性这些基本特性。

2. 创业精神的五大要素

创业精神的五大要素是激情、积极性、适应性、领导力和雄心壮志，具备这五种性格特征，创业者将在创业路途上勇往直前。我们经常听那些有名的企业家说起：在他们还没有运作百万美元规模的公司之前，借着在街边售卖饮料、在车库里生产些小玩意，逐步培养起自己的经商技能。看起来好像每一位成功的大人物都是为了商业而生的。不过企业家到底有哪些与众不同之处呢？是什么令某些人能够充满自信地积极面对失败挫折，先人一步达成自己的目标？

【拓展阅读】

第四次创业浪潮滚滚而来　年轻人如何抓住致富机会？

近期网上流传一个段子，大意是一个商人 10 年前卖房创业，经过 10 年的艰辛奋斗，赚来的钱只够把当年卖掉的房子买回来。

创业十年还不如买房一年！这个案例戳中了社会的痛点——在快速上涨的房价面前，创业与奋斗显得那么微不足道和被人耻笑。

从财富的角度看，买房和创业都是为了让生活更美好，没有对错之分。但从人生意义的角度看，买房绝对不能和创业相提并论，买房只是急于让自己过上所谓的"标配"生活，而创业则能让你走出一段意义非凡的人生历程。当你老了，回首一生，显然创业会更让你觉得不负当初的青春年少。

小组活动 🔍

扑克牌搭塔比赛

1. 活动目的

"扑克牌搭塔"活动是一项集动手、动脑、娱乐于一体的游戏，以体验"快乐、体验、创新"为目标，它是对学生规划设计能力、动手实践能力，相互配合能力的挑战。通过此游戏可以很好理解有"创业教育之父"之称的杰弗里·蒂蒙斯（Jeffry Timmons）教授提出的包含创业机会、创业团队、创业资源三个核心要素的创业过程模型。

2. 活动道具

（1）准备：两副扑克牌（学生自备、牌面完整）；

（2）时间：10 分钟；

（3）分组：按照指导老师要求进行分组；

（4）评委：由老师指定 2～3 人组成，负责计时、量高度；

（5）器材：秒表、米尺。

3. 活动规则

（1）各小组利用 1 副崭新的扑克牌，每副 54 张，自由搭建。

（2）扑克牌从地面开始搭建。允许参赛者以折、叠、弯、插等形式搭建具有一定高度的结构体；比赛过程中允许将扑克牌弯折，但不得折断、剪断，高塔最多只能使用 54 张牌（注：活动中不得使用任何粘合剂或第三方工具）。

（3）除扑克牌之外不得使用其他任何辅助材料。

（4）搭建完成后，参赛选手可举手示意老师来量高度，搭建的时间要求在 20 分钟内完成。搭建完成后向裁判员示意，等待裁判员进行测量。要求搭建完成后，扑克塔能够不借助外力保持 3 分钟的时间。

（5）评比：利用扑克牌搭建高塔，看谁搭得高，以高度决定最后的名次，高度相同者，根据其稳定性进行判定，或者看谁的用时少，用时少者胜。每个小组只提供一次成绩，参加评比。

4. 活动反思

（1）如何才能搭最高？最高有多高？

（2）如何才能又快又稳，什么因素最重要？

（3）团队分工如何？团队之间有没有合作可能？

项目实践

土建类专业校友创业案例分析

1. 实践目标

通过采集土木建筑专业校友案例，学习和理解创业的核心内容，分析其成功因素和发展前景。

2. 实践要求

（1）以小组为单位，5～7 人为一组；

（2）填写校友创业案例分析表，与其他小组交流。

3. 实践步骤

（1）访谈专业主任或任课教师锁定目标；

（2）电话或现场采访校友创业者；

（3）填写创业案例分析表（表 1-1），以电子版形式发送到教师指定电子邮箱；

（4）各小组交流校友创业案例分析。

创业校友案例分析　　　　　　　　　　　　　　　　　　　　　　表 1-1

创业校友简介：	
公司基本信息：	
创业项目核心内容：	
成功因素分析：	
发展前景分析：	

项目小结

高职学生在学校学习创新创业知识与毕业后自主创业并不是一回事，国家既要推进创业教育促进大学生学习创业，同时也鼓励支持大学生自主创业。通过本项目学习，要弄清学习创业与自主创业的关系问题，不少高职学生甚至老师都没有分清两者的关系，误以为学习创新创业就是需要毕业后去自主创业，这是一个片面的想法。

创业这个概念分为广义和狭义两种解释。狭义的创业是专指创业者为了获取利润而从事的生产、经营和服务活动，主要是开办企业、开创个体和家庭经营实体。广义的创业是指创业者的各项创业实践活动，其功能指向国家、集体和群体的大业，包括人们创造事业、创造基业、创办企业，创造新的模式、新的技术、新的产品、新的服务方式等。前者是基于商业领域，后者是基于所有的工作领域。学习创业不能简单地理解为开店办公司，赚钱发财。反之，也不能认为不开店、不创业就用不着学习这门课程。

目前，社会已经发展到一个创新创业的时代，但推进创新创业教育，鼓励大学生自主创业绝不仅仅是为了支持经商图利的行为，而是帮助大学生获得创业的动力和基础。实际上，多数同学是先工作，在工作中学习创业，获得个人成长进步；其中有的同学会在比较合适的时候跨越到商业领域去创业；也有部分同学一毕业就自主创业。但不论是自主创业，还是在工作领域创业，学习创业都是我们成长的需要，是社会发展的需要，是今天的需要也是未来的需要。

Chapter 02

项目2

辨识创新创业机会

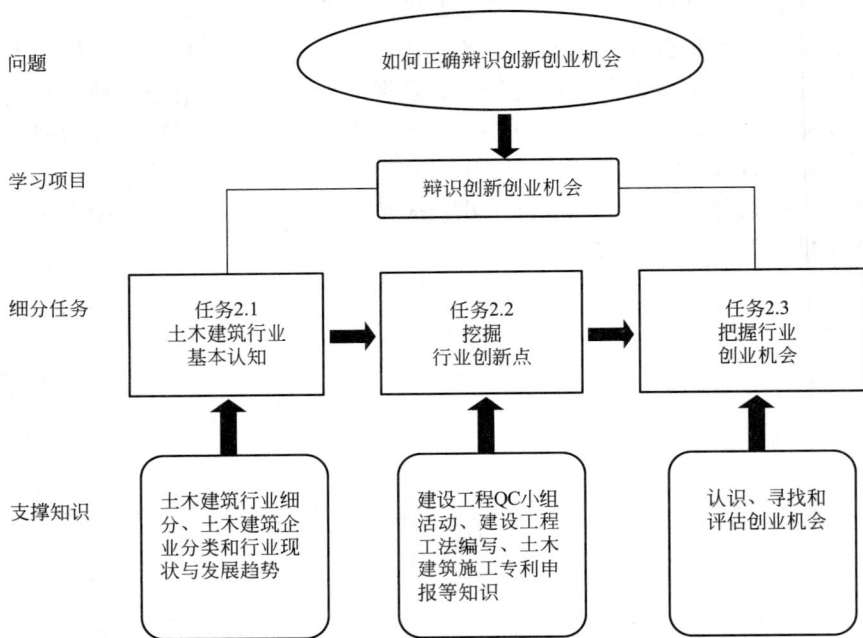

| 问题 | 如何正确辩识创新创业机会 |

| 学习项目 | 辩识创新创业机会 |

| 细分任务 | 任务2.1 土木建筑行业基本认知 | 任务2.2 挖掘行业创新点 | 任务2.3 把握行业创业机会 |

| 支撑知识 | 土木建筑行业细分、土木建筑企业分类和行业现状与发展趋势 | 建设工程QC小组活动、建设工程工法编写、土木建筑施工专利申报等知识 | 认识、寻找和评估创业机会 |

项目2 知识（技能）框架图

> 任何一次商机的到来，都必将经历四个阶段："看不见""看不起""看不懂""来不及"；任何一次财富的缔造必将经历一个过程："先知先觉经营者；后知后觉跟随者；不知不觉消费者"。

【知识目标】

1. 熟悉土木建筑行业的市场分类；

2. 了解土木建筑行业的企业分类和基本情况；

3. 了解土木建筑行业的现状和发展趋势。

【技能目标】

1. 掌握 1～2 项土木建筑类技术创新技能的方法（QC 小组、工法、专利）；

2. 学会辨识创新创业机会。

　　建筑行业就是一个围绕建筑设计、施工、运维而展开的行业，包括建筑本身及与之相关的装潢、装修等。建筑行业包括的范围广，企业数量多，行业中企业集中度不高，小型建筑企业尤其是承包队数不胜数，仅就这一点来说，行业内现有企业之间的竞争就足够激烈，但由于规模不同，企业之间竞争的项目或者环节也不同。建筑业是劳动密集型企业，吸纳了大量的劳动力。

任务 2.1 土木建筑行业基本认知

2.1.1 土木建筑行业细分

6. 建筑行业的特点

建筑业是国民经济的重要物质生产部门，是专门从事土木工程以及附属设施的建造，线路、管道和设备的安装以及装饰装修活动的行业，其产品是各种工厂、矿井、铁路、桥梁、港口、道路、管线、住宅以及公共设施的建筑物、构筑物和设施。

从管理的角度，可以从广义的建筑活动概念来界定建筑业的范围，即从工程范围、活动范围、主体范围三个维度界定建筑业范围。

1. 工程范围

（1）房屋工程建筑

（2）土木工程建筑

①铁路、道路、隧道和桥梁工程建筑；②水利和港口工程建筑；③工矿工程建筑；④架线和管道工程建筑；⑤其他土木工程建筑。

（3）安装工程

①线路安装工程；②管道安装工程；③设备安装工程。

（4）装饰装修工程

①房屋建筑的装饰工程；②房屋建筑的修缮工程。

2. 活动范围

（1）勘察设计活动。包括工程地质勘察，规划设计，建筑设计，结构设计，管、线及设备设计，装饰装修设计等。

（2）施工活动。包括土建工程施工、安装工程施工、装饰装修工程等。

（3）监理活动。对设计和施工活动进行监理。

（4）咨询服务活动。对工程建设的各个环节提供咨询服务，例如，工程造价咨询、招标投标咨询或代理、工程管理代理等。

（5）管理活动。政府有关机关和行业管理机构对建筑活动实施的管理。

3. 主体范围

（1）勘察设计单位。勘察设计单位开展勘察设计活动，承担相应的业务。这类单位可以是综合的，即勘察和设计的综合业务；也可以是单项的，即只承担勘察业务或者设计业务。

（2）施工单位。即承担基本建设工程施工任务的单位。

（3）监理单位。监理单位是指受业主委托对工程建设进行第三方监理的单位。

（4）咨询服务机构。目前我国这类机构主要有工程造价咨询机构、工程招标投标代理机构、工程管理代理机构。

（5）政府管理机构。即政府住房和城乡建设主管部门。

（6）行业管理机构。如工程造价管理机构、工程质量管理机构、招标投标管理机构等。

2.1.2　土木建筑企业分类

土木建筑企业是指依法自主经营、自负盈亏、独立核算，从事建筑商品生产和经营，具有法人资格的经济实体。具体地讲，土木建筑企业是指从事铁路、公路、隧道、桥梁、堤坝、电站、码头、机场、运动场、房屋（如厂房、剧院、旅馆、医院、商店、学校和住宅等）等土木工程建筑活动，从事电力、通信线路、石油、燃气、给水、排水、供热等管道系统和各类机械设备、装置的安装活动，从事对建筑物内、外装饰装修的设计、施工和安装活动的企业。建筑企业必须依法到工商行政主管部门登记注册并取得批准手续，经资质管理部门审查批准领取《建筑业企业资质证书》，并按证书核定的资质登记所规定的工程承包范围承担施工任务。

1. 按企业规模分类

按企业规模的不同，建筑企业可分为大型、中型和小型建筑企业。

2. 按专业类别分类

（1）对象专业化企业，如冶金、电力、化工、铁路、石油等建筑企业。

（2）建筑制品和构配件生产专业化企业，如混凝土预制厂、金属结构厂、构件预制厂、木材加工厂等。

（3）辅助、服务生产专业化企业，如建筑材料公司、运输和机修厂、机械租赁公司等。

（4）施工工艺专业化企业，如油漆、粉刷装修、水电安装、屋面防水、混凝土搅拌、升板、滑模等企业。

3. 按经营范围不同分类

按经营范围不同，建筑企业可分为综合性企业、专业性企业和劳务性企业。

4. 按资质条件分类

企业资质是指企业的建设业绩、人员素质、管理水平、资金数量和技术装备等。为了发展工程总包与分包新的行业管理体制，住房和城乡建设部于 2015 年颁布了新的《建筑业企业资质管理规定》，规定建筑业企业资质分为施工总承包资质、专业承包资质、施工劳务资质三个序列。施工总承包资质、专业承包资质按照工程性质和技术特点分别划分为若干资质类别，各资质类别按照规定的条件划分为若干资质等级。施工劳务资质不分类别与等级。

2.1.3　行业现状与发展趋势

在我国的现代化建设中，土木建筑类行业越来越成为国民经济发展的支柱产业。同时随着社会和科技的发展，建筑物的规模、功能、造型和相应的建筑技术越来越大型化、复杂化和多样化，所采用的新材料、新设备、新的结构技术和施工技术日新月异，节能技术、信息控制技术、生态技术等日益与建筑相结合。建筑业和建筑物本身正在成为许多新技术的复合载体。而超高层和超大跨度建筑、特大跨度桥梁及作为大型复杂结构核心的现代结构技术则成为代表一个国家建筑科学技术发展水平的重要标志。所有这一切都说明土木建筑类行业在工程中越来越体现出技术与创新的作用。

1. 土木建筑创新技术的发展现状

我国的土木工程建设从 20 世纪 50 年代起一直没有停过，且发展很快，尤其在近年来，发展更为迅猛。新的高楼大厦、展览中心、铁路、公路、桥梁、港口航道及大型水利工程在祖国各地如雨后春笋般地涌现，新结构、新材料、新技术大力研究、开发和应用。发展之快，数量之巨，令世界各国惊叹不已。高层建筑不仅越建越多，越建越高，而且其结构体系及布置形式也日趋多样化。框架结构、剪力墙结构、框架-剪力墙结构、框架-筒体结构等体系、巨型结构、转换层结构、悬挑结构及高层大跨框架结构等体系是目前常见的结构体系。大跨建筑、大空间建筑日益增多，多为混凝土结构和空间钢结构。

随着我国经济建设的迅速发展，公路、铁路运输事业突飞猛进，高等级公路里程快速增长。桥梁工程也取得了惊人的成就，伴随着桥梁类型的不断翻新，主跨跨度一再突破，而斜拉桥的复兴更是桥梁工程的另一个辉煌。

港珠澳大桥、杭州湾跨海大桥、杨浦大桥、南浦大桥、芜湖长江大桥、南京长江二桥等大跨桥梁的建成都标志着我国的大跨结构达到了一个新的水平，跨入世界先进行列。

（1）我国土木建筑创新成就巨大

近些年随着经济发展的需求，我国高层建筑的发展也走上了新的台阶。与建国初期相比，现在我国的高层建筑不仅数量上有增长，而且建筑的高度也是不断突破。建筑工程的不断发展，已经成为我国经济发展的重要组成部分。而土木工程在我国建筑工程和基础建设上发挥了重要的支撑作用。据初步统计，我国内陆在 20 层以上的高楼至少在 20000 栋，而 100m 以上的高楼也有 1000 栋以上，我国还发明了重型机械盖楼机，总重量 4000t，对建筑工程的效率大大提高。我国桥梁、公路、铁路等基础设施的水平也是飞速发展，我国的青藏铁路，连接我国的青海和西藏，全长 1118km，而建设中有将近一半的工程都是在多年的冻土地段展开的，这条铁路是世界上海拔最高和最长的铁路，也是我国西部大开发的标志性工程。这充分说明土木工程在我国基础建设方面有很大的发展空间，在未来经济发展中的作用也非常重要。

（2）新型建筑材料的运用

土木建筑工程在当代得到了充分的应用，也在新技术的发展上得到了创新。针对传统土木工程中遇到的需要改进的问题，我国已研发出新型建筑材料并在市场上得到了运用。新型材料的诞生主要是出于土木工程对质量的要求和成本上的考虑，很多新型的材料不仅能表现出更高的质量，而且能大大提高工程的效率，比如混凝土材料以高强度、快硬的特点替代了传统的水泥材料。涂层玻璃、钢化玻璃的运用都提高了我国建筑工程的水平，促进了行业的发展。

2. 土木建筑创新技术的发展趋势

（1）空间上的开发

伴随着我国城市化进程的加快，城市建设快速发展，城市规模不断扩大，城市人口急剧膨胀，许多城市不同程度上出现了用地紧张、生存空间拥挤、交通堵塞、基础设施落后、生态失衡和环境恶化等问题，被称之为"城市病"，给人类居住带来了很大的影响，也制约了经济和社会的进一步发展，成为现代城市可持续发展的障碍。为解决这些问题，我国的土木工程建设逐渐向高空和地下发展，以开拓更大的生产和生活空间。作为城市发展的产物之一，高层建筑物不仅在数量上越来越多，而且在高度上也越来越多，与地面高空发展相对应，地面下基坑开挖的深度越来越大。地下空间的开发也有着巨大的吸引力。原因在于目前我国城市地下空间开发不需要支付或支付很少土地费用。城市地下空间是一个十分巨大而丰富的空间资源，如果得到合理开发，其节省土地资源的效果是十分明显的，另外工程实践也表明，地下空间开发在我国一些大城市特别是沿海城市条件已基本成熟，而且是现代城市开发的必然趋势。

（2）高性能材料的发展

钢材将朝着高强、具有良好的塑性、韧性和可焊性方向发展。日本、美国、俄罗斯等国家已经把屈服点为 $700N/mm^2$ 以上的钢材列入了规范；如何合理利用高强度钢也是一个重要的研究课题。高性能混凝土及其他复合材料也将向着轻质、高强、良好的韧性和工作性方面发展。

（3）计算机应用

随着计算机的应用普及和结构计算理论日益完善，计算结果将更能反映实际情况，从而更能充分发挥材料的性能并保证结构的安全。人们将会设计出更为优化的方案进行土木工程建设，以缩短工期、提高经济效益。

在建筑设计、施工等领域，BIM 技术已经是一项很快得到应用的信息处理技术，BIM 的全称是 Building Information Modeling，在国内比较通用的翻译为"建筑信息模型"。目前，BIM 被誉为继 CAD 之后的第二次设计革命。与传统的二维图纸不同，BIM 可以说是三维、四维（空间＋时间）甚至更多维度的设计。可以构建建筑物的三维模型，同时还加入了时间的维度。

（4）环境工程

环境问题特别是气候变异的影响将越来越受到重视，土木工程与环境工程融为一体。城市综合征、海水上升、水污染、沙漠化等问题与人类的生存发展密切相关，又无一不与土木工程有关。较大工程建成后对环境的影响乃至建设过程中的振动、噪声等都将成为土木工程师必须考虑的问题。

（5）建筑工业化

建筑业长期以来停留在以手工操作为主的小生产方式上。1949 年后大规模的经济建设推动了建筑业机械化的进程，特别是在重点工程建设和大城市中有一定程度的发展。但是总的来说落后于其他工业部门。所以建筑业的工业化是我国建筑业发展的必然趋势。要正确理解建筑产品标准化和多样化的关系，尽量实现标准化生产。要建立适应社会化大生产方式的科学管理体制，采用专业化、联合化、区域化的施工组织形式。同时还要不断推进新材料、新工艺的使用。

建筑工业化，首先应从设计开始，从结构入手，建立新型结构体系，包括钢结构体系、预制装配式结构体系，要让大部分的建筑构件，包括成品、半成品，实行工厂化作业。一是要建立新型结构体系，减少施工现场作业。多层建筑应由传统的砖混结构向预制框架结构发展；高层及小高层建筑应由框架向剪力墙或钢结构方向发展；施工上应从现场浇筑向预制构件、装配式方向发展；建筑构件、成品、半成品以后场化、工厂化生产制作为主。二是要加快施工新技术的研发力度，主要是在模板、支撑及脚手架施工方向有所创新，减少施工现场的湿作业。在清水混凝土施工、新型模板支撑和悬挑脚手架有所突破；在新型围护结构体系上，大力发展和应用新型墙体材料。三是要加快"四新"成果的推广应用力度，减少施工现场手工操作。在积极推广住房和城乡建设部十项新技术的基础上，加快这十项新技术的转化和提升力度，其中包括提高部品件的装配化、施工的机械化能力。

（6）空间站、海底建筑、地下建筑

早在 1984 年，美籍华裔林铜柱博士就提出了一大胆设想，即在月球上利用它上面的岩石生产水泥并预制混凝土构件来组装太空试验站，这也表明土木工程的活动场所在不久的将来可能超出地球的范围。21 世纪的土木工程将是地下包括海底的世界。实际上东京地铁已达地下三层，在青函海底隧道的中部不仅设置了车站，还建设了博物馆。

（7）结构形式

计算理论和计算手段的进步以及新材料新工艺的出现，为结构形式的革新提供了有利条件。空间结构将得到更广泛的应用；不同受力形式的结构融为一体，结构形式将更趋于合理和安全。

（8）新能源和能源多极化

能源问题是当前世界各国极为关注的问题，寻找新的替代能源和能源多极化的要求是21 世纪人类必须解决的重大课题，这也对土木工程提出了新的要求，应当予以足够的重视。

任务 2.2 挖掘行业创新点

2.2.1 建设工程 QC 小组活动

QC 小组即 Quality Control（质量管理）的简称，是全面质量管理的四大支柱之一（PDCA 循环、标准化、质量教育、QC 小组活动），它是在生产或工作岗位上从事各种劳动的职工，围绕企业的经营战略、方针目标和现场存在的问题，以改进质量、降低消耗、提高人的素质和经济效益为目的组织起来的，运用质量管理的理论和方法开展活动的小组。建设工程 QC 活动已经成为建设工程管理中提高质量、降低事故和损失的一个重要手段。

我国从 1978 年开始，质量管理小组即 QC 小组由点到面，蓬勃发展，经久不衰，显示出了强大的生命力。建设工程 QC 小组活动是伴随全国 QC 小组活动的深入开展逐步发展起来的。多年来，各级建筑业相关协会积极鼓励企业员工参与建筑施工企业管理、质量改进和创新，坚持开展群众性质量管理活动，普及推广先进质量管理理念和方法，有效推动了建设工程 QC 小组活动开展。

建设工程 QC 小组活动的全过程还是一个比较复杂的过程,但在实际工作中非常有用,有兴趣的高职大学生应该在指导教师的辅导下多看案例、多钻研,若在学习期间就掌握 QC 小组的相关知识,是快速取得同行认同的一个重要技能。

无论是哪种类型课题的 QC 小组活动程序,都不是哪一个人随意杜撰出来的,而是人们对活动规律的认识和总结,并在此基础上概括出来的科学的思维和行为模式。这些程序的每一步骤之间都存在着内在的逻辑关系。QC 小组活动只有把每一步工作都做扎实、充分、透彻,才能避免在活动中走弯路,提高整个活动的有效性,最终取得满意的效果。

1. QC 小组活动基础

(1) QC 小组的性质

QC 小组是企业中群众性质量管理活动的一种有效组织形式,是职工参加企业民主管理的经验同现代科学管理方法相结合的产物。

(2) QC 小组的特点

1) 明显的自主性:QC 小组以职工自愿参加为基础,实行自主管理、自我教育、互相启发、共同提高,充分发挥小组成员的聪明才智和积极性、创造性。

2) 广泛的群众性:QC 小组是吸引广大职工群众积极参与质量管理的有效形式,不包括领导人员、技术人员、管理人员,而是更注重吸引在生产、服务工作第一线的操作人员参加。广大职工群众在 QC 小组活动中学技术、学管理,群策群力分析问题、解决问题。

3) 高度的民主性:QC 小组的组长可以民主推选,QC 小组成员可以轮流担任课题小组长,人人都有发挥才智和锻炼成长的机会;内部讨论问题、解决问题时,小组成员不分职位与技术高低,各抒己见、互相启发、集思广益,高度发扬民主,以保证既定目标的实现。

4) 严密的科学性:QC 小组在活动中遵循科学的工作程序,步步深入地分析问题,解决问题;在活动中坚持用数据说明事实,用科学的方法来分析与解决问题,而不是凭"想当然"或个人经验。

(3) QC 小组的宗旨

1) 提高职工素质,激发职工的积极性和创造性

QC 小组首先要创造一个尊重人、尊重知识、尊重创造的氛围,其主要目的是提高人员素质。当今时代,产品之间竞争的核心是人,因此,QC 小组的宗旨第一条就是要以人为本来开展工作,让人的积极性、创造性充分发挥出来。

2) 提高质量、降低消耗、改善环境,提高经济效益

提高质量、降低消耗、改善环境、提高经济效益,这一条宗旨是显而易见的。如果QC 小组不在这方面下功夫,小组就会失去生命力。

3) 建立文明的、心情舒畅的生产、服务、工作现场

QC 小组应该建立文明的、心情舒畅的生产、服务、工作现场。

以上宗旨决定了 QC 小组既完全符合企业广大管理者的需要,也符合全体员工的需要。因此,QC 小组具有顽强的生命力,而且是解决企业难题的一个有力武器。

(4) QC 小组的作用

提高人的素质,发掘人的潜能;预防质量问题和提高质量;有利于实现全员参加管

理；增强人与人的团结和协作精神；改善和加强管理工作，提高水平；提高小组的科学思维、组织协调、分析和解决问题的能力；有利于提高顾客的满意程度。

（5）QC 小组的组建

1）自愿参加，自愿结合

QC 小组活动不需要强制命令，必须是自愿参加，自愿结合的。在日本，QC 小组已经得到高度发展，老工人退休后，对接替自己工作的儿子最关心的问题就是儿子是否加入 QC 小组，并参加活动。自觉自愿地想办法解决问题，被认为是一个员工工作进入正轨的标志。

2）自上而下，上下结合

"自上而下，上下结合"的组建原则就是企业把关键的问题、重大的问题张榜公开招标，竞标之后由企业有关部门负责人和 QC 小组长签订合同，然后再开展活动。

3）实事求是，联系实际

企业 QC 小组的组建要遵循实事求是的原则，即"三个实"：求实、务实、扎实。要求结合实际，以求实的精神去开展活动，扎扎实实，以务实的工作态度来解决问题，绝不能为了完成某项指标和应付上级检查而开展活动。

4）灵活多样，不拘一格

"灵活多样，不拘一格"的组建原则有几种含义：第一，QC 小组的活动形式是灵活多样的。QC 小组之所以有凝聚力，是因为它活泼生动，不是一味地开会分析问题、研究解决问题，而是有意识改变枯燥的传统方式，调节生活，可以通过登山运动，组织体育比赛等活动来增加小组的凝聚力。第二，QC 小组的名称也可以多种多样，一般小组的名称比较乏味，如"某项目部质量关键攻关小组"，而有的小组名称则比较别出心裁，如取名"猛男小组"，就显得有阳刚之气，生动活泼。

（6）QC 小组注册登记

必须注册登记是 QC 小组与其他组织形式的显著不同点。企业成立 QC 小组必须向有关部门注册登记，不注册登记的将被视为黑户。

注册登记的内容包括小组名称、成立时间、小组人数、组长及成员姓名、课题形式、课题计划内容、课题起止时间、注册编号等。

QC 小组注册登记的目的在于，既方便管理者对小组活动的情况随时掌握，也可避免"假冒伪劣"的小组活动损害质量管理小组的名誉。

注册登记有两种情况：小组成员注册登记和课题注册登记。这实际上是填两张不同的表。人员的变动通常不大，但课题却是每年都会更换。

2. QC 小组活动课题类型及其程序

（1）"问题解决型"课题类型

问题解决型课题主要有现场型、攻关型、管理型和服务型四种类型。这些课题都是针对现状存在的某种问题，需要弄清楚其原因，并对主要原因采取改进措施，以改善现状，达到规定的标准和要求。他们的活动程序基本上是相同的，只是由于活动课题的目标值是指令性的或是自定的不同而略有区别。

8. QC小组
活动课题
类型

1）现场型课题

现场型 QC 小组以生产现场的班组长和班组的现场工人为主体组成，往

往以提高质量、降低消耗、完成某项指标为课题开展活动。现场型 QC 小组一般选择的活动课题较小，形式多样，难度不大，而且活动周期较短，较易出成果。因此，虽然这类小组课题的经济效益不是很大，但却受到国家的大力提倡。

2）攻关型课题

攻关型 QC 小组通常是由领导、技术人员和工人相结合组成，以解决关键技术问题为目的。攻关型 QC 小组课题的难度较大，但获得的经济效益也大。它的组织形式很可能是跨班组、跨车间的，甚至由几个部门联合组成。因此，攻关型 QC 小组通常是由工程技术人员或者是领导干部来当组长，以增加组长的协调能力。

3）管理型课题

管理型 QC 小组是由管理人员为主体组合起来的小组，以提高工作质量和效率，改变管理的落后面貌，提高管理水平为目的。课题的大小、难度不一，效果差别也较大。

4）服务型课题

服务型 QC 小组是以服务人员为主体组合起来的小组，它的活动目标主要是提高服务质量和提高经济、社会效益。活动课题不大，见效较快，其社会效益往往比经济效益明显。

（2）QC 的创新型课题类型

"创新型"课题，是运用新的思维方式、新的手段，以开发新产品、新项目、新服务、新工具、新材料、新方法等需要，实现新的目标的活动课题。

"创新型"课题的活动是小组加速开发新产品、开拓新业务、创造新的质量水平，以满足市场的需求和提高竞争力的需要，而不是为了总结成果在形式上的创新。因此，开展"创新型"课题是适应市场和企业需求的一种新的活动形式。而不是一种成果报告的新形式。

"创新型"课题的活动程序与其他四种课题类型有一定的区别，它要解决的问题及达到的目标是从未发生过的，因此就没有现状可调查，不需要去分析造成质量问题的原因。

（3）创新型课题与问题解决型课题类型的区别

"创新型"课题与"问题解决型"（包括"现场型""攻关型""管理型""服务型"等四种课题类型）课题，存在着本质的不同。主要体现在：

1）立意不同："创新型"是研制没有的东西，"问题解决型"是原有基础上改进或提高。如果选题在立意上突破常规、追新求变应选择"创新型"；如果提高或降低现有水平，达到规定要求或水平的则应选择"问题解决型"。

2）过程不同："创新型"没有历史可参考，所以没有现状调查、没有原因分析和确定主要原因。而"问题解决型"则必须对现状数据进行收集调查、并加以分析清楚。

3）结果不同："创新型"是从无到有，创新以前不存在的事件或产品，达到增值、增效的目的。"问题解决型"课题是在原有的基础上增加或减少。

4）使用统计方法方面不同："创新型"使用新七种工具非数据分析方法较多，"问题解决型"使用数据分析的统计方法较多。

3. QC 小组的活动开展程序的具体实施

QC 小组的活动程序（图 2-1）包括以下几个步骤：

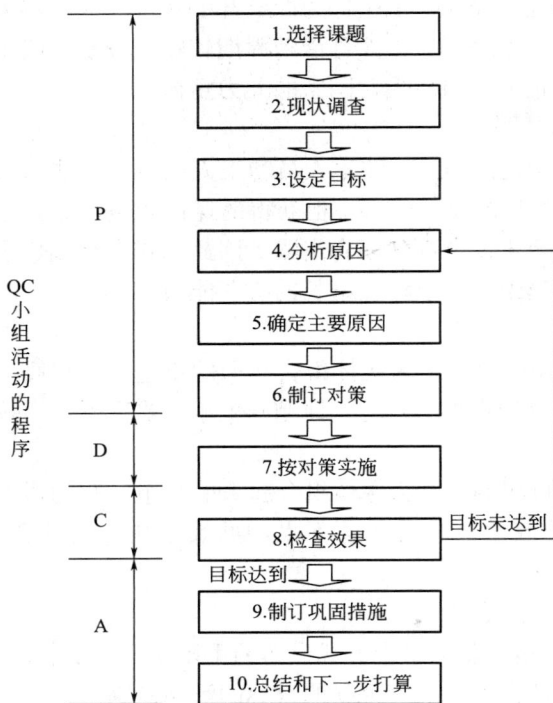

图 2-1　QC 小组活动开展程序

（1）选择课题

根据企业方针目标和中心工作选题；根据生产、工作现场中的关键或薄弱环节选题；根据用户需求选题。

（2）现状调查

现状调查的基本任务有两个：一是要把握问题的现在；二是要找出问题的症结所在，并为设定目标提供依据。

把握现状就是要必须弄清楚问题严重到什么程度，为此要对问题的现状进行全面、彻底的调查。只有将问题的现状彻底把握，才能制订小组的活动目标，分析原因，一步一步进行下去。因此，现状调查在活动中起到承上启下的作用。

（3）设定目标

设定目标是确定小组活动要把问题解决到什么程度，也是为检查活动的效果提供依据。设定目标与课题相对应，要明确并尽可能量化，目标设定以一个为宜。

设定目标所用的方法很多，通常可用柱状图、折线图等简易图表。

（4）分析原因

通过现状调查和分析，弄清了问题的来龙去脉，找到了问题的症结所在，并设定目标，明确了要把问题解决到什么程度，就可以分析问题的原因了。要全面、彻底、有针对性地分析问题，并且正确恰当地运用分析工具进行分析。

（5）确定主要原因

原因分析虽然找出了影响问题的各种原因，但是，这些原因中有些是影响问题的主要原因，有些则是一般原因，需要加以鉴别和区分，找出影响问题的主要原因，这个过程称为确定主要原因。

（6）制订对策

制订对策是小组活动重要环节之一，是对已经确认的主要原因，逐条提出解决或改进的措施计划。

（7）实施对策

对策制定完毕，小组成员就可以严格按照对策表列出的改进措施计划加以实施。在实施过程中如遇到困难无法进行下去时，应及时由小组成员讨论，如果确实无法克服，可以修改对策，再按新对策实施。

（8）效果检查

对策表中所有对策实施完成后，即所有的要因都得到了解决或改进，那么，效果检查就是在所有要因都得到了解决或改进后的条件下进行生产，并从中收集数据，与制定的目标进行比较，确定是否实现课题目标。

（9）制订巩固措施

取得效果后，就要把效果维持下去，并防止问题的再发生，为此，要制订巩固措施。

（10）总结和下一步打算

没有总结，就没有提高。小组在本课题得到解决后，要认真回顾活动的全过程，成功的经验与不足之处是什么，对成功经验加以肯定，有利于今后更好地开展活动；对不足之处也要进行总结，吸取经验教训，以提高解决问题的能力，使得今后在活动中少走弯路。

2.2.2　建筑工程施工工法编写

"工法"一词来自日本，《日本国语大辞典》将工法释为：工艺方法和工程方法。在中国，工法是指以工程为对象，工艺为核心，运用系统工程的原理，把先进的技术和科学管理结合起来，经过工程实践形成综合配套的施工方法。它必须具有先进、适用、保证工程质量与安全、环保、提高施工效率、降低工程成本等特点。工法的内容一般应包括：前言、特点、适用范围、工艺原理、工艺流程及操作要点、材料、机具设备、劳动组织及安全、质量要求、效益分析、应用实例。工法的审定工作按工法等级分别由企业和相应主管部门组织进行。

1. 工法的分类

根据 2014 年住房和城乡建设部发布的《工程建设工法管理办法》（建质［2014］103号），工法分为：房屋建筑工程、土木工程、工业安装工程三个类别。

房屋建筑工程是指各类房屋建筑及其附属设施和与其配套的线路、管道、设备安装工程及室内外装修工程，与其相关的工法都归入房屋建筑工程类工法；土木工程是建造各类工程设施的总称，既包括所应用的材料、设备和所进行的勘测、设计、施工、保养维修等施工活动，也包括工程建设的对象，即建造在地上或地下、陆上或水中，直接或间接为人类生活、生产、军事、科研服务的各种工程设施，与土木工程有关的工法称为土木工程类工法；工业安装工程包括工业设备、工业管道、电气装置、自动化仪表、防腐蚀、绝热、工业炉砌筑等，与之相关的工法被归类为工业安装工程工法。

以工法来源为划分标准，工法可以划分为：原创型工法、外嵌型工法和改进型工法。其中原创型工法是指通过总结工程实践经验，形成有实用价值、带有规律性、先进的新施工工艺技术，工艺技术水平达到省内先进、省内领先或国内先进、国内领先或国际先进水平，以此为基础形成的工法；外嵌式工法是指通过应用新技术、新工艺、新材料、新设备而形成的新施工方法；改进型工法是指对现有类似的工法再创新、再发展而形成的新施工方法。

以工法的认定单位级别为划分标准，工法可以分为企业级工法、省（部）级工法和国家级工法，实施分级管理。其相应要求见表 2-1。

工法的分级及标准
表 2-1

级　别	企业级(三级)	省(部)级(二级)	国家级(一级)
关键技术水平	本企业先进水平	省(部)级先进水平	国内领先水平或国际先进水平
经济效益或社会效益	一定	较好	显著

（1）企业级工法由企业根据承建工程的特点，通过工程实际应用，经企业组织评审和公布；

（2）省（部）级工法由企业自愿申报，由省、自治区、直辖市建设主管部门或国务院主管部门（行业协会）、中央管理的有关企业组织评审和公布；

（3）国家级工法由企业自愿申报，经省（部）级工法主管部门推荐，由住房和城乡建设部组织评审和公布。

2. 工法的选题与编制方法

（1）工法的选题

工法产生于建设的全过程，项目选题是至关重要的一个环节，所选项目应结合企业实际情况进行筛选，开发总结企业独特的施工工艺，或企业特殊工程的施工技术，表明工法是先进技术与科学管理结合的产物；所选项目应在广泛收集现有施工工法的基础上，结合工程创新点和特点进行开发，是创新性的工法，或是类似工法的延伸和发展；所选项目内容应较系统完整、技术含量高、推广应用前景广、环境保护作用良好、经济社会效益明显；所选项目应可操作性强，便于普及和推广应用。

好的工法题目能充分体现其工法的新颖性和先进性，是工法评选中的第一印象，能起着先声夺人的作用。工法的题目应该简练明确的反应工法的主题。突出反映工法的核心内容。工法题目宜由四部分内容构成：即工法对象、关键技术或核心工艺、工法功能和工法类别。应体现以下几方面特性：

1）通过推广新材料、新技术、新工艺、新设备而形成的专项施工工法；

2）专项施工技术已达到或超过本企业先进水平，在时间上先于同行业而编制的施工方法；

3）对类似的工法有所创新和发展而形成的新施工工法；

4）运用系统工程的原理和方法，对若干个分部分项工程工法进行整理而形成的综合配套的大型施工工法。

工法的新颖性和先进性表现主要是通过科技情报检索完成，一般分层次检索：行业内同类技术检索和国内同类技术检索。一般来说，哪一个层次没有此种经验或技术，那么在该范围内项目具有新颖性。检索中，要注意关键技术数量和质量的区别，只要具备明显区别，就可能具有新颖性。

3. 工法编写的基本内容

工法主要为项目管理层和施工管理层服务，供组织指导施工，其内容要能全面反映科技成果转化为生产力的实施方法。一项技术从形成到进行规范，不仅体现了技术的成熟，同时也体现了管理的成熟。工法作为一种类似于规范、规程的特殊文体，其内容组成、编写格式和语言结构都要进行严格的规范。一篇完整的工法必须按照以下的顺序展开：

（1）前言：简述本工法的形成过程、关键技术的鉴定和获奖的情况等内容。

（2）工法特点：说明本工法在使用功能或施工方法上的特点。

（3）适用范围：说明最适宜采用本工法的工程对象或者工程部位。

（4）工艺原理：说明本工法的工艺核心部分的原理和理论依据。

（5）施工工艺流程及操作要点：说明本工法的工艺流程及操作要点。

（6）材料与设备：说明本工法所使用的主要材料、施工机械等的名称和要求。

（7）劳动组织：说明本工法所需的工种及其构成、人员数量以及技术要求。

（8）质量控制：说明对最终产品的质量验收要求。

（9）安全措施：说明应该遵循的安全规定和在现场所采取的主要安全措施。

（10）环保措施：说明应该遵循的环境法规和在现场所采取的主要措施。

（11）效益分析：采用对比的方法进行分析，说明应用工法所取得的经济和社会效益。

（12）应用实例：说明采用了本工法的具体工程的名称、实物工程量和应用效果。

4. 工法编写的注意事项

（1）选题最重要

工法的选题应抓住核心工艺特征和最适用的工程对象选题，工法应该具有较高的技术含量。新编工法的题目不要与已有的工法重复，当原有工法修改修订后可用原有工法的题目，若关键技术有创新突破时也可改换题目，工法的题目应该简练明确地反映工法的主题，突出反映工法的核心内容。如果可能的话，应该在工法的题目中对工法的属性给以准确的定位。

（2）施工技术的规范化

必须以技术的成熟或基本成熟为基础。因此，编制施工工法时应该选择经过本企业的施工实践验证过的成熟的或基本成熟的先进技术。

（3）工法的先进性和适用性

工法的先进性和适用性是工法的灵魂与生命，一般地说，所编制的工法不要与已有的工法重复，除非新编的工法比原有的工法有了新的发展和提高。一项工法被审核通过，说明该工法在当时是先进的，但随着科学技术的发展和施工手段的进步，原有的技术必将因落后而被淘汰。如同国家规范被经常修订一样，旧工法也应不断地被新工法所替代，只有这样，才能保持工法的先进性和适用性。

（4）与主题无关的内容必须坚决删除

编写一篇工法的时候，对于工法的字数通常不作限制，可以多至数万字也可以少至数千字。工法编写深度必须能满足指导项目施工与管理的需要，对于应当叙述清楚的内容一定要说清楚，而与主题无关的内容则必须坚决删除。

（5）内容完整准确，专利可保护，避免重复和严禁剽窃作假

在工程的施工过程中，要注意原始数据的收集和整理，对施工中发生的重要问题要作好记录。在工法的编写过程中，对收集到的资料要认真研究分析，以发掘其内在规律性。对工法要反复加工，不断修改，使其深度能够满足指导项目施工管理的需要。工法编写应满足以下几个要求：

1）内容完整准确：工法内容要求完整，结构层次分明，用语准确、规范，使用专用术语必要时加以注释。为了清楚的表达工法的内容，对关键技术、施工工艺、机具设备可插入图、表、照片等进行说明，图、表、照片应清晰。

2）专利可保护：对工法中的专利技术或诀窍技术属保密范畴的，编写时可说明其代号，只作简要的描述，具体内容可从略。

3）避免重复和严禁剽窃作假：新编工法不要与已有工法重复工法编制企业应注意技术跟踪，加大技术创新力度，及时对原编工法进行修订，以保持工法技术的先进性和适用性。已批准的国家级工法如发现有剽窃作假等重大问题，经查实后会撤销其国家级工法称号，五年内不再受理其单位申报国家级工法。

2.2.3 土木建筑类专利申报

专利（Patent），从字面上是指专有的权利和利益。"专利"一词来源于拉丁语 Litter-ae patentes，意为公开的信件或公共文献，是中世纪的君主用来颁布某种特权的证明，后来指英国国王亲自签署的独占权利证书。

在现代，专利一般是由政府机关或者代表若干国家的区域性组织根据申请而颁发的一种文件，这种文件记载了发明创造的内容，并且在一定时期内产生这样一种法律状态，即获得专利的发明创造在一般情况下他人只有经专利权人许可才能予以实施。

1. 专利类型

在我国，专利分为发明专利、实用新型专利和外观设计专利三种类型（图 2-2）。

发明
Invention
保护期限：20年
授权时间：1～2年

实用新型
Utility Model
保护期限：10年
授权时间：6～9个月

外观设计
Design
保护期限：10年
授权时间：6～9个月

图 2-2 三种专利类型

（1）发明专利

发明不同于发现。发现是揭示自然界已经存在的但尚未被人们所认识的自然规律和本质。而发明创造则是运用自然规律或本质去解决具体问题的技术方案，包括对产品和方法的改进方案。发现是不能获得专利的。发明专利的保护期限为 20 年，自实际申请日起算。

（2）实用新型专利

实用新型与发明的不同之处：一，实用新型只限于具有一定形状的产品，不能是一种方法也不能是没有固定形状的产品；二，对实用新型的创造性要求不太高，而实用性较强。实用新型专利的保护期限为 10 年，自实际申请日起算。

（3）外观设计专利

外观设计是指对产品的形状、图案或者其结合以及色彩与形状、图案的结合所做出的富有美感并适于工业应用的新设计。外观设计专利的保护期限为 10 年，自实际申请日起算。

2. 专利的基本特性

（1）排他性

排他性也称独占性，它是指在一定时间（专利权有效期内）和区域（法律管辖区）内，任何单位或个人未经专利权人许可都不得实施其专利；对于发明和实用新型，即不得为生产经营目的制造、使用、许诺销售、销售、进口其专利产品；对于外观设计，即不得为生产经营目的制造、许诺销售、销售、进口其专利产品，否则属于侵权行为。

（2）区域性

区域性是指专利权是一种有区域范围限制的权利，它只有在法律管辖区域内有效。除了在有些情况下，依据保护知识产权的国际公约，以及个别国家承认另一国批准的专利权有效以外，技术发明在哪个国家申请专利，就由哪个国家授予专利权，而且只在专利授予国的范围内有效，而对其他国家则不具有法律的约束力，其他国家不承担任何保护义务。但是，同一发明可以同时在两个或两个以上的国家申请专利，获得批准后其发明便可以在所有申请国获得法律保护。

（3）时间性

时间性是指专利只有在法律规定的期限内才有效。专利权的有效保护期限结束以后，专利权人所享有的专利权便自动丧失，一般不能续展。发明便随着保护期限的结束而成为社会公有的财富，其他人便可以自由地使用该发明来创造产品。专利受法律保护的期限的长短由有关国家的专利法或有关国际公约规定。世界各国的专利法对专利的保护期限规定不一。

3. 专利授权的基本条件

（1）新颖性

新颖性是指在申请日以前没有同样的发明或实用新型在国内外出版物公开发表过、没有在国内公开使用过或以其他方式为公众所知，也没有同样的发明或实用新型由他人向专利局提出过申请并且记载在申请日以后公布的专利申请文件中。在某些特殊情况下，尽管申请专利的发明或者实用新型在申请日或者优先权日之前公开，但在一定的期限内提出专利申请的，仍然具有新颖性。我国专利法规定申请专利的发明创造在申请日以前 6 个月内，有下列情况之一的，不丧失新颖性：

1) 在中国政府主办或者承认的国际展览会上首次展出的;

2) 在规定的学术会议或者技术会议上首次发表的;

3) 他人未经申请人同意而泄露其内容的。

（2）创造性

创造性是指同申请日以前已有的技术相比，该发明有突出的实质性特点和显著的进步，该实用新型有实质性特点和进步。例如，申请专利的发明解决了人们渴望解决但一直没有解决的技术难题；申请专利的发明克服了技术偏见；申请专利的发明取得了意想不到的技术效果；申请专利的发明在商业上获得成功。一项发明专利是否具有创造性，前提是该项发明是否具有新颖性。

（3）实用性

实用性是指该发明或者实用新型能够制造或者使用，并且能够产生积极的效果即不造成环境污染以及能源或者资源的严重浪费，不会损害人体健康。如果申请专利的发明或者实用新型缺乏技术手段，申请专利的技术方案违背自然规律，或利用独一无二的自然条件所完成的技术方案，则不具有实用性。

4. 专利对建筑企业的主要意义

（1）保护技术

建筑业企业通过专利权的获得，取得某技术的独占权进而取得经济上的垄断地位，通过独有技术的保护提高企业竞争力。

（2）防范侵权

对企业而言，一方面要保护自己的产品不被侵权，另一方面也要防止自己的产品侵犯他人的权利。知识产权像盾一样，能够有效防止其他企业的矛。

（3）增加企业无形资产

企业资产不仅包括看得见、摸得着的有形资产，而且还包括看不见、摸不着的无形资产。无形资产的价值往往比有形资产的价值大得多，如一个技术含量高的专利，一个信誉良好的商标，其蕴含的市场价值是不可估量的。

（4）专利是企业创新能力的证明

要想了解一个企业的创新能力，一个简单的方法便是了解企业的知识产权拥有量。知识产权拥有量能够强有力地证明企业的创新能力，可以以此获取客户信任，树立企业品牌。

此外，知识产权还可以为企业带来许多利益，如许可他人使用知识产权的许可费，无形的广告效应，申请政府项目，获取政府资金支持等。

5. 专利的申请

专利申请一般有两种途径，一种是委托专利代理机构进行申请，另一种方法是自己通过"中国专利电子申请网"进行自主申请（图 2-3）。

（1）专利申请流程图（图 2-4）

（2）专利申请步骤

1）专利申请文件的填写和撰写

专利申请文件的填写和撰写有特定的要求，申请人可以自行填写或撰写，也可以委托专利代理机构代为办理。尽管委托专利代理是非强制性的，但是考虑到精心撰写专利申请

图 2-3　自主申请专利网站图示

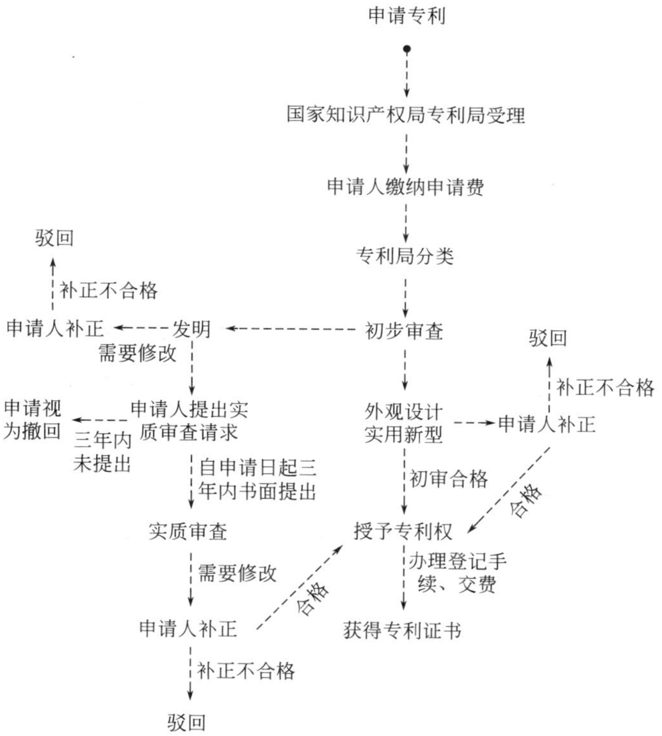

图 2-4　专利申请流程图

文件的重要性,以及审批程序的法律严谨性,对经验不多的申请人来说,委托专利代理是值得提倡的。

2)专利申请的受理阶段

专利局收到专利申请后进行审查,如果符合受理条件,专利局将确定申请日,给予申请号,并且核实过文件清单后,发出受理通知书,通知申请人(图 2-5)。

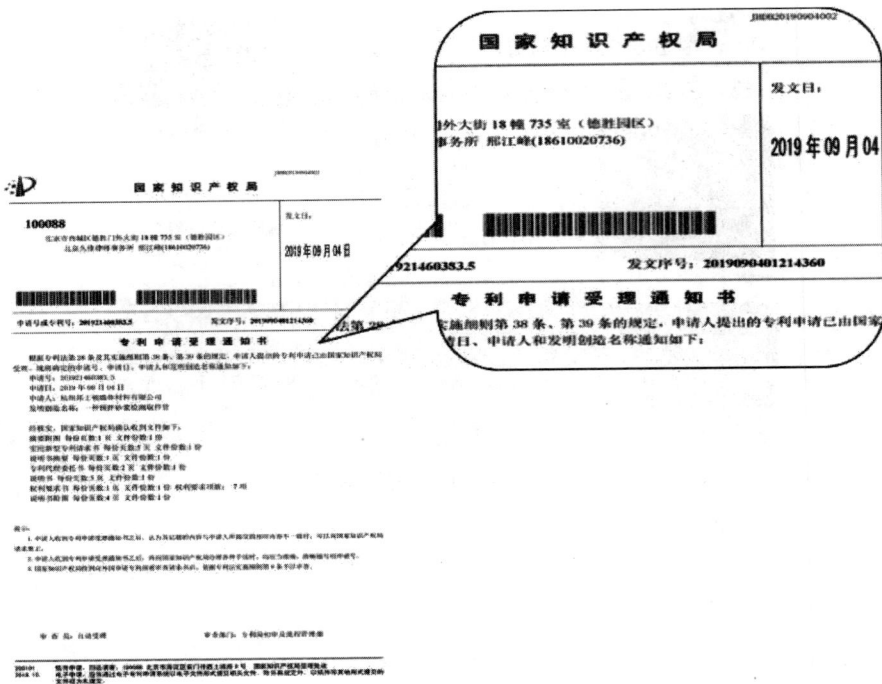

图 2-5 专利申请受理通知书

3）缴纳申请费

面交专利申请文件的，可以在取得受理通知书及缴纳申请费通知书以后缴纳申请费。通过邮寄方式提交申请，应当在收到受理通知书及缴纳申请费通知书以后再缴纳申请费，因为缴纳申请费需要写明相应的申请号，但是缴纳申请费的日期最迟不得超过自申请日起 2 个月。

4）专利审批程序

依据专利法，发明专利申请的审批程序包括：受理、初审、公布、实审以及授权五个阶段。实用新型或者外观设计专利申请在审批中不进行公布和实质审查，只有受理、初审和授权三个阶段。

5）对专利申请文件的主动修改和补正

对专利申请文件的主动修改和补正也是申请人可以视需要选择的一项手续。实用新型和外观设计专利申请，只允许在申请日起 2 个月内提出主动修改；发明专利申请只允许在提出实审请求时和收到专利局发出的发明专利申请进入实质审查阶段通知书之日起 3 个月内对专利申请文件进行主动修改。

6）公布阶段

发明专利申请从发出初审合格通知书起进入公布阶段，如果申请人没有提出提前公开的请求，要等到申请日起满 15 个月才进入公开准备程序。如果申请人请求提前公开的，则申请立即进入公开准备程序。

7）实质审查阶段

发明专利申请公布以后，如果申请人已经提出实质审查请求并已生效的，申请人进入实审程序。如果申请人从申请日起满 3 年还未提出实审请求，或者实审请求未生效的，申请既被视为撤回。在实审期间将对专利申请是否具有新颖性、创造性、实用性以及专利法规定的其他实质性条件进行全面审查。

8）授权阶段

实用新型和外观设计专利申请经初步审查以及发明专利申请经实质审查未发现驳回理由的，由审查员作出授权通知，申请进入授权登记准备，经对授权文本的法律效力和完整性进行复核，对专利申请的著录项目进行校对、修改后，专利局发出授权通知书和办理登记手续通知书，申请人接到通知书后应当在 2 个月之内按照通知的要求办理登记手续并缴纳规定的费用，按期办理登记手续的，专利局将授予专利权，颁发专利证书，在专利登记簿上记录，并在 2 个月后于专利公报上公告，未按规定办理登记手续的，视为放弃取得专利权的权利。

6. 专利的撰写

（1）专利申请文件的组成

根据《专利法》第 26 条第 1 款的规定，发明和实用新型的专利申请文件包括请求书、说明书及其摘要、权利要求书以及其他附件。

专利的核心文本内容主要包括权利要求书与说明书两大部分，权利要求要以说明书为依据，说明书公开的内容要支持权利要求（图 2-6）。

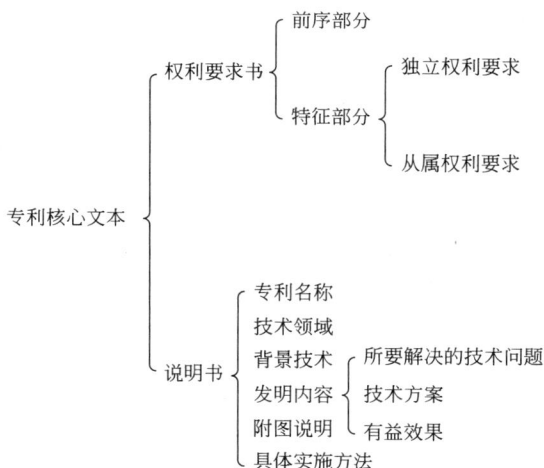

图 2-6 专利的核心文本内容

（2）权利要求书

权利要求书是申请文件最核心的部分，是申请人向国家申请保护他的发明创造及划定保护范围的文件，一旦批准，就具有法律效力。如何撰写专利权利要求书是每一个想自己提交专利申请文件的人最为关切的一个问题。权利要求书提交后，一般不允许扩大保护范围，实用新型专利通常还没有机会再作更改，而批准后，它即具有法律效力。因此，撰写出一篇优质的权利要求书直接涉及申请人的利益，十分重要。

权利要求书的一般要求书可分为独立权利要求与从属权利要求两种。

独立权利要求应从整体上反映出发明或实用新型的主要技术内容，它包括全部的必要技术特征，其本身可以独立存在。它的技术特征的集合是该专利的最大保护范围，第三人生产的产品只要不用到其中的任何一个技术特征所不构成专利侵权，因此在独立权利要求中切勿写入任何非必要的技术特征，否则将不构成侵权；同时，也切勿将权利要求（尤其是实用新型专利权利要求书）写得较为宽广，使其权利不稳定，易于被认定为无效，新法修改后更会遭遇公知技术抗辩。

从属权利要求是引用独立权利要求或几项权利要求的全部技术特征，又含有若干新的技术特征的权利要求，从属权利要求必须依从于独立权利要求或者在前的从属权利要求。

每一个独立权利要求可以有若干个从属权利要求。有多项权利要求的应当用阿拉伯数字顺序编号。编号时独立权利要求应排在前面，它的从属权利要求紧随排在后面。

（3）说明书

按现行的《专利法实施细则》第 17 条的规定，专利申请文件的说明书应包括以下八个部分：专利名称、技术领域、背景技术、所要解决的技术问题、技术方案、有益效果、附图说明、具体实施方法。

任务 2.3 把握行业创业机会

2.3.1 认知创业机会

1. 什么是创新创业机会

创新创业机会也称为商业机会或市场机会，是指有吸引力的、较持久的和适时的一种商务活动空间，并最终表现在能够为消费者或客户创造价值或增加价值的产品或服务之中，同时能为创业者带来回报或实现创业目的。

大多数创业者都是把握了商业机会从而成功创业，例如，蒙牛的牛根生看到了乳业市场的商机；好利来的罗红看到了蛋糕市场的商机。在现实生活中，这样的例子不胜枚举。但是，仅有少数创业者能够把握创业机会从而成功创业，一旦创业成功，不仅会改变人们的生活和休闲方式，甚至能创造出新的产业，随着人们对创业机会价值潜力的探索，会逐渐衍生出一系列的商业机会，从而滋生出更多的创业活动，如互联网创业的例子。

10. 认识
创业机会

【拓展阅读】

张敏群毕业于江苏省某建设类职业技术学院。在大学期间，他家庭经济不是很宽裕，因此张敏群在大一便不断地寻找兼职的机会，以贴补日常费用。因为涉世未深，他被某中介公司骗了 250 元的会员卡费。"主要负责未来 4 年介绍兼职，但是交了钱之后却没有给我介绍兼职，后来才知道这是诈骗公司。"张敏群这样说道。很多人在经历了这样的骗局后就会丧失信心，但是张敏群却因此看到了其中蕴藏着的巨大商机。

在此之后，他马上开始行动，建立了自己的创业团队，研发出了"兼职猫"这款专门为大学生们介绍真实可靠兼职的APP。创业之前，张敏群做过各种各样的兼职：做过学校附近工厂的保安、替人举过牌、在马路派过单、在大街摆过地摊。张敏群的观念就是：只有对社会和市场进行足够的了解之后，大学生创业才有机会成功。校园和社会是两个不同的环境，我所做每一份兼职都让我接触到了不同层次的人，让我学会了如何与人沟通交流。

2. 创新创业机会的特征

创新创业机会的特征主要有以下几个方面：

（1）客观性和偶然性。创业机会是在特定条件下产生的，它是客观存在的，但机会的识别具有一定偶然性，要做有心人。

（2）时效性和不稳定性。创业机会的持续时间受众多因素影响，如专利保护、先占优势、学习曲线等都会增加持续时间。

（3）均等性和差异化。市场机会在特定范围内对某一类人或企业是均等的，但不同个人和企业对同一市场机会的认识会产生差异；创业主体素质和能力不同，利用机会的可能性和程度也会产生差异。

有的创业者认为自己有很好的想法和点子，对创业充满信心，有想法有点子固然重要，但并不是每个大胆的想法和新异的点子都能转化为创业的机会。许多创业者因为仅仅凭想法去创业而失败了，那么如何判断一个商业机会的好坏呢？《21世纪创业》的作者杰夫里·A·第莫斯教授提出，好的商业机会有以下四个特征：

1）很能吸引顾客；

2）它能在你的商业环境中行得通；

3）它必须在机会之窗存在的期间内被实施（注：机会之窗是指商业想法推广到市场上去所花的时间，若竞争者已经有了同样的思想，并把产品已推向市场，那么机会之窗也就关闭了）；

4）你必须有资源（人脉、财力、物质、信息、时间）和技能才能创立业务。

【拓展阅读】

创业机会的识别过程如图2-7所示。

图 2-7　创业机会的识别过程

2.3.2　寻找创业机会

1. 创新创业机会的类型

变化是创业机会的重要来源，没有变化，就没有创业机会。创业机会的类型大体上可以分为：

（1）问题型机会，指的是由现实中存在的未被解决的问题所产生的一类

11. 评估
创业机会

机会。

【拓展阅读】

你身边的创业机会——超级课程表

2012年8月，就读于广州大学华软软件学院大三年级的余佳文带领团队研发的"超级课程表"获得第一笔天使投资资金。

余佳文在校学习期间常常会忘记上课的时间和地点，想找个提示软件，又发现市场上的课程表软件都是手动输入课表的，使用起来非常不人性化，"超级课程表"的创作灵感由此而来。面对没有好用的课程表软件这一情况，他想到了既然学校教务系统上存在最新的课程表，可以设计一款能自动读取课程的软件。余佳文和他的团队在2011年10月抱着尝试看看的态度只用了短短一周的时间就把第一版开发出来了。第一版功能非常简单，只能显示课程的名称、上课地点和授课老师的姓名，还存在不少的缺陷，而且仅限于自己本校学生使用。既便如此还是吸引了几千名在校学生使用。因为创意受到同学们的大力支持，余佳文备受鼓舞，马上与团队修改完善推出了第二版。新版本加入了"同班同学"这一模块，让同学能够实时对课堂附近的同学进行查询，大大增加了软件的趣味，并开通了第二家高校。

随着软件功能越来越完善和丰富，其用户也越来越多。超级课程表迅速传播到附近的各大高等院校，同时快速地向广州周边及福建、江西、湖南、广西等地高校扩散。

截至目前，超级课程表获得了由阿里巴巴领投的数千万美元B轮投资。超级课程表已覆盖全国几乎所有高校，注册用户超过1700万，已经成为全国最大的校园社区APP。

（2）趋势型机会，就是在变化中看到未来的发展方向，预测到将来的潜力和机会。

（3）组合型机会，就是将现有的两项以上的技术、产品、服务等因素组合起来，以实现新的用途和价值而获得的创业机会。

2. 创业机会的五大来源

（1）顾客需求。创业的根本目的是满足顾客需求，而顾客需求在没有满足前就是问题。寻找创业机会的一个重要途径是善于去发现和体会自己和他人在需求方面的问题或生活中的难处。

【拓展阅读】

美国食品大王亚尔默的卖水故事

19世纪末，美国加利福尼亚州发现了黄金，出现了淘金热，有一位17岁的少年来到加州，也想加入淘金者的队伍，可看到金子没那么好淘，淘金的人很野蛮，他很害怕，这时，他看到淘金人在炎热的天气下干活口渴难忍，就挖了一条沟，将远处的河水引来，经过三次过滤变成清水，然后卖给淘金人喝，金子不一定能淘到，而且有一定危险，卖水却十分保险。他很快就赚到了6000美元，回到家乡办起了罐头厂。这人就是后来被称为美国食品大王的亚尔默。

问题：亚尔默是怎样把握创业机会的？

评析：成功者往往都是有独到见解的人，他们总是从不同的角度看问题，从而能不断产生创意，发现新的需求。不仅要看到市场需求什么，还要注意事物间的联系。

（2）变化。创业的机会大都产生于不断变化的市场环境，环境变化了，市场需求、市场结构必然发生变化。著名管理大师彼得·德鲁克将创业者定义为那些能"寻找变化，并积极反应，把它当作机会充分利用起来的人"。这种变化主要来自于产业结构的变动、消费结构升级、城市化加速、人口思想观念的变化、政府改革的变化、人口结构的变化、居民收入水平提高、全球化趋势等诸多方面。比如，居民收入水平提高，私人轿车的拥有量将不断增加，这就会派生出汽车销售、修理、配件、清洁、装潢、二手车交易、陪驾等诸多创业机会。

【拓展阅读】

小王的建筑机械设备租赁

某高职院校建筑机械专业毕业的小王。毕业后盲目创业，学着别人倒菜、倒水果、倒服装，几经波折，没有一件事干成功，正当小王垂头丧气时，恰好社区组织个体经营者进行自我创业资源分析。经过分析，小王发现自己最大的长处还是所学的专业。在这之后，小王开了一家建筑机械设备租赁和修理店，他一下子感到有了广阔的空间。

问题：小王的案例给你什么启示？

评析：创业并不是一件容易的事，除了付出艰辛和努力外，还需要对自己的优势和不足有一个正确的评价，只有这样，才能走向成功。小王的专业是建筑机械，修理建筑机械设备是他的专长，在认识到自己的长处后，小王及时调整方向，最终获得了成功。

（3）创造发明。创造发明提供了新产品、新服务，更好地满足了顾客需求，同时也带来了创业机会。比如，随着电脑的诞生，电脑维修、软件开发电脑操作的培训、图文制作、信息服务、网上开店等创业机会随之而来，即使不发明新的东西，也能成为销售和推广新产品的人，从而带来商机。

（4）竞争。如果能弥补竞争对手的缺陷和不足，这也将成为创业机会。看看周围的公司能比他们更快、更可靠、更便宜地提供产品或服务吗？能做得更好吗？若能就找到了机会。

（5）新知识、新技术的产生。例如，随着健康知识的普及和技术的进步，围绕"水"就带来了许多创业机会，上海就有不少创业者加盟"都市清泉"而走上了创业之路。

3. 识别创新创业机会

作为创业者，难能可贵的地方就在于他能发现其他人所看不到的机会，并迅速采取行动来把握创业机会并实现创业机会的价值。在很长一段时间里，人们认为一般人群不可能看到创业机会，发现机会并成为创业者的个体具有别人所没有的特殊禀赋，识别创业机会难以模仿，更不可学习。但是，随着学术研究的深入，人们逐渐总结出了一些识别创业机会的规律和技巧。正如物理学教授不可能指望每个人都成为爱因斯坦一样，掌握有关识别创业机会的知识，虽然不能保证能够发现创业机会，但确实能给人们的行动提供思路和指导。

（1）影响识别创业机会的因素

对于是什么因素导致一些人更善于识别出有价值的创业机会，不少学者进行过研究，下面是取得共识的四类主要因素：

1）先前经验。在特定产业中的先前经验有助于创业者识别出商业机会，这被称为

"走廊原理"，它是指创业者一旦开始创建企业，他就开始了一段旅程，在这段旅程中，通向创业机会的"走廊"将变得清晰可见。这个原理提供的见解是，某个人一旦投身于某产业创业，这个人将比那些从产业外观察的人，更容易看到产业内的新机会。

2）认知因素。机会识别可能是一项先天技能或一种认知过程，有些人认为，创业者有"第六感"，使他们能看到别人错过的机会，多数创业者以这种观点看待自己，认为他们比别人更"警觉"。警觉很大程度上是一种习得性的技能。拥有某个领域更多知识的人，倾向于比其他人对该领域内的机会更警觉。

3）社会关系网络。社会关系网络能带来承载创业机会的有价值信息，个人社会关系网络的深度和广度影响着机会识别。研究已经发现，社会关系网络是个体识别创业机会的主要来源，与强关系相比，弱关系更有助于个体识别创业机会。

4）创造性。创造性是产生新奇或有用创意的过程。从某种程度上讲，机会识别是一个创造过程，是不断反复的创造性思维过程，在听到更多趣闻轶事的基础上，你会很容易看到创造性包含在许多产品、服务和业务的形成过程中，对个人来说，创造过程可分为5个阶段，分别是准备、孵化、洞察、评价和阐述。

（2）识别创业机会的常见方法

1）新眼光调查。注重二级调查：阅读某人的发现和出版的作品、利用互联网搜索数据、浏览寻找包含你所需要信息的报纸文章等都是二级调查的形式。开展初级调查：通过与顾客、供应商、销售商交谈和采访他们，直接与这个世界互动，了解正在发生什么以及将要发生什么，记录你的想法：瑞士最大的音像书籍公司的创始人说他就有一本这样的笔记本，当记录到第 200 个想法时，他坐下来，回顾所有的想法，然后开办了自己的公司。

2）通过系统分析发现机会。实际上，绝大多数的机会都可以通过系统分析得到发现。人们可以从企业的宏观环境（政治、法律、技术、人口等）和微观环境（顾客、竞争对手、供应商等）的变化中发现机会。借助市场调研，从环境变化中发现机会，是发现机会的一般方法。

3）通过问题分析和顾客建议发现机会，问题分析从一开始就要找出个人或组织的需求和他们面临的问题，这些需求和问题可能很明确，也可能很含蓄。一个有效并有回报的解决方法对创业者来说是识别机会的基础。这个分析需要全面了解顾客的需求，以及可能用来满足这些需求的手段。从顾客那里征求想法，一个新的机会可能会由顾客识别出来，因为他们知道自己究竟需要什么。这样，顾客就会为创业者提供机会。顾客建议多种多样，最简单的，他们会提出一些诸如"如果那样的话不是会很棒吗？"这样的非正式建议，留意这些，有助于你发现创业机会。

4）通过创造获得机会。这种方法在新技术行业中最为常见，它可能始于明确的拟满足的市场需求，从而积极探索相应的新技术和新知识，也可能始于一项新技术的发明，进而积极探索新技术的商业价值。通过创造获得机会比其他任何方式的难度都大，风险也更高。同时，如果能够成功，其回报也更大，这种情况下所产生的创新在人类所具有重大影响的创新中，居于压倒性的主导地位，索尼公司开发随身听（Walkman）就是一个很好的例子。索尼公司觉察到人们希望随身携带一个听音乐的设备，并利用公司微缩技术的核心能力从事项目研究，最终开发出划时代的产品随身听，取得了巨大的成功。

【拓展阅读】

运策网——整车货运 O2O 平台

就读于山东省某建筑类职业院校的小林发现身边跑长途货运的亲戚，把货安全送到对方城市后空车返回，能不能让回来的时候顺便带点货回来？哪怕价格不是很好，但起码油钱和过路的路费可以有着落。

带着这个问题，他创办了一个针对司机端的专业物流配货平台——运策网（整车货运 O2O 平台），致力于用移动互联网技术满足企业的公路长途整车运输需求，为货车司机提供包括查找货源、空车发布、货运保险、车辆保险、维修救援、汽配购买、代收回单等货运全流程的服务，平台的服务对象覆盖了现今运输业中所有车辆和货物类型。平台根据获取的司机位置信息和货车的空车信息，统筹分配海量货源，实现减少司机的等待时间、空驶距离去中介化，从而提高满载率的目的。

2.3.3　评估创业机会

所有的创业行为都来自于绝佳的创业机会，创业团队与投资者均对于创业前景寄予极高的期待，创业家更是对创业机会在未来所能带来的丰厚利润满怀信心。但是，时常有悲剧发生。为了尽可能地避免这样的情况，创业者应该先以比较客观的方式进行评估，评估的准则有两种。一种是市场评估准则，有六个方面：

1. 市场定位

评估创业机会的时候，可由市场定位是否明确、顾客需求分析是否清晰、顾客接触通道是否流畅、产品是否持续衍生等来判断创业机会可能创造的市场价值，创业带给顾客的价值越高，创业成功的机会也越大。

2. 市场结构

对创业机会的市场结构进行五项分析：进入障碍，供货商，顾客，经销商的谈判力量，替代性产品的威胁和市场内部竞争的激烈程度，由此可知该企业在未来市场中的地位，及可能遭遇竞争对手反击的程度。

3. 市场规模

市场规模大者，进入障碍相对较低，市场竞争激烈程度也会略为下降。若要进入的是一个十分成熟的市场，那么利润空间会很小，不值得再进入；若是一个成长中的市场，只要时机正确，必然会有获利的空间。

4. 市场渗透力

对于一个具有巨大市场潜力的创业机会，市场渗透力评估是非常重要的。应该知道选择在最佳的时机进入市场，也就是市场需求正要大幅增长之际。

5. 市场占有率

一般而言，在成为市场的领导者，最少需要拥有 20% 以上的市场占有率，若低于 5% 的市场占有率，则这个新企业的市场竞争力就不高，自然也会影响未来企业上市的价值。尤其是处在具有赢家通吃的高科技产业，新企业必须拥有成为市场前几名的能力，才比较有投资价值。

6. 产品的成本结构

从物料与人工成本所占比重之高低、变动成本与固定成本的比重，以及经济规模产量大小，可以判断企业创造附加价值的幅度以及未来可能的获利空间。

另一种是效益评估准则，包括四个方面：

1. 合理的税后净利

具有吸引力的创业机会至少需要能够创造 15% 以上税后净利。如果创业预期的税后净利是在 5% 以下，那么这就不是个很好的投资机会。

2. 达到损益平衡所需的时间

合理的损益平衡时间应该在两年之内达到，如果三年还达不到，恐怕就不是个值得投入的创业机会了。当然，有的创业机会确实需要经过比较长的耕耘时间，通过前期投入，创造进入障碍，保证后期的持续获利，这种情况可将前期投入视为投资，才能容忍较长损益平衡时间。

3. 投资回报率

考虑创业面临的各种风险，合理的投资回报率应该在 25% 以上，15% 以下的投资回报率是不值得考虑的创业机会。

4. 资本需求

资本需求量较低的创业机会，投资者一般会比较欢迎，资本额过高其实并不利于创业成功，甚至还会带来稀释投资回报率的负面效果。通常，知识越密集的创业机会，对资金的需求量越低，投资回报反而会越高。因此，在创业开始的时候，不要募集太多资金，最好通过盈余积累的方式来创造资金，而比较低的资本额将有利于提高每股盈余，并且还可以进一步提高未来上市的价格。

项目实践 🔍

用 SWOT 模型评估创业机会

1. 实践目标

学会使用 SWOT 模型进行优劣势分析、机会威胁评估；学会识别创业机会的方法。

2. 项目背景介绍

（1）公司简介

英国绿洲集团是一家集科研、生产、销售于一体的建筑装饰材料企业，由英、德、中等国专家技术团队联合研究开发新产品，旗下邦士顿品牌倡导绿色、环保、节能。产品经历数十年的不断创新，现已发展成全球绿色环保、节能、建筑装饰市场最大的材料生产企业之一，邦士顿销售网络已遍及亚洲、欧洲及美洲十几个国家。

邦士顿品牌，以其高质量和优质的服务，赢得了广大用户的信赖与支持。企业严格执行 ISO09001 国际质量体系认证和 ISO1400 国际环境管理体系，依托先进的生产技术，强大的科研团队，健全的销售网络和完善的售后服务，竭诚为全球客户提供新型绿色环保产品。

2016 年集团严格考察筛选后在中国杭州成立杭州邦士顿墙体材料有限公司，并在中国海宁成立浙江维德建筑材料科技有限公司，设立规模厂区。英国绿洲集团在 2018 年技术开发部联合中国国家建筑材料研究院共同开发邦士顿五合一多功能复合砂浆，本产品紧扣节能、环保主题，并获得国家多项专利。

（2）创业者简介

厉程，男，19 岁，浙江省某建筑类高职学院大二学生，建筑工程技术专业，已经完成专业类课程学习，在校学习成绩中等，学院篮球队队员，父母经商，对自主创业有较强意愿，偶尔一次机会参加装饰装修行业的从业人员交流会，对建材（涂料）行业发生兴趣，决定毕业后加盟知名品牌邦士顿涂料企业，开始创业。

3. 请你帮助厉程评估该创业机会

（1）利用表 2-2，初步评估创业机会是否是一个好的商业机会。

创业机会初步评估　　　　　　　　　　表 2-2

评估项目	市场规模	竞争对手	门槛限制	产品缺陷	风险控制	成本结构	资金需求	产品利润	盈利时间
评估结论									
你的结论									

（2）利用 SWOT 模型（图 2-8）评估创业机会。

SWOT分析

优势

有利的竞争态势；充足的财政来源；良好的企业形象；良好的产品质量等。

劣势

设备老化；管理混乱；资金短缺；经营不善；产品积压；竞争力差等。

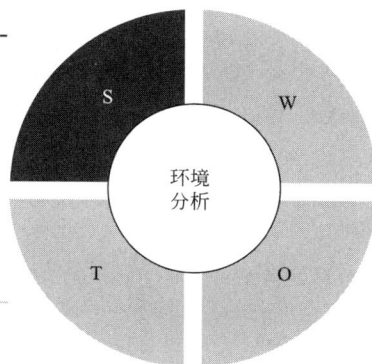

威胁

新的竞争对手；替代产品增多；市场紧缩；行业政策变化；经济衰退；客户偏好改变；突发事件等。

机会

新产品；新市场；新需求；外国市场壁垒解除；竞争对手失误等。

图 2-8　SWOT 分析

项目小结 🔍

　　本项目主要结合土木建筑行业中适合高职学生了解的一些专业领域知识进行介绍，这些知识是开展结合土木建筑行业创新创业的基础，对有些同学来说，这些知识会比较专业（QC 小组、工法、专利），不太容易掌握，但创意是一种通过创新思维意识，进一步挖掘和激活资源组合方式进而提升资源价值的方法。创新也是以新思维、新发明和新描述为特征的一种概念化过程。若同学们能结合土木建筑行业的特点和需求，再结合创新创业的要求，挖掘人的创造力、技能和天分来获取创新创业的动力，并通过建筑业知识产权的开发和运用，创造潜在财富和就业机会，或许这样，会启动一个新的创新创业领域，大大提高成功率。

项目3

做好创业准备

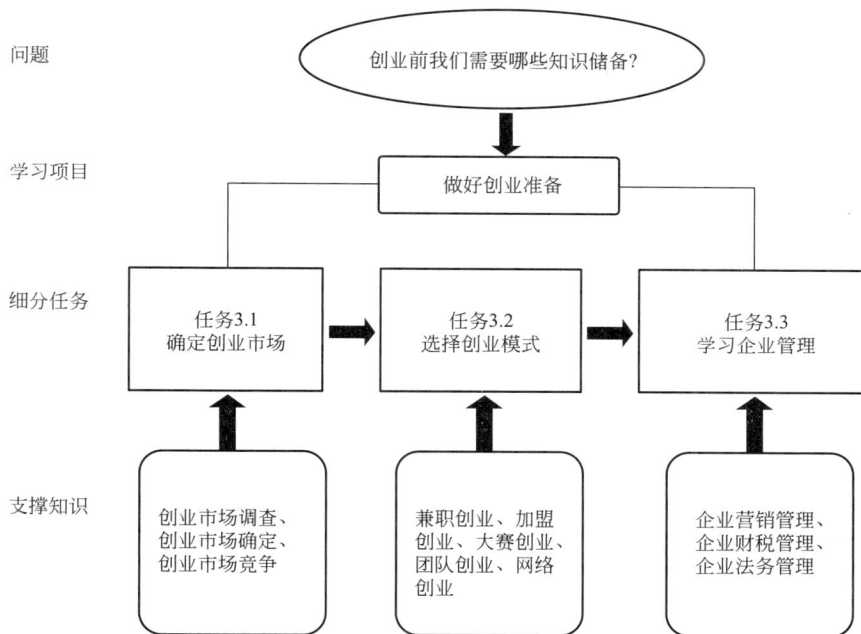

Chapter 03

问题 —— 创业前我们需要哪些知识储备？

学习项目 —— 做好创业准备

细分任务

| 任务3.1 确定创业市场 | 任务3.2 选择创业模式 | 任务3.3 学习企业管理 |

支撑知识

| 创业市场调查、创业市场确定、创业市场竞争 | 兼职创业、加盟创业、大赛创业、团队创业、网络创业 | 企业营销管理、企业财税管理、企业法务管理 |

项目3　知识（技能）框架图

你的目标有多大，你的能力就有多少。当你是一棵小草的时候，不要奢望别人能记住你，要想别人牢牢地记住你，就要成长为一棵大树，远处能欣赏，近处可乘凉。

【知识目标】

1. 掌握创业市场确定的方法；
2. 了解创业市场营销的知识；
3. 了解创业企业财税的知识；
4. 了解创业企业法务的知识；
5. 了解创业企业融资的知识。

【技能目标】

1. 能细分土木建筑创业市场；
2. 能结合土木建筑创业市场开展营销。

创业者最初萌发一种创业冲动或创业构想，能否转化成为一个真正的创业项目，需要看有没有实际的顾客愿意花钱购入，能否形成有效市场，一个产品的好坏，最后取决于到底有没有客户愿意花钱购买。

所以，从产生创业想法一开始，就必须考虑市场和接触市场。在充分分析市场的基础上，确定有市场、有需求，创业者才能开始组建团队、撰写详尽的商业计划。成功的商业计划除了要有概念上的创新和创意的项目，更需要进行现实的、严谨的市场调研和分析。如果商业计划营销成功，创业团队获得资金就可以正式建立企业。

任务 3.1　确定创业市场

3.1.1　创业市场调查

1. 创业市场调查的内涵

创业是在一个充满大量的不可控制的社会环境中进行的。在这个社会环境中，有许多东西和你的创业密切相关，例如，法律、条例、道德等因素，当然这其中还包括社会态度、经济条件、技术因素和竞争对手等。成功创业的一个重要方面就是发现并利用市场上出现的机会，而市场的机会来自于变化。如果一个创业者不了解来自社会中的这些变化，他要想成功创业是不可能的。如果要了解市场，你就要首先对市场进行调查分析。创业市场调查就是为了创业成功而进行的调查研究活动或调查工作过程。

2. 创业市场调查的内容

（1）行业环境调查

调查你所经营的业务，开展的服务项目所属行业的发展状况、发展趋势、行业规则及行业管理措施。例如，从事美容美发行业，应该了解该行业国内及本地区的发展状况，国际国内流行趋势和先进美容技术，以及该行业的行业规范和管理制度有哪些。从事服装业的，应该了解服装行业的发展趋势，流行色和流行款式，服装技术发展潮流等。"家有家法，行有行规"进入一个新行当，应充分了解和掌握该行业信息，这样，才能有助于你尽快实现从"门外汉"到内行的转变。

（2）市场需求调查

如果你要生产或经销某一种或某一系列产品，应对这一产品的市场需求量进行调查。也就是说，通过市场调查，对产品进行市场定位。例如，你经销某种家用电器，你应调查一下市场对这种家用电器的需求量，有无相同或相类似的产品，市场占有率是多少；例如，你提供一项专业的家庭服务项目，你应调查一下居民对这种项目的了解和需求程度，需求量有多大，有无其他人或公司提供相同的服务项目，市场占有率是多少。

市场需求调查的另一重要内容是市场需求趋势调查。了解市场对某种产品或服务项目的长期需求态势，了解该产品和服务项目是逐渐被人们认同和接受，需求前景广阔，还是逐渐被人们淘汰，需求萎缩。了解该种产品和服务项目从技术和经营两方面的发展趋势如何等。

（3）顾客情况调查

这些顾客可以是你原有的客户，也可能是你潜在的顾客。顾客情况调查包括两个方面的内容：一是顾客需求调查。例如，购买某种产品（或服务项目）的顾客大都是些什么人（或社会团体、企业），他们希望从中得到那方面的满足和需求（如效用、心理满足、技术、价格、交货期、安全感等），现时的产品（或服务项目）为什么能够较好地满足他们某些方面的需要等。二是顾客的分类调查。重点了解顾客的数量、特点及分布，明确你的目标顾客，掌握他们的详细资料，如果是某类企业和单位的话，应了解这些单位的基本状况，如进货渠道、采购管理模式、联系电话、办公地址，某项业务负责人具体情况和授权范围，对某种产品和服务项目的需求程度、购买习惯和特征。如果顾客是消费者个人，应了解消费群体种类，即目标顾客的大致年龄范围、性别、消费特点、用钱标准、对某种产品和服务项目的需求程度、购买动机、购买心理、使用习惯。掌握这些信息，将为你有针对性地开展业务做准备。

（4）竞争对手调查

在开放的市场经济条件下，做独家买卖太难了，在你开业前，也许已有人做相同或类似的业务，这些就是你现实的竞争对手。也许你开展的业务是全新的，有独到之处，在你刚开始经营的时候，没有现实的对手；一旦你的生意兴旺，马上就会有许多人学习你的业务，竞相加入，这些就是你潜在对手。"知己知彼，百战不殆"，了解竞争对手的情况，包括竞争对手的数量与规模，分布与构成，竞争对手的优缺点及营销策略，做到心中有数，才能在激烈的市场竞争中占据有利位置，有的放矢地采取一些竞争策略，做到"人无我有，人有我优，人优我更优"。

（5）市场销售策略调查

重点调查了解目前市场上经营某种产品或开展某种服务项目的促销手段、营销策略和销售方式主要有哪些。如销售渠道、销售环节，最短进货距离和最小批发环节，广告宣传方式和重点，价格策略，有哪些促销手段，有奖销售还是折扣销售，销售方式有哪些，批发还是零售，代销还是传销，专卖还是特许经营等，调查一下这些经营策略是否有效，有哪些缺点和不足，从而为你决策采取什么经营策略、经营手段提供依据。

3. 创业市场调查的流程

创业市场调查没有固定的"格式"，不同规模的企业、不同的经营要求，市场调查的方法各不相同。但总体来说，就其共性而言，市场调查的步骤一般可分为四个阶段，即准备阶段、调查阶段、分析阶段、总结阶段（图 3-1）。

准备阶段 ⟹ 调查阶段 ⟹ 分析阶段 ⟹ 总结阶段

图 3-1 市场调研的阶段

（1）准备阶段

准备阶段是整个市场调查的基础，这一阶段准备工作的充分与否直接决定了整个调查活动的成败，所以在这一阶段必须充分做好调查活动的各项准备工作。市场调查准备阶段要做的主要工作包括以下几个方面：

1）明确调查目标

对创业者而言，市场调查的主要目标就是了解市场各要素的具体情况，为自己创业行业、创业项目、创业模式等选择提供必要的决策参考。当然每个创业者的目标可能不尽相同，但目标是行动的先导，创业者必须明确自己的调查目标，整个市场调查活动都要紧紧围绕调查目标进行，也只有这样，才能确保真正获得全面可靠的决策依据。

2）选定调查范围、调查对象

调查总是在一定的范围内进行的，同时由于人力、财力的限制以及为确保调查的针对性和有效性，也要为调查活动确定一定的范围和特定的对象。市场调查不能大海捞针般盲目进行，而要选择特定的行业、创业项目、创业模式、目标顾客深入调查分析，在特定的范围内和对象中取得相对准确的调查结果。

3）确定调查方法

方法决定结果。市场调查有多种方法，如文献法、问卷法、访谈法、观察法、实验法等，每种方法都有各自的优缺点和适用范围，在调查的准备阶段，调查者需对各种方法的使用了然于胸，根据自己的调查目标和内容确定适当的调查方法，或使用其中一种，或多种方法相结合，关于这方面的知识，后面会作详细介绍。

4）其他内容

市场调查是一项综合性的实践活动，需要各个环节的紧密配合，在调查准备阶段，除了以上准备工作之外，还需确定收集和分析资料的方法、做好调查的组织分工、编制调查预算、安排调查时间等。

（2）调查阶段

调查阶段是市场调查研究方案的执行阶段，主要是按照准备阶段调查方案所确立的调查计划、调查方式和调查方法进行资料和信息的收集，具体贯彻调查设计中所确定的思路的活动，这是整个市场调查过程的核心。

这一阶段是调查者与被调查者直接接触的唯一阶段，其中可能由于种种外部因素的制约而无法完全控制调查工作的进程，为了顺利完成调查任务，调查者必须对调查活动进行不间断的外部协调。调查者在调查过程中要注意以下两点：一是紧密依靠目标领域、行业或单位，努力争取他们的支持和帮助，合理安排调查任务和进程，尽量避免或减少调查活动给他们的正常工作带来的不利影响；二是密切联系全部被调查对象，尽力获得他们的理解和合作，绝不损害他们的利益，并在必要的情况下，为他们提供力所能及的帮助。

（3）分析阶段

这一阶段的主要工作是审查、整理资料，统计分析和思维加工。

审查资料就是对调查获得的文字和数字资料进行全面审核，去伪存真，去粗取精。剔除假、错、缺、冗的资料以确保资料的真实、准确和完整。整理资料是对审核后的资料进行初步加工，使之条理化、系统化，并且集中、简明地反映调查对象的总体状况。

统计分析是运用统计学的原理和方法研究调查对象的数量关系，揭示其规模、结构、水平和比例等关系，反映其发展方向和趋势等，为进一步的思维加工提供可靠的统计依据。

思维加工就是运用逻辑的思维方法，对审查、整理后的文字资料和经统计分析的数据进行分析研究，揭示调查对象的本质及发展规律并得出理论性结论。

与调查阶段相比，分析阶段的工作可能更加紧张与繁重，因为市场调查是否出成果以及成果质量的高低，很大程度上取决于这个阶段的工作。所以从某种意义上来说，对资料的分析要比搜集更重要，因为调研水平的高低，往往不在于搜集资料数量的多少，而在于对资料分析的深浅。所以对于创业者的市场调查而言，分析应尽量客观，排除个人偏见，必要时可以和参与经营的第三人一起分析，甚至转换角度站在对立面来分析。分析要使过去与现状相结合，由点到面、由静到动，从而找出其本质与规律，然后作出相应预测，确保分析结论的正确性。

（4）总结阶段

总结阶段是社会调查的最后阶段，这一阶段的任务主要是撰写调查报告，评估、总结调查工作。

1）调查报告

调查报告是调查撰写结果的文字表达，必须做到反映情况真实完整，所作分析客观科学，所得结论明晰准确。即使在未来的预测中存在多种可能，每种可能也要求有一定的确定性。

【拓展阅读】

一份完整的调查报告应包括的内容

① 调查目的：概要介绍本次市场调查的主要目标，例如，打算就哪些问题进行市场调查；要了解哪些方面的信息等。

② 调查范围：根据创业的目标区域，在多大范围内开展调查，调查的对象是谁？在什么时间、什么地点进行调查？

③ 调查方法：是全面调查、重点调查还是抽样调查？主要采用文献法、问卷法、访谈法、观察法还是实验法或者几种方法相结合？采用哪种统计方法？

④ 调查内容：这部分是调查报告的主题，包括资料、分析、结论等内容，其中结论是报告的重点，要通过认真研究和科学分析，使报告具有一定的可确定性。

⑤ 提出建议：把经过整理、分析、判断而形成的初步构想写成备选方案，作为下一步经营计划的蓝本。

创业者在编写调查报告时，要注意调查对象的代表性，数量的广泛性，重视竞争对手客户的调查；同时注意获取信息的多元化，重视不利于自己的情况与信息的搜集，尽量发现存在的问题和可能遇到的困难。

2）评估、总结调查工作和调查结果

调查工作的评估和总结包括：调查报告的评估、调查成果的应用和调查工作的总结等内容。通过评估和总结，调查者既要广泛应用已有的调查成果，又要认真总结调查的经验教训，寻求改进调查工作的方法和途径，为以后的市场调查打下良好的基础。

以上是市场调查的四个阶段，在实际调查工作中，上述四个阶段往往相互衔接甚至相互交错，共同构成了市场调查的完整过程。

4. 创业市场调查的方法

（1）按调查范围不同，市场调查可分为以下三种：

1）市场普查，即对市场进行一次性全面调查，这种调查量大、面广、费用高、周期长、难度大、但调查结果全面、真实、可靠。一般小投资者做的一些业务，没有能力，也没有必要搞这种大规模的市场普查。

2）抽样调查，即从全部调查研究对象中，抽选一部分单位进行调查，据此推断整个总体的状况。比如你经销一种小学生食品和用品，可选择一两个学校的几个班级小学生进行调查，从而推断小学生群体对该种产品的市场需求情况。

12. 创业市场调查方法

3）典型调查，即从调查对象的总体中挑选一些典型个体进行调查分析，据此推算出总体的一般情况。如对竞争对手的调查，你可以从众多的竞争对手中选出一两个典型代表，深入研究了解，剖析它的内在运行机制和经营管理优越点，价格水平和经营方式，而不必对所有的竞争对手都进行调查，这样难度大，时间长。

（2）按调查方式不同，市场调查可分为：访问法、观察法和试销或试营法。

1）访问法，即事先拟定调查项目，通过面谈、信访、电话等方式向被调查者提出询问，以获取所需要的调查资料。这种调查简单易行，有时也不见得很正规，在与人聊天闲谈时，就可以把你的调查内容穿插进去，在不知不觉中进行着市场调查。

2）观察法，即调查人员亲临顾客购物现场，如商店和交易市场，亲临服务项目现场，如饭店内和客车上，直接观察和记录顾客的类别，购买动机和特点，消费方式和习惯，商家的价格与服务水平，经营策略和手段等，这样取得的一手资料更真实可靠。要注意的是你的调查行为不要被经营者发现。

3）试销或试营法，即对拿不准的业务，可以通过营业，或产品试销来对市场进行分析。

5. 创业市场细分

对于创业公司来讲，如何将市场划分成有潜力的细分市场是非常重要的。首先，创业公司执行计划的资金和人力都是有限的，因此必须将精力集中在最具购买力的消费者身上。其次，着重开发一个细分市场将有助于创业公司轻松地早期造势——可以让你在志同道合的群体中更快地建立认知和口碑，具有相同目标的细分市场也可以从这些成功的案例中得到很好的共鸣。

确立公司定位的一个关键因素是"你的客户是谁？"这听起来是个很简单的问题，但通常对于创业公司来说，一个草率的市场细分是导致产生许多市场营销（和最终销售）问题的根源。

（1）市场细分

创业者最初创业资源有限，很难覆盖整个庞大的市场，还可能面对各种竞争对手的防御。而且随着个性化消费时代的到来，不同的消费者的需求也大不相同，需求动机和购买行为越加多元。所以，创业者和初创企业需区分消费者，寻找最适合企业面向的那部分市场，这过程就是通过市场细分进行目标市场选择，并通过市场定位再次明确顾客对相应市场的认同度。

市场细分是指根据消费者需求的差异性，选用一定的标准，将整体市场划分为若干具有不同需求特性的更小市场的过程。

市场细分是指以消费需求的某些特征或变量为依据，区分具有不同需求的顾客群体。其结果是使同类产品市场上，同一细分市场的顾客需求具有更多的共同性，不同细分市场之间的需求具有明显的差异性，从而使企业明确有多少细分市场及各细分市场需求的主要特征。

市场细分的意义在于：一，有利于掌握潜在市场需求以开拓新市场。通过市场细分，企业比较容易了解消费者需求，可以对细分市场的购买潜力、满足程度、竞争情况等进行分析对比，探索出有利于本企业的市场机会，使企业及时做出投产、销售决策或根据本企业的生产经营条件编制新产品开拓计划，进行必要的产品技术储备，掌握产品更新换代的主动权，开拓新市场，以更好适应市场的需要；二，有利于满足一部分消费者需求以提高企业的经济效益。通过市场细分后，企业可以提供更加细致的产品和服务，使产品和服务更加适销对路，从而加速商品流转，加大供应数量以及提高产品质量，从而全面提高企业的经济效益。

由于高职学生创业更多地面向消费者市场，从消费者市场看，通常细分市场的变量主要有地理变量、人口变量、心理变量、行为变量这四大类，创业企业可以根据不同的变量作为市场考虑因素，运用有关变量来细分市场。

1) 按地理变量细分市场

按地理变量即按照消费者所处的地理位置、自然环境来细分市场。国家、地区、城市规模、气候、地形地貌、人口密度等方面的差异都是变量要素，创业者可以依据变量分为不同的小市场，因为不同变量影响下消费者对于同一类产品往往有不同的需求与偏好，对企业采取的营销推广活动也会有不同的反应。

2) 按人口变量细分市场

按人口变量即按人口统计因素来细分市场，如年龄、性别、收入、职业、教育程度、家庭生命周期等，都是市场细分的要素。

年龄：不同年龄的消费者有不同的需求特点，例如，青年人对服饰的需求与老年人的需求就有差异，青年人需要鲜艳、时髦的服装，老年人则需要端庄素雅的服饰。

性别：男性与女性在产品需求与偏好上有很大不同，例如，在服饰、发型、生活必需品等方面均有差别。

收入：低收入和高收入消费者在产品选择、休闲时间的安排、社会交际与交往等方面都会有所不同。

职业与教育程度：消费者职业的不同、所受教育的不同也会导致所需产品的不同。例如，农民购买自行车偏好载重自行车，而学生、教师则喜欢轻型、样式美观的自行车。

家庭生命周期：一个家庭，按年龄、婚姻和子女状况，可分为：单身、新婚、满巢、空巢和老年五个阶段。在不同阶段，家庭购买力、家庭成员对商品的兴趣与偏好也会有很大的差别。

3) 按心理变量细分市场

心理变量即购买者所处的社会阶层、生活方式、个性特点等心理因素。

社会阶层：指在某一社会中具有相对同质性和持久性的群体。处于同一阶层的成员具有类似的价值观、兴趣爱好和行为方式，而不同阶层的成员对所需的产品也各不相同。

生活方式：人们追求的生活方式不相同也会影响他们对产品的选择。例如，有的追求新潮时髦；有的追求恬静、简朴；有的追求刺激、冒险；有的追求稳定、安逸。西方的一些服装生产企业为"简朴的妇女""时髦的妇女""有男子气的妇女"分别设计不同服装；旅行社针对不同人群安排到乡村体验乡土文化与风俗，也可以到现代化都市感受都市气息。

个性特点：一个人比较稳定的心理倾向与心理特征，也会对市场的产品有不同的反应。有些人自信、自主、习惯支配，而有些人顺从、保守、习惯适应。在西方国家，对诸如化妆品、香烟、啤酒、保险之类的产品，一些企业以个性特征为基础进行市场细分，并取得了成功。

4）按行为变量细分市场

行为变量即购买者对产品的了解程度、态度、使用情况及反应等。很多人认为，行为变数能更直接地反映消费者的需求差异，因而成为市场细分的最佳起点。

（2）目标市场选择

市场细分的目的就是根据细分情况选择目标市场。

所谓目标市场，就是指通过市场细分，被企业所选定的，以相应的产品和服务去满足其现实的或潜在的消费需求的一个或部分细分市场。下面几点可以给你在选择一个好的目标市场时参考：

1）把握好关键差异。客户可以有很多其他的选择，究竟是什么让你所提供的产品与众不同？你的产品可以做什么其他竞争者做不到的事情？

2）认真地审视一下这些差异可以给潜在客户带来的价值。你拥有与众不同的特性——那又怎样？这些特性可以为客户带来什么好处？你如何衡量你能传递的价值？为什么有人对你产品的独特之处颇感兴趣？

3）找出对你的关键差异真心感兴趣的潜在客户。当你审视广大的市场，是谁比一般的客户更关注你的价值？其中一些潜在客户会说："是啊，你的产品很酷"，也有人会从椅子上跳起来大喊："这太神奇了！——我现在就需要它"。你应该倾向于选择第二组客户。换句话说，你的产品将很容易被马上售卖给第二组客户的族群。

4）如何辨识对你的产品有高亲近度的客户？也许他们是在一定区域，一定纵向市场里具有一定规模的公司。也许他们是已经拥有此类产品，同时也有这方面兴趣的消费者。你需要对此分的特别清楚。如果你的目标是 SMB，你可以问一些这样的问题——对这个产品感兴趣的最小的公司是哪个？最大的公司又是哪个？是产品型企业更喜欢它还是服务型企业？在哪个区域（城市或农村）它更受欢迎？是否有某种特定类型的小企业主更青睐它，为什么？你需要通过总结那些理想的、易获得的潜在客户的特性来细分你的市场。

5）这个细分市场是不是足够大能满足我的销售目标，但又没有大到无法企及。要记住你不需要把每个人都归类到细分市场中，而是要确定你所细分的市场是否能实现你的销售目标？另一方面则要考虑，这个目标是不是太大以至于不能完全顾及？根据经验，越小越紧密的市场细分，越容易得到早期的流量和关注。在此之后你便可以随时再拓展。

6）这些目标客户是否会购买我的产品？如果不会，我是否有方法找到真正有意的购买者？最后这一点是非常重要的。你的目标客户是否能承受产品的价格？他们是否有预算授权部门，如果没有，预算需要得到谁的批准？你的解决方案是否可以在公司内部获得支持并促成交易？通常他们采购是否要通过一定的渠道（零售商、经销商、增值型经销商等）？如果是这样，你是否可以通过那些渠道来销售？归根到底，销售是最终目的。

3.1.2 创业市场确定

创业市场确定实际就是市场定位（Market Positioning）。市场定位是 20 世纪 70 年代由美国学者阿尔·赖斯提出的一个重要营销学概念。所谓市场定位就是企业根据目标市场上同类产品竞争状况，针对顾客对该类产品某些特征或属性的重视程度，为本企业产品塑造强有力的、与众不同的鲜明个性，并将其形象生动地传递给顾客，求得顾客认同。市场

定位的实质是使本企业与其他企业严格区分开来，使顾客明显感觉和认识到这种差别，从而在顾客心目中占有特殊的位置。

1. 定位分类

（1）初次定位与重新定位

初次定位是新企业初入市场、新产品投入市场或产品进入新市场时，面向缺乏认识的目标客户进行的定位；重新定位是企业改变市场对其原有印象，使目标客户对其建立新的认识的过程。一家企业即使初次定位恰当，但是，一旦竞争者定位于本企业附近，侵占了本企业的市场；或消费者及用户偏好变化，转移到了竞争者方面，也要考虑重新定位。是否一定要重新定位，需要慎重考虑：

——重新定位的成本。改变一种定位、重新建立某种形象必须投入的费用；

——重新定位的收益。新定位能带来的经济效益，它取决于新定位吸引的顾客数量及其购买力，对手的数量、实力以及平均购买率及价格承受能力等。

（2）针对式定位与创新式定位

针对式定位是指选择靠近竞争者或与其重合处，以相同或相近的特色争夺目光顾客，而在彼此的产品、价格、分销及促销等方面稍有不同。一般来说，企业要考虑：

1）能否生产比竞争者质量更优或成本更低的产品；

2）该市场能否容纳两个或两个以上相互竞争的企业；

3）自己是否拥有比竞争者更多的资源；

4）这个位置与本企业的声誉和能力是否相符。

创新式定位则是避开与竞争者的直接对抗，而定位与某处"空隙"，发展目前市场上没有的某种特色。此时，企业必须明确创新式定位所需的产品特色等在技术上、经济上是否可行，尤其是有无足够顾客偏好这种定位。

2. 定位的步骤

定位的主要任务是通过集中若干竞争优势，使企业在目标市场与竞争者区别开来。定位一般包括以下四个步骤：

（1）调研。竞争者做了什么、做得如何，包括对其成本和经营情况等作出判断。

（2）分析。目标市场上足够数量的顾客确实需要什么，欲望满足得如何。必须找到、认定目标顾客认为能满足其需要的最重要的特征。定位成功的关键在于能够比竞争者更好地了解顾客，并对市场需要与其服务（包括产品、价格、渠道与促销各个方面）之间的关系，有更深刻和独到的认识。

（3）决定。本企业能做什么，同样要从成本和经营等方面来考察。

（4）展示。定位可以准确地描述、有效的传播，企业要借助一定的载体与目标市场沟通，使其独有的定位不仅进入而且留存于顾客的大脑中。

【拓展阅读】

糊涂的小胡

毕业生小胡毕业后一直想自己创业，他发现他们小区人流量很大，楼下有一家食品杂货店生意就特别好，颇为心动。于是，小胡租了小区内一个库房做店面，筹集了一万多元钱做启动资金，进了一些零食，开了一家零食店。但是经营了两个月后，小胡的零食店就撑不住了，不得已关张。为什么同样是食品杂货店，另外一家可以干得红红火火，小胡的店就经营惨淡呢？原来，小胡为了突出自己零食店的特色，没有像那家一样进茶、米、油、盐等大众用品，而是将经营范围锁定在一些进口零食食品上。但是小区里的居民对他的货品需求少，加之他店面的位置在小区边缘，而且营业时间不固定，很多邻居都不愿意绕道过去，所以生意不红火。如果小胡在开店之前做一下市场调研，结果是否会不一样呢？

3.1.3　创业市场竞争

初创企业与成熟企业一样，不论是面向全方位的大众市场，还是进入一个或几个细分市场，都会面临各种竞争者。创业企业不仅要了解谁是自己的顾客，还要分清谁是自己的竞争对手。由于需求的复杂性、易变性，技术的快速发展和演进、产业的发展、市场的变化不仅使创业企业面临变化，竞争对手也处在变化之中。因此，初创企业需要在变化中识别竞争者和竞争者的策略（图 3-2），评价竞争者的竞争实力和竞争优势，预测竞争者的战略定位，以便在市场中突出自己的竞争优势，从而确定本企业在市场中乃至行业中的地位。

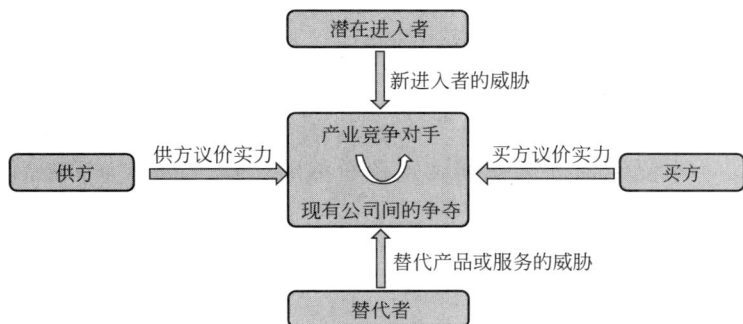

图 3-2　波特五力模型图

1. 市场竞争分析

（1）识别竞争者

1）现有竞争企业，即本行业内现有的与创业企业经营同样产品或提供同样服务的企业，这些企业是创业企业的直接竞争者。

2）潜在加入者，当某一行业前景乐观、有利可图时，会引来新的竞争企业进入本行业，使该行业增加新的生产能力，但会重新瓜分市场份额和主要资源。另外，当初创企业看到可行的市场机会，某些多元化经营的大型企业也可能发现该机会并利用其资源优势从一个行业侵入该行业，进行跨界经营。这些新企业的加入，会加剧竞争，将可能导致产品价格下降，利润减少。

3）替代品企业，指与某一产品具有相同功能、能满足同一需求的可以替代该产品的不同性质的其他产品。随着科学技术的发展，替代品将越来越多，某一行业的所有企业都将面临与生产替代品的其他行业的企业进行竞争。例如，曾经的普通用途照相机，在手机

不断更新增加了摄影、摄像功能后，市场大幅缩减，只有在专业人士使用的专业相机市场还保持一些市场需求。

（2）以市场为维度

1）相近品牌竞争者，在同一行业中为同样的顾客提供与企业类似产品或服务并且价格相近的其他企业，如家用空调市场中，格力空调、海尔空调、三菱空调等厂家都是品牌竞争者。这些企业的产品替代性较高，竞争比较激烈，各企业均以培养顾客的品牌忠诚度作为争夺顾客的重要手段。

2）同行业竞争者，企业提供同类产品或服务，但产品规格、型号、样式不同或者服务规格、标准、方法有所差异，例如，家用立柜空调和墙装空调，家用空调与中央空调，这些企业之间存在相互竞争关系。

3）同需要竞争者，这些竞争者提供不同种类的产品，但满足和实现消费者同种需要，如航空公司、铁路客运、长途客运汽车公司，它们处在不同行业，都可以满足消费者外出旅行的需要，当火车票价上涨时，乘飞机、坐汽车的旅客就可能增加，相互之间争夺满足消费者的同一需要。

4）同消费群体竞争者，其目标客户群体一样，但可以提供不同产品来满足消费者不同愿望，即消费者很可能改变对原来产品或服务的需要。例如，很多消费者收入水平提高后，可以把钱用于旅游，也可用于购买汽车，或购置房产，因而这些企业间存在相互争夺消费者购买力的竞争关系，消费支出结构的变化，对企业的竞争有很大影响。

（3）评估竞争者的实力

了解竞争者战略目标后，需要进一步分析竞争者的实力，找出竞争者优势与劣势，并与自己进行对比，才便于企业选择和确定竞争战略。竞争者实力需要看以下几个主要方面：

1）产品与服务，包括竞争企业提供产品或服务在市场中的地位，顾客接受程度，其产品主要的特性、功能和其他价值开发情况。

2）销售渠道，包括竞争企业销售渠道的广度与深度，销售渠道的效率与实力，销售渠道的服务能力。

3）市场营销，包括竞争企业市场营销组合的情况，市场调研与新产品开发的能力，销售队伍的培训与技能。

4）生产与经营，如果是生产企业，分析竞争企业的生产规模与生产成本水平、设施与设备的技术先进性与灵活性、专利与专有技术、生产能力的扩展、质量控制与成本控制、是否具有区位优势，以及人力资源状况、原材料的来源与成本等。

5）研发能力，竞争企业内部在产品、工艺，基础研究、仿制等方面所具有的研究与开发能力；研究与开发人员的创造性、可靠性等方面的素质与技能。

6）资金实力，竞争企业的资金结构与现金流情况，其筹资能力和资信状况以及财务管理能力。

7）组织管理情况，竞争企业管理者的领导素质与激励能力、管理能力；组织成员价值观的统一；组织结构与企业策略的一致性；组织结构与信息传递的有效性；组织对环境因素变化的适应性与反应程度；组织成员的素质等。

2. 市场竞争策略

处于竞争的市场中，通过对竞争者进行分析，辨识竞争者在市场中的相对地位，创业者方可根据自己的实力、结合市场的具体情况制定相应的应对竞争的策略。企业实力不同，进入市场参与市场竞争的身份也有所不同，选取的竞争策略也可以有所不同。初创企业可以根据企业实力与产品类型、市场状况采用不同的竞争策略。

（1）低成本战略

低成本战略就是最大努力降低成本，通过低成本来降低商品价格，维持企业竞争优势。低成本战略又称为成本领先战略。要做到成本领先，就必须在管理方面严格控制成本，在生产环节、管理服务环节、营销环节都降低成本，才可以获得高于产业平均水平的利润。在与竞争对手进行竞争时，由于企业运营成本低，竞争对手已没有利润可图时，企业就可以获得利润。当然，价格不能一味降低而低于成本，也不能一味进行价格战，这不仅没有让利给消费者，反而会引起恶性竞争甚至限制行业整体的良好发展。

降低生产成本，可以通过改进产品设计或者一开始使用简约化的产品设计，可以节约材料和进行生产创新甚至自动化，可以节约人工费用。降低营销成本，可以将营销方式与市场资源调整利用，争取变为更大经济效应，例如，变革渠道、调整供应关系和改变促销策略。降低服务成本，可以将多种系统优化以减少服务的维护工作，提高效率、改善用户体验，可以实行服务流程或以自动应答服务等新方式减少服务费用，也可以将售后服务外包，委托有实力的售后服务商进行专业售后服务。

【拓展阅读】

吉利的成本领先战略

浙江吉利控股集团成立于 1986 年，在 2017 年度《财富》杂志世界 500 强排行榜中，浙江吉利控股集团以 314.298 亿美元的营收位列第 343 位，强势攀升 67 位，这也是其自 2012 年首次进入榜单以来连续六年进入世界 500 强。

吉利主要运用成本领先战略在市场上占领市场份额并取得利润。吉利实施成本领先战略主要通过以下三大途径：

首先，吉利不断扩张形成规模化优势。这一系列收购交易的成功使得公司的整体营运效率得以提高。继续扩张及提升五所现有厂房的生产能力，这不仅可以改善产品质量，更能够形成规模经济，从而有效降低成本并增强企业抵御市场风险的能力。

其次，吉利也重视控制零部件成本并注重研发，为了减轻原材料价格上涨对刹车系统中低档产品的影响，吉利注资 1 亿元人民币用于新一代电动助力转向系统的研发。这有效地控制住了成本，在扩大投入的同时集中资源、减少浪费。

最后，加强供销渠道管理，吉利与主要供应商产量策略联盟，以减少原材料及部件的价格波动对整车成本的影响。同时还致力于重组联营公司零部件采购系统及供应商系统，以进一步降低成本、提升品质。

也正是成本领先战略带来的高利润空间抵消了吉利相对较低的资产管理效率对其净资产收益率的不利影响，给其带来了丰厚的投资回报。

（2）差异化战略

差异化战略指使企业产品、服务等与竞争者有明显的区别，以获取市场中的竞争优势的策略。差异化战略的重点是创造、提供全行业和顾客认为特点显著的产品和服务，即提供的产品或服务别具一格，或功能多，或款式新，或更加美观。如果别具一格的战略可以实现，它就获得在行业中赢得超常收益的可行战略，能建立起竞争的防御地位，并利用客户对品牌的忠诚而处于竞争优势。

对于初创企业，可采取的有效差异化战略，如产品的差异化、服务的差异化和营销的差异化等。产品差异化主要从产品（或服务）质量、产品服务特征及其产品服务设计方面实现，通过为自己的产品和服务注入新的元素来吸引顾客。服务差异化主要将服务要素融入产品支撑体系，通过服务建立障碍，阻止其他企业竞争。顾客服务水平也是企业的竞争力的一个方面，服务能力越强，市场差异化就越容易实现。营销差异化可以从产品的营销渠道、销售条件、售后服务条件等方面实行差异的方法，特别是售后服务差异化，在越来越多的相同产品、相同性能、相同质量的产品情况下，售后服务不同可以带来很好的竞争地位。

【拓展阅读】

海底捞的差异化战略

海底捞能在市场中取得如此巨大成功，很大程度取决于其采用的差异化战略，主要集中表现在产品差异化和服务差异化两个方面的成功，产品差异化体现在提出了三大系列的菜品（健美食品系列、绿色食品系列和营养食品系列），并在食品安全和卫生方面制定了标准化的工程体系。服务化差异体现在：（1）服务好，味道就好；（2）个性化服务；（3）服务从满意到感动。

（3）集中化战略

集中化战略指企业把优势资源集中于某一个特定的细分市场，主攻某个特定的客户群、某产品系列的一个细分区段或某一个地区市场，通过更好地服务于这一特定市场的客户，以获取高的收益率。集中化战略的优点在于企业集中力量为一个市场服务，能全面了解市场的需求，便于采取集中营销，从而突出竞争优势。但是，其前提是公司能够以更高的效率、更好的效果为某一狭窄的战略对象服务，从而超过在更广阔范围内的竞争对手，可知该战略具有赢得超过行业平均水平收益的潜力。

对于创业企业，此战略是最为有效的战略。创业企业资源有限，如果能够提前看到市场上存在的空缺，选择合适的方式进入市场，同时将有限的资源投入到一个领域，避免和资源实力雄厚的成熟企业正面竞争，从而争取更为宽松的生存发展环境，利于自身技术、服务不断优化提升。创业企业也可以集中开发专门技术获取优势。管理大师德鲁克提出的专门技术战略可以为初创企业所借鉴。他指出，看企业能否开发独有的技术，要在新产业、新行业或新趋势的发展早期进行系统的研究和调查，寻找到专门技术的机遇，在整体趋势开始之前行动。

尽管竞争战略存在一定缺陷，企业面临竞争是一个基本状态，很多企业也会采取一些竞争手段。创业企业确定了目标市场之后，面对市场竞争需了解基本的竞争策略。

任务 3.2　选择创业模式

不少大学毕业生选择了创业，对于毫无经验的高职学生来说，创业是一个巨大的挑战。高职学生创业者如何才能成功创业呢？那就要选择正确的创业模式，才能尽可能减少创业失败的风险。

3.2.1　兼职创业

【拓展阅读】

高职生臧小妹的"天茗茶庄"

大学生在校创业的人很多，但是坚持下去的人却很少。首先创业贵在坚持，只有坚持和创新就一定有所收获。某省经贸职业技术学院会计系读大三的臧小妹不仅成绩优异，而且已经是两家茶庄、一家网店的小老板，每月净利润达到七八万元。

大二假期，她回到家乡溧水，结果正好碰上一家茶厂在收茶。"这个应该蛮赚钱的，要不然他们忙得那么累，还满脸笑容。"于是，她花了两百多元买了些茶叶，在步行街摆了个小摊位吆喝着卖了起来，一天半后茶叶就卖完了。一算账，不得了，居然赚了将近200元。"利润达到100%。"这让她更坚定地选择了创业，给别人打工，不如自己当老板。

不过，头一次创业并不顺利。她的茶庄开业后，生意总不见起色。有一次她进了5000多元的碧螺春，因为茶叶品质不行，压根卖不出去，最终只好亏本甩卖。臧小妹发现，这主要是因为自己对茶叶一窍不通，进的茶叶不是叶子太老，就是炒得过头，所以茶叶才无人光顾。"之后的两个月，我开始恶补茶叶知识，还请教了很多有经验的品茶师。"臧小妹说，那段时间满脑子里都是茶叶，一本厚厚的笔记本上记满了选茶的诀窍。两个月的磨炼，让臧小妹一下子瘦了十来斤，却成了地地道道的懂茶行家。

正因为这样，她每次进茶时才能独具慧眼，挑中好茶。"现在我的茶社卖的茶叶又便宜又好。"凭借这样的优势，她的茶社生意越来越红火，如今每个月就能净赚七八万元。现在，她又开了一家店"天茗茶庄"。虽然起步不久，但这家茶庄也开始盈利，一个月也能赚个万把块钱。

兼职创业模式是指高职学生在不放弃或不中断学业的前提下利用课余时间从事创业活动的方式。根据调研，我国大学生中98.17%的创业者主要倾向于兼职创业。因为是边学习边创业，所以，此类创业项目一般规模较小，属于独立动作的创业项目，兼职创业者需要具备一定的商人特质和相关的前提条件，并要有一定的精力和时间保证。同时，兼职创业也能充分挖掘学生的个人潜能，为他们融入社会提早做好准备。

在兼职创业模式中，高职学生创业者投入的时间精力有限、创业资金不足、经营管理经验缺乏、心理承受能力有限，这使得高职学生兼职创业者通常专注于投入时间较少、经

15. 兼职创业

营方式灵活、组织形式多样。

【拓展阅读】

创业兼职之"ABCD方法"

首先，从最简单、最容易入手的项目 A 开始下手，虽然 A 很辛苦，也赚不了多少钱，但其价值在于你能在干 A 的过程中，切身积累到创业的经验，体会到创业的思路、方法和见解。然后，你才会慢慢地、机缘巧合地发现商机 B，B 不仅营利性比 A 高，而且还比 A 轻松。这时你应该已经尝到了创业的甜头，并初步具备了发现商机、分析商机能力。

然后，随着创业经验的不断积累和不断被培养出的敏锐的商业嗅觉，你会在某一个不起眼的场合、不经意的瞬间，水到渠成地发现商机 C，商机 C 可能不需要多大的投资，而只是一个新的尚未被开发的需求。那么，是你大干一场的时候了，而这时你的创业收入可能已经超过了本职工作。

接下来，随着项目层次的提高，你的视野会自然而然地拓宽，人脉会顺理成章地拔高，最后，在蓦然回首的灯火阑珊处找到了项目 D，并靠项目 D 实现了财务自由。

"ABCD 兼职方法"的高明之处就在于它准确捕捉到了绝大部分兼职创业者好高骛远、眼高手低的心思。项目 D 不是凭空而出的，没有前面的 A，就不会有 B，同样，没有 B 就不会有 C，没有 C 也不会有 D。A、B、C 是通往 D 的必由之路，没有 A、B、C 的经验积累和策略研究，就算一开始就看到了商机 D，往往也只能是望洋兴叹。

所以，如果你想兼职创业，而又没有好的思路的话，就从最简单、最容易操作的 A 做起。然后，再不断地创新思路，不断地升级改造自己的项目和模式。做的经验来自做的过程，尽管 A 看起来笨笨的、傻傻的，是那么让人不屑，但现实的经验告诉我们，越是想走捷径、想一步到位，往往越是寸步难行。

兼职创业最终追求的是轻松地赚钱，而不是赚尽量多的钱。兼职创业与本职工作也并非鱼和熊掌不可兼得，相反，兼职创业的收益会让你的本职工作更加游刃有余，做得更轻松。人的一生就是不断追求自由的过程，从最基本的人身自由，到中级的财务自由，再到高级的梦想自由，一路逐梦。

3.2.2　加盟创业

特许加盟创业作为一种现代化的商业模式，通过签订合同，特许人将有权授予他人使用商标、商号、经营模式等经营资源，授予被特许人按照合同约定在统一经营体系下从事经营活动，并向特许人支付经营费。

优良的创业环境与优越的创业政策促使越来越多的高职学生加入创业队伍，与个人创业比起来，连锁加盟能为高职学生创业人提供已有的品牌、规范的运营模式、健全的市场机制等一系列成熟的经营形式。他分享品牌资源、分享经营诀窍、分享资源扶持的特点为高职学生创业人省去诸多的创业烦恼，并且提高了创业的成功概率。

随着我国特许加盟所涉及的行业不断拓宽，行业覆盖面越来越广，以服务业领域，尤其是零售业最为活跃。据中国连锁经营协会的调查结果，目前我国特许加盟已经覆盖了该分类的所有 13 大类别，80 多个细分行业和业态，主要行业有餐饮业、饭店、休闲旅游、便利店、日用品零售店，其他新兴行业如教育文化、商业服务、家庭服务、汽车服务、IT业等特许加盟也在快速推进。

1. 采取特许加盟方式进行创业的优势和可行性

高职学生创业只要能根据自身特点，发挥优势、弥补劣势、选择合适的创业方式，找准"落脚点"，就能使自己的创业计划更为实际可行，就能多一份胜算的把握。一个比较好的领域就是以特许加盟方式从事连锁经营，这一方式可以发挥高职学生创业的优势，弥补高职学生创业的劣势，通过"扬长补短"的方式来提高高职学生创业的成功率。统计数据显示，在相同的经济领域，个人创业的成功率低于 20%。而加盟创业的则高达 80%。对创业资源十分有限的高职学生来说，借助连锁加盟的品牌、技术、营销、设备优势，可以以较少的投资、较低的门槛实现自主创业。但连锁加盟并非零风险，在市场鱼龙混杂的现状下，高职学生涉世不深，在选择加盟项目中更应该注意规避风险。一般来说，高职学生创业者资金实力较弱，适合选择启动资金不多、人手配备要求不高的加盟项目，从小本经营开始为宜，此外，最好选择运营时间在 5 年以上、拥有 10 家以上加盟店的成熟品牌。

高职学生以特许加盟方式从事创业可以化解或减轻自身的某些固有不足。

（1）弥补社会经验不足的劣势，大学生采用特许加盟的创业方式可以减少创业风险对于创业者来说，最重要的莫过于选择一个好的市场项目。在选择好的市场项目上时，大学生由于刚走出校门，对市场不了解，往往不知选择什么好的市场项目。而特许加盟的项目大多是经过市场证明成功的项目，大多市场需求量大，且具有一定的稳定性和增长性。一般情况下采取特许加盟经营企业的创业方式要比独立创业的风险小得多，成功的概率要更高，有调查数据显示，在创业的第一年中，自营店铺的失败率要远大于通过加盟的方式开设的店铺。

（2）弥补动手能力差的劣势，大学生采用特许加盟的创业方式可以得到特许总部系统的管理培训和指导，大多数特许人的经营管理理论多是在行（专）家的指导下经过大量的实践摸索出来的，是具有可操作性和较强实战性的理论。而刚出校门的大学生虽然具备理论知识，但动手能力差，缺乏实际的操作。而大学生加入特许加盟企业，他可以立即得到特许总部在管理技巧、经营诀窍，以及服务、质量、业务知识等方面的培训；有时总部还会派专业的工作人员帮助加盟者解决特许加盟企业在开业之初以及经营过程中出现的问题，使之集中精力以最有效的方式经营和管理企业。

（3）弥补资金缺乏的劣势，高职学生采用特许加盟的创业方式可以缓解缺少资金的燃眉之急。对于大学生创业来说，最关心和最棘手的事就是资金的筹集，特别是大学生刚出校门，资金来源渠道十分有限，他们往往会因资金缺乏而丧失商机或因资金周转不灵而陷入困境。与其他创业模式相比，特许加盟的资金门槛较低，因为有很多的低成本加盟项目开业的资金需要得并不多，如餐饮业、服务业等，甚至有些特许总部还会向加盟者预拨一部分资金作为财政援助帮助创业者度过初期的困难。还有些总部会联系银行采用担保方式，使加盟者获得贷款。

（4）大学生采用特许加盟的创业方式可以通过加盟享有知名品牌、商标带来的利润。大学生独立创业初期，短时间内难以扩大市场知名度，提高声誉，但若采取特许加盟方式，则在绝大多数情况下，特许总部已经建立起了良好的公众形象，并能提供高品质的产品和服务，大学生加盟这些组织，就可以分享这些无形资产，使自己的知名度和信誉随之提高。从消费者角度来说，一般也会把受许人看成是特许人下属的企业，从而对受许人增强信赖感。受许人可以借此迅速建立自己稳固的市场地位并不断发展壮大。

（5）大学生采用特许加盟的创业方式可以受益于整体广告带来的客源，受许人可减少广告宣传费用。大学生加盟的特许总部为了扩大市场知名度，会定期在市场做大量的宣传，一方面可以提高自身信誉，获得更多的客源，另一方面也可以吸引更多的加盟者。而特许总部的广告宣传费则是由众多加盟者分摊，这样总部在更大的范围内做宣传影响更广，效果更好，但加盟者分摊的宣传成本相比独自宣传来说要低很多。同时，特许总部在各地发展的加盟店本身也是很好的宣传。相比其他创业模式，大学生加盟可以减少很多宣传费用。

【拓展阅读】

在校高职学生蒋涛的联盟失败案例

2018年冬天，某高职学生蒋涛按网上地址找到北京一家销售木纤维毛巾的加盟连锁公司，听了招商部经理对这种成本低、利润高且风险小的产品推介，她心动了，把从亲戚那里借来的钱全换成毛巾，并取得该公司福建省独家代理权。

头一个月，她兴冲冲跑遍了周边所有学校，没卖出一条毛巾。然后她又去居民小区推销，效果还是不好。过年后她开始通过网络推销。如今两个月过去了，仍没卖出一件产品。

后来经过调查发现，有蒋涛同学这样遭遇的大学生不在少数。不少高校毕业生选择了加盟连锁的创业方式。他们从电视和网络等媒体了解到加盟连锁项目的丰厚条件，比如，企业总部提供免费指导，不收取任何加盟费用，进货达到一定额度就能获得额外奖金，低风险甚至无风险等，于是，就开始创业了。蒋涛说，我们一无资金，二无经验，加盟连锁会让自己开店的风险降低很多。可结果却事与愿违。朋友同学打电话问我现在生意怎么样，我不敢也不想跟他们说生意不好。蒋涛很沮丧。

分析：一些所谓加盟连锁企业深谙大学生创业心理，已为他们准备好连环套：品牌在国外已有十几年甚至几十年成功运营史，实际已"死无对证"。生产基地在某发达省市，可是路途遥远不便去看；加盟利润很高，这只有天知道；经营好了还给你返奖金和装修费，前提是经营好，这基本没希望；还举许多成功范例，带你去看其他加盟店，实际就是托。更重要的是，投资成本仅两三万元，还有优厚的换货条件，风险很小。

这么多好处怎能不让大学生创业者心动，心甘情愿汇钱加盟，不由自主上钩呢？但是，钱汇走后，加盟者很快发现一切都变了：货物不如样品好，价格虚高，卖不出去；回总部换货，却换到其他加盟商退回的积压品。

给我们的启示：大学生创业门槛可以降低，但是依法经营是必要前提。另外，部分创业大学生存在对相关政策不了解、缺乏法律意识等问题。

2. 采取特许加盟创业应注意的问题

要想通过特许加盟取得创业成功，还得注意以下两个方面：一是加盟总部的选择，随着连锁加盟市场规模的不断扩大，难免有一些不法者利用加盟"圈钱"的事件，因此，创业者在选择加盟项目时应事先多做准备，包括收集资料、实地考察、分析市场等，并结合自身实际情况再做决定，必要时还应实地考察加盟店，从各方面来整体评估加盟总部；二是加盟合约的签订，加盟商和特许总部所有的关系都是靠签订的合约来维持的，并且以后一旦发生争议，签订的合约则是判断违约与否的唯一依据。因此在签订合约时应特别注意总部和加盟商的权利和义务，在以后各种情况发生时，都能做好准备。

3.2.3　大赛创业

大赛创业即利用各种商业创业大赛，获得资金提供平台，然后进行创业的活动。如Yahoo、Netscape 等企业都是从商业竞赛中脱颖而出的，创业大赛也被形象地称为创业"孵化器"。

创业设计大赛借用风险投资的运作模式，要求参赛者组成优势互补的竞赛小组，提出一项具有市场前景的技术产品或者服务，并围绕这一产品服务，以获得风险投资为目的，完成一份完整、具体、深入的创业计划。参加创业设计大赛的项目大多具有技术上的创新性、经济上的合理性、操作上的可行性，因此吸引了众多企业和风险投资的关注。以第三届大学生创业大赛为例，目前已有 10 家企业分别与 10 个大学生创业团队签订了风险投资意向，协议资金达 9330 万元。

3.2.4　团队创业

大学生创业，年轻、思维活跃、想象力丰富，具有强烈的创新意识。这些是创业者获得成功最重要的条件。而大学生普遍具有较强的专业基础知识。如果从事本专业或与专业相关的创业活动。成功的机会就会很大。在大学生选择自主创业的过程中，团队创业已成为大学生创业的主流形式，团队创业比个人创业显示出更高的成功率。

1. 大学生创业团队的创业动机和创业模式选择

（1）创业动机。创业动机是指引起和维持个体从事创业活动，并使活动朝向某些目标的内部动力。调查显示，大学生创业动机依次为：对成就的需要、对独立性的偏好、控制的欲望、改变家庭和个人的经济状况。

（2）创业模式。大学生由于社会经验不足，资金不足，人脉资源稀少，在创业形式选择上更多地选择团队创业，具有互补性或者有共同兴趣的成员组成团队进行创业。如今创业已非纯粹追求个人英雄主义的行为，团队创业成功的概率要远高于个人独自创业。一个由研发、技术、市场融资等各方面组成优势互补的创业团队，是创业成功的法宝。

2. 大学生对创业的意志力表现

"今天很残酷，明天更残酷，后天很美好，但是绝大多数人都死在明天晚上，看不到后天的太阳。"这是马云对大学生创业最真实的写照。可以说，很多大学生对创业的艰巨判断不足，没有做好足够的心理准备，一旦遇到风险和挫折便选择放弃。很大一部分同学在有好的工作单位时，会选择工作，而不会创业。这说明，大多数同学还是求稳定，怕担风险，没有将创业作为自己人生的最大追求。大学生这种矛盾心理是可以理解的，一方面渴望实现自我价值，想发家致富，然而他们偏偏又是在应试教育中成长的，重分数轻素质，不重视学生的个性发展和自主意识的培养，实践经验少，怕承担很大的压力，寻求安

16. 大赛创业

定，对家庭、社会的依赖性较大，因而想找一份相对稳定且收入高的好工作。

3. 大学生创业团队的组织机制

第一，共同的意愿，意愿是凝聚团队力量的一个重要的因素。俗话说志同道合即是指拥有共同的兴趣，两个或多个人形成一个创业团队，共同的兴趣必不可少，共同的兴趣使得创业团队有着共同的目标。由于大学生均为年轻人思想容易融合，因此较容易接受共同的意愿。这就促使大学生创业团队较其他类型团队更为稳定；第二，团队成员的异质化。一个表现良好的创业团队通常具有良好的团队互补性。某些团队成员可能偏向技术，某些团队成员则更加偏向内部经营管理，而某些团队成员可能强于销售渠道的开拓。也有可能是思维方式的不同，有些人更加内省，能够很好地思考自身或公司发生的问题，思考解决问题的办法，有些人则显得外放，能想得更远。由于大学生创业团队往往是团队组织者利用个人关系网组建的，大多成员在组队前就彼此熟悉，因此，比较容易互相融合和信任，也不存在个人生存压力。不易相互猜忌，组织结构比较稳定。

3.2.5 网络创业

1. 大学生网上创业的优势

网上创业是目前高职学生创业模式中的一颗璀璨明星。互联网改变了人们的生活，同时也提供了全新的创业方式。而且网上创业受到政府的重视，政府会给予诸多的优惠政策和措施。

网上创业以其区别于传统创业方式的巨大优势，正越来越吸引大学生加入其中，一些学生一边学习，一边开始网上创业。利用这种新的创业方式，不少学生以此全方面锻炼自己的能力。网上创业，对大学生这样的高知识群体，尤为适宜。

（1）网络是大学生最熟悉的工具

目前，在全国大多数高校，互联网已经进入图书馆、教室、学生宿舍。在校学习期间，学生们基本上能够熟练地利用各种网络工具，把互联网当作学习、娱乐的工具。大学生思想活跃，求知欲强，网络可以说是他们最熟悉也最愿意利用的工具和"玩具"。

（2）资金门槛低

大学生创业最大的问题就是没有资金，所以在网上开店最合适不过了。比如，你有一个不用的录音机，扔了挺可惜的，就上网把它卖掉吧。本来对你来说没用的一件东西，50元钱卖掉了；用这50元买了其他的东西，可能以后又要卖掉，就变成70元了。所以说，在网上很快就能做起你的生意，而且能学到很多知识。如市场营销、市场调研与谈判这些书本的知识，都可以运用到网上创业过程中。

（3）创业风险低

创业必有风险。如果是创办实体公司，首先就要租用场地，1年签约，或者最少6个月一签约，这样就要支付大笔的租金。还要装修，加上水电费等其他费用，开支巨大。而在网络上创业的话，这些成本都可以免掉，最多付一些网络月租费。创业门槛很低，风险自然也相对较小。

2. 网络创业主要方式

（1）创建网站。大学生中有少数人拥有良好的计算机网络知识储备，因此选择创建网站这种方式进行网络创业。大学生创建的网站前期通常以校园周边资讯的整合为主，以此来增加网站的浏览量和点击量。进而下一步转向吸引校园周边的实体店铺入驻网站，通过为实体店铺提供这样一个面向校园的宣传平台进而向实体店铺收取入驻费用获得利润。

（2）创建网店。基于淘宝一类平台的存在，目前大学生中绝大多数人选择网络创业的时候选择开网店。对于大学生而言，开网店较之其他方式的创业而言具有进入门槛低、投入资金少、时间灵活、风险低等优点。因此吸引了绝大多数大学生投身于开设网店这一网络创业形式之中。

（3）网络自由职业者。目前还有少数大学生基于网络这一庞大的社交网络和信息平台选择做一些网络自由职业者。如游戏的陪练、淘宝等网店的客服、杂志的自由撰稿人等。这一类工作可以随时随地开展，较之现实中的工作更加自由，但是由于收入微薄，常常作为兼职存在，不足以作为个人的主要工作。

【拓展阅读】

高职学生如何选好正确的创业模式

选择一个好的创业模式对高职学生创业成功至关重要，从创业实践中总结创业模式可分为：积累演进创业模式、依附式创业模式、知识风险创业模式、模拟孵化创业模式和网络创业模式，具体创业模式的选择还需要根据创业者自身的情况来合理选择。

任务 3.3 学习企业管理

3.3.1 企业营销管理

1. 了解市场与市场营销

市场指的是具有特定的需求或是欲望，而且愿意并能够通过交换来满足这种需求和欲望的全部现实的潜在顾客构成的。对于消费者来说，市场就是购买商品的场所。对于经营者来说，市场就是顾客，丢掉了顾客就是丢掉了市场，赢得了顾客就是赢得了市场。

市场营销是指个人或组织通过创造并同他人或组织交换产品和价值以获得其所需所欲之物的一种社会过程。

市场起源于古时人类对于固定时段或地点进行交易的场所的称呼，指买卖双方进行交易的场所。发展到现在，市场具备了两种意义，一个意义是交易场所，如传统市场、股票市场、期货市场等，另一意义是交易行为的总称，即市场一词不仅仅指交易场所，还包括了所有的交易行为。而市场营销是企业最核心的竞争力，也是企业核心职能。因为顾客决定了企业存在的意义。当营销传递了顾客价值，并满足了顾客需求，企业就能吸引、保留以及发展顾客。营销的角色包含了确定机遇，了解顾客需求，理解竞争，开发吸引人的产品和服务，以及和潜在顾客沟通

17. 市场与市场营销

的价值。

2. 目标市场选择的三种策略

（1）无差异化的目标市场选择

无差异化的目标市场就是将整体市场作为创业企业的目标市场，推出一种市场服务和产品，实施一种统一的营销策略或营销组合，以满足整体市场的某种共同需要。比如，我国的奶品企业伊利、蒙牛等，都是面向国内市场提供主要产品并全方位进行营销。在这个市场内，企业把市场作为一个整体，不考虑实际存在的个别和部分需求差异，把消费者看待为对某种或几种商品的一致需求者，因此，在营销上会依靠相同主题的广告和其他促销策略。

这种策略的优点是生产、经营和营销成本较低。因为产品品种相对单一但批量大，销售面非常广，广告投入比较集中。这种策略适用于一些消费者有共同需要、差异性不大的商品或者市场处于卖方市场即商品供不应求，竞争相对不激烈的情况。对于初创企业一般很难实现。但是，在信息技术和互联网时代，很多互联网创业项目因为信息传递的无成本和渠道的零设置使这一市场成为可能，即我们通常说的大众市场。这时，初创企业更多需要创新产品设计和提供优质用户体验，才可进入大众市场。如"滴滴"和"快的"最初成长时，通过互联网平台为打车提供服务，对消费者没有进行细分，为不同消费者提供比较统一的打车服务。

（2）差异化目标市场选择

差异化目标市场选择，指企业根据各个细分市场中消费需求的差异化，设计生产出目标客户群体需要的不同产品或提供不同服务，同时制定相适应的营销策略，去满足不同细分市场客户的需求。它是一种复合式的目标市场选择策略。比如，每个细分市场内有自己的产品或者服务，产品的特性甚至类别明显不同。其次，每个细分市场内产品的价格为该市场的顾客所接受。另外，各种产品或服务有自己相应的销售促销渠道，需要依据产品或服务特点制定各个策略。选择此战略的企业很多为成熟企业，例如，康师傅生产方便食品（方便面/粉丝）、饮料、饼干、糕点等多种产品，方便面中有牛肉面、拉面，饮料有冰红茶、绿茶、茉莉清茶，饼干有米饼等，从而满足众多不同消费群体的需要。

这种策略的优点在于：第一，能够以顾客为中心，满足不同客户的需要，从而有利于增加销售收入；第二，企业同时在几个细分市场中占优势，有利于提高企业声誉，树立良好企业形象，增进消费者对企业和产品的信任，提高市场占有率。此类市场的缺点在于：第一，企业资源分散于各个细分市场，由于不能集中采取策略，相对不容易突出竞争优势；第二，由于需根据各市场采取不同的销售策略，相对成本较高。初创企业有时也可以选择差异化目标市场，例如，新东方在最初发展时选择英语培训，但又细分为 TOFEL、雅思、四六级英语等不同细分市场，成长起来后又开设语文、数学等课程教学和音乐、美术等艺术修养课程。

（3）集中化目标市场选择

集中化目标市场指创业企业在众多子市场中只选择一个细分市场进行营销，即面对一类客户群体的单一目标市场。针对单一市场，创业企业必须充分展现选定的细分市场客户群体的消费特点并营销对路，只要选择能将产品或服务信息传达到特定客户群体的媒介即可，不一定大量投放面向大众的广告，而且在制定产品或服务价格时需考虑消费群体对价格的敏感程度。例如，饮料市场中有众多功能的饮料，王老吉公司和加多宝公司在饮料市场中专门致力于具有降火功能的饮料，提供给消费者在外出运动休闲、消费较辣餐食时候饮用。

集中化目标选择是初创企业最为适合的一种市场选择策略，创业企业如果能选一两个发挥自己技术、资源优势的细分市场，目标集中不仅可以大大节省营销费用以增加盈利，还可以因为生产、服务、销售的专业化，更好地满足特定客户需求从而取得竞争优势。但是对于市场细分的判断和目标市场的选择就显得非常重要。

（4）产品的整合促销手段

新创企业在正确地选择自己特定的服务对象后，在企业与中间商和消费者之间建立起稳定有效的信息联系，实现有效的信息沟通，通过整合促销，想方设法地将产品推向市场，有效地发展市场，从而增强企业的竞争优势。根据大学生创办企业的现状，促销的整合主要是指企业在市场营销中，对广告、人员服务推销、营业推广和公共关系等促销手法的综合运用。

1）广告促销

在市场营销中，广告是指企业将产品、劳务等信息，采用向广播、电视、报纸、网络等付费的方法，借助大众媒体向公众传播信息。由于各种媒体各有不同的特点，企业在选择广告媒体时，必须注重广告的内涵、广告媒体的特点，合理选择适合本企业的营销目标、目标市场等需要的宣传方式。

一般来说，主要考虑以下因素：①广告目标要求。即企业对信息传播的要求，这是企业首先需要考虑的，如信息传播覆盖率、接触率、重复率和最低时间限度、信息的可信度以及产生的效应等。②产品的特征。不同性质的产品应采用不同媒体，如专业性很强的产品，可采用杂志宣传。③消费者的特点。要选择对目标消费者最刺激、最容易诱发其购买欲望的广告媒体。④不同媒体收费标准不同。企业应根据自己实际情况，合理选择适合自己情况的媒体。

2）人员服务推销

企业通过推销人员向消费者提供服务如口头交谈等来传递信息，影响消费者购买的一种营销活动。人员服务推销能主动与客户进行有效接触，面对面地交流，服务及时，当场解答消费者提出的问题，取得消费者的信任；而且灵活多样的服务容易产生"不一样"效果，形成事半功倍的成效，如容易取得第一手资料，并把它及时反馈到企业产生新产品新市场。

要达到人员服务推销应有的效果，企业要加强对推销人员的服务理念和销售思想、推销技术的训练。通常，注意以下内容：①通过市场调查、查阅资料、广告开拓、他人介绍等方式寻找消费者（包括潜在客户）。②在推销前进一步了解消费者情况并设计在面对顾客后如何推销的行为。③利用多种合情合理的方式接近顾客，即直接与顾客接触。④重视推销面谈，抓住顾客心理，在服务交流中灵活地说服顾客购买企业产品，如将商品特性与顾客的购买欲望联系起来，通过产品、文字、音响、影视、证明等样品或资料去劝导顾客购买商品，通过售后追踪消费者提供新产品等。⑤审时度势，抓住时机，促使交易达成。

3）营业推广

营业推广指能够迅速刺激需求，鼓励购买的各种促销活动。目前采用比较多的营业推广方式有赠送样品、优惠券、附送赠品、有奖销售、现场演示、购买折扣、展销等。

① 确定营业推广目标。目标由于市场的不同、产品的不同，营业推广的目标也不同。通常，新创企业的早期营业推广目标是针对消费者即刺激消费者购买，鼓励现有消费者增大购买量，吸引潜在消费者使用，争取其他品牌的使用者。在新创企业发展阶段的营业推广目标是针对中间商目标，即刺激中间商购买、销售本企业产品；同时刺激推销员推销新产品，开拓新的市场，努力提高企业销售业绩。

② 制定营业推广方案。在具体进行产品营业推广前，新创企业首先制订切实可行的营业推广方案，通常包括推广的规模、推广的对象、推广的方式、推广的时间、推广的时机和推广的费用等因素。

4）公共关系应用

公共关系是指企业或组织为了适应环境争取社会公众的了解、信任、支持和合作树立企业良好的形象和信誉而采取的有计划的行动。企业公共关系的对象主要是顾客、供应商和经销商、政府、社区和新闻媒介等。新创企业进行公共关系的活动方式主要通过新闻媒介传播企业信息，即通过新闻媒介向社会公众介绍企业、产品、团队，以吸引消费者的注意，如撰写各种新闻稿件、产品介绍、人物专访等；举办专题活动，邀请参观企业、举办联谊活动等，主动与政府机构、社会团体、供应商、经销商等外部组织加强联系和沟通，争取他们对企业的理解和支持；建立电子网站，发布企业公关广告，介绍宣传企业；利用处理异议，传播新创企业良好口碑，即在企业生产推销过程中针对顾客提出的异议，企业要认真分析异议的类型及其主要根源，有针对性地、实事求是地进行处理，做到时效优先、客户优先。

实践中整合促销，应结合新创公司的发展状态和战略目标而定。如在成长期，创业者可以根据企业所掌控的资源情况，改变企业创业初期的销售渠道、着重沟通渠道，引导需求扩大销售，突出企业特点，树立企业形象，实现稳定的销售市场。

3.3.2 企业财税管理

新办企业的财务管理是指在法律法规的规定范围内，在一定整体目标的指导下关于新创企业资产的投资、筹资和经营中营运资金以及利润分配的管理。作为企业管理的核心，财务管理对于改善企业经营，提高企业经济效益具有十分重要的作用。尤其对新创企业，财务管理水平对企业的经济效益具有重要影响。

18.企业法务管理

1. 新企业的财务管理

财务管理的内容很多，从不同的角度来审视，其包含的内容是不同的。从组织企业财务活动的视角看，财务管理的内容包括了资金的筹集、资金的投放与分配等内容。从处理财务关系的视角审视，财务管理的内容包括了诸多复杂的关系，涉及企业与债权人、债务人、投资人、受资人、政府之间的关系，还包括企业内各单位之间的财务关系以及企业与职工之间的财务关系等。下面结合一个新创企业需要了解的财务知识做一个介绍。

（1）财务管理的功能

财务管理作为企业管理的重要组成部分，其作用的发挥是以其功能为基础的。具体而

言，财务管理具有三大基本功能：资金管理功能、成本控制功能、管理监督功能。

1）资金管理功能

资金对企业发展至关重要，如果将企业比喻为人体的话，那资金就是身体中的血液。可以说，资金是企业经营和发展必不可少的条件。所有企业的生存与发展必须基于一定的资金，因此，企业财务管理具备了资金管理这一最为基本的功能。财务管理人员与企业管理人员基于对市场和企业发展的分析，综合各方面的信息数据，来支配企业的资金，从而利用有限的资金投入带来最大的产出，促进企业经济效益的提升。这就是财务管理中的资金管理功能。

2）成本控制功能

影响企业利润的因素有很多，例如，原材料成本的变动，员工工资的变动，市场供需关系的变化等，但是成本因素则是影响企业利润的主要因素之一。财务管理人员运用科学的方法，在保障企业正常运转的前提下，严格控制企业中不合理的支出，包括对产品成本的控制，对期间费用的控制，对研发费用的控制以及对职工薪酬、福利保险和劳动保护的管理等，从而降低企业生产成本，增加企业的利润，提高企业的经济效益。因此，财务管理具有成本控制功能。

3）管理监督功能

企业的正常运转，需要一整套完善的管理监督体系。财务管理中的管理和监督体系使得企业在生产经营过程中步步为营，确保企业始终朝着正确的方向前行。不仅如此，在完善监督的体系下，企业能有效利用各种资源，最大限度挖掘自身产能，优化企业的经营与管理，从而能够以较小的成本投入获得较大的经济效益。这就是财务管理中的管理监督功能。

（2）高职大学生创业初期财务管理中的问题

高职学生创业初期，创业企业财务管理的基础和指导思想是创业企业财务管理理念，创业初期最佳财务管理理念是以市场为中心，科学合理地选择筹资渠道，降低企业成本，控制企业经营风险。高职学生创业初期财务管理存在的具体问题如下：

1）缺乏监督机制，忽视企业内部控制

创业初期，企业财务管理环节法律意识淡薄，通常以市场为中心，管理经营企业，对财务经理集权严重，企业经营内部控制不规范，职责不清晰，企业财产安全存在致命危机，企业财务报表的精确性和可靠性较低，存在欺诈、不及时、不准确的财务信息，这些对于创业初期实力并不雄厚的创业型企业来说是灭顶之灾。

2）缺乏适合的会计体系

由于创业企业经济业务的复杂性和多样化，经济业务有多种会计处理方法，存货计价、固定资产折旧等多种可供选择的财务管理处理方法。尤其是在创业企业在进行某项经济业务时，缺乏适合的会计体系，所使用的会计原则和会计处理方法选择，不适合创业企业财务管理的特点，令创业企业的会计报表影响相关决策者的决策，决策者不能随着经济的发展和会计环境的变化，及时发现新的途径，不能利用财务管理为创业企业自身谋利。

3）误判创业企业财务管理环境

忽视创业企业财务管理环境的分析、判断、确定，创业企业成本核算效果不尽如人意，没有科学预测可控成本和不可控成本，成本执行力弱，资本运行效果较差，常规的生存、销售、利润的积累很快耗尽，企业规模很难在短时间内迅速扩大，无法引进投资，企业价值较低，企业项目无法兼容，无形资产的投入很难市场化，企业新的利润增长点消失。

4）财务管理制度缺失

大部分创业型企业在创业初期，只有一本账本，缺乏对财务管理规模分阶段、科学系统的规划，难以达到管理的目的，无法满足企业成长的需求，财务管理制度和流程难以实施。由于没有财务管理制度，创业企业内部财务管理控制出现混乱局面，财务管理损失越来越大。会计计量历史成本、重置成本、可变现净值、现值计量准确性低，创业企业的财务管理工作急需探索与创业企业相匹配的创业企业财务管理模式。

（3）财务分析的几个基础资料

一般来说，现在完整的财务状况一般用损益表、现金流量表、资产负债表三张表来展示，介绍如下。

1）损益表

损益表，又称利润表、损益平衡表，是反映公司在一定期间利润实现（或发生亏损）的财务报表，它是一张动态报表。损益表可以为报表的阅读者提供合理经济决策所需要的有关资料，可用来分析利润增减变化的原因、公司经营成本、投资价值等。损益表项目按利润构成和分配，可分为两个部分。其利润构成部分先列示销售收入，然后减去销售成本得出销售利润，再减去各种费用后，得出营业利润（或亏损），再加减营业外收入和支出后，即为利润（亏损）总额。可分配的利润部分，是将利润总额减去应交所得税后得出税后利润。根据我国现行企业会计制度规定，损益表统一采用多步式损益。

2）现金流量表

现金流量表是反映一定时期内（如月度、季度或年度）企业经营、投资和筹资活动对其现金及现金等价物所产生影响的财务报表。作为分析工具，现金流量表的主要作用是决定公司短期生存能力，特别是缴付账单的能力。

现金流量表反映公司在一定时期现金流入和现金流出的动态状况，其组成内容与资产负债表和损益表相一致。通过现金流量表，可以概括反映经营活动、投资活动和筹资活动对企业现金流入流出的影响，对于评价企业的实现利润、财务状况及财务管理，要比传统损益表更好。

现金流量并不等于利润，利润是收入扣除支出后的余额，而现金流量则是现金收入与现金支出的差额。归还贷款而支付的现金，并非经营支出，但却减少现金；资产折旧可以减少利润额，但却没有现金支出。

现金流量问题是初创企业面临的主要问题之一，盈利企业也会由于现金短缺而破产，所以不能仅用利润这个指标来评估初创企业是否成功。对于创业者来说，对现金流量应逐月估计。

由于精确估算每月的现金流入和支出十分困难，因此需要坚持谨慎原则，以保证有足够的资金支撑企业运作。

3）资产负债表

资产负债表是反映企业在一定时期内全部资产、负债和所有者权益的财务报表，是企业经营活动的静态体现，根据"资产＝负债＋所有者权益"这一平衡公式，依照一定分类标准和次序，将某一特定日期的资产、负债、所有者权益的具体项目予以适当地排列编制而成。

资产负债表最重要的功用在于表现企业经营状况。就程序而言，资产负债表为账簿程序的末端，是集合了登记分录、过账及试算调整后的最后结果与报表。就性质而言，资产负债表表现企业或公司资产、负债与所有者权益的对比关系，确切反映公司营运状况。

就报表基本组成而言，资产负债表主要包含报表左边算式的资产部分，以及右边算式的负债与所有者权益部分。而作业前端，如果完全依照会计原则记载，并经由正确的分录或转账试算过程后，必然会使资产负债表的左右两边算式的总金额完全相同这个算式就是：

资产金额总计＝负债金额合计＋所有者权益金额合计

创业者应编制预计的资产负债表，描述初创企业在本年经营后的年末状况，为使其中的数据合理，资产负债表的制作必须利用损益表和现金流量表，并与之保持一致。

（4）财务基本分析能力

财务分析又称财务报表分析，财务报表是企业财务状况和经营成果的信息载体，但财务报表所列示的各类项目的金额，如果孤立地看，并无多大意义，必须与其他数据相比较，才能成为有用的信息。这种参照一定标准将财务报表的各项数据与有关数据进行比较、评价就是企业财务分析。具体地说，财务分析就是以财务报表和其他资料为依据和起点，采用专门方法，系统分析和评价企业的财务状况、经营成果和现金流量状况的过程。其目的是评价过去的经营业绩，衡量现在的财务状况，预测未来的发展趋势。

2. 新企业的税收管理

若一个高职学生经过深思熟虑后决定创业，既要经营好业务，也不要忘记记账报税。公司经营离不开记账报税，新创企业业务量不大，人手也不足，所以社会上有很多兼职做会计的，帮新企业代账，新创企业的创业者要及时了解相关税收方面的知识。

（1）新企业税收管理应了解的程序和知识

1）税务登记

根据征管法规定，企业或个体商户在领取营业执照起 30 天内，持营业执照副本或其他核准职业证件到纳税主管税务机关申请办理设立税务登记，因为现在是"多证合一、一照一码"，也可到工商管理部门办理。有一点要注意，如果是个体工商户，一定要注意时间，在取得营业执照 30 日内办理（如果超期可能被罚款）。

2）财会制度及核算软件备案

纳税人自领取税务登记证件起 15 日内，需将财会制度或财会处理方法报主管税务机关备案。使用计算机记账的，使用前需将计算机系统的会计核算软件、使用说明书和相关资料报送主管税务机关备案，提交表格：《财务会计制度及核算软件备案报告书》2 份（超过 15 日可能被罚款）。

注意，按照财政部门的规定，纳税人可以从小企业会计准则变更为企业会计准则，但是不能由会计准则改为小企业会计准则，因此，最开始报告时可先执行小企业会计准则。

3）存款账户账号报告

新创企业自设立基本存款账户或其他存款账户之日起 15 日内，向主管税务机关书面报告其全部账号。如有变更，应自变更之日起 15 日内向主管税务机关书面报告（一定要自人民银行发送的《开户许可证》的发证日期起 15 日内办结，超出 15 日则会被罚款）。

4）办理网上申报、签订三方协议

三方协议要在取得税务登记后尽快办理，方便将来办税。网上申报办好且签订三方协议后，不管在哪，只要有网就可以进行纳税申报和缴纳税款，不需要跑去办税服务厅了。

5）申领发票

依法办理税务登记的单位和个人，在领取税务登记证件之后，向主管税务机关申领购发票前，或已核定发票票种的纳税人需变更领购发票种类、限额、购票员等信息时，可提出票种核定申请，经主管税务机关审核后，对纳税人申请领购发票的票种、数量和购票方式进行核定并发放《发票领购簿发票领用簿》。取得发票领购簿后，如果是一般纳税人，则最高开票限额审批是行政许可（注：一般十万元以上额度不能即时办理，如需要请要打好提前量）。

另外，每次购买发票前，增值税专用发票要报税，普通发票要验旧。

6）一般纳税人

这个问题在接受新企业的时候就要关注，如果企业需要办理一般纳税人资格，使用增值税专用发票，到办税服务厅登记即可（可选择核算执行时间，但要注意，一旦选定就要按照时间规定、一般纳税人要求完成申报）。

如果企业不想按一般纳税人核算，税法规定连续 12 个月销售额达到认定标准就会被税务机关强制认定为一般纳税人。具体标准：工业企业 50 万元，商业企业 80 万元，营改增服务业 500 万元。

7）纳税申报

可能很多的创业者会认为企业创业初期，如果还没有发生经营的业务，那么就可以不需要进行申报，这种理解是错误的，因为新的企业，即便在没有发生经营业务也要进行申报，但是可以进行零申报，特别是一些小规模纳税人，还可以按季度申报，千万不要认为没开票就不需要报税。现在小规模纳税人可以按季申报（2016 年 4 月 1 日起执行），如果是定期定额的个体工商户营业办理批量扣税则可以以征代报。防伪税控系统的抄报税也一样，不要以为这个月没开票就不要抄报税。

8）两项费用抵减增值税

一般纳税人购买增值税防伪税控专用设备和每年交的技术维护费，可以在增值税中抵减。

（2）与新创企业有关的主要税种

国家对生产流通环节征收的税种统称流转税，它以销售收入或营业收入为征税对象，包括增值税、营业税和海关关税等。对分配环节征收的税种统称所得税，它以生产经营者取得的利润和个人的收益为征税对象，包括企业所得税、个人所得税等。这是最基本的两个税种。具体而言，与企业和企业主有关的主要税种见表 3-1。

在 2016 年 5 月全面营改增后，我国的税共有 17 种，费则可能达到上百种之多，例如：房地产企业就至少涉及 11 种税和 56 种费。

与企业和企业主有关的主要税种　　　　　　　　　　　　　　　　表 3-1

税类	其他税种
商品和劳务税类	增值税、消费税、关税
所得税类	企业所得税、个人所得税
财产、行为税类	房产税、车船税、印花税、契税
资源税类	资源税、土地增值税、城镇土地使用税
待定目的税类	城市维护建设税、车辆购置税、烟叶税、船舶吨税、耕地占用税

从上表来看，税种确实不少，但对于一般的创业公司而言，缴纳的税费只有 6～10 种，除去不经常发生且税率较低的小税种后，普通创业者需要重点关注的只有三种，分别是：增值税、企业所得税以及个人所得税。下面着重为大家介绍这三个税种。

1）增值税

增值税是财政收入的第一大税收来源。增值税顾名思义就是要对增值额征税，也就是对买卖价格之间的差价进行收税，这样可以更好地除去重复收税的问题，在一定程度上减少了企业的税负。

需要注意的是，增值税的纳税人分为小规模纳税人和一般纳税人，以上计税方法适用于一般纳税人。但是一般纳税人的门槛相对较高，较多创业公司是从小规模纳税人开始的，小规模纳税人的税率是 3％，其中的进项税是不能抵扣的。

小规模纳税人与一般纳税人的对比见表 3-2。

小规模纳税人与一般纳税人的对比　　　　　　　　　　　　　　　　表 3-2

纳税人	一般纳税人	小规模纳税人
税率	6％、11％、13％、17％	3％
是否可抵扣进项税	是	否

现在，小规模纳税人的季度销售额不超过 10 万元的话，可以申请零申报，免缴增值税，也正因为如此，当季度销售额接近 10 万元的时候，小规模纳税人就有了税收筹划（合理避税）的空间。

10 万元是小规模纳税人合理避税的一个点，另外需强调的是小规模纳税人一定要进行零申报，如果不办理，就会面临税务机关 2000 元的罚款。如果公司的年销售额达到一般纳税人认定的标准，或者未达到标准，但公司的会计核算健全，可申请认定为增值税的一般纳税人。成为一般纳税人之后会有诸多好处，例如，运作公司的时候，很多合作企业需要对方开税率为 17％的增值税票，申办一般纳税人可以满足客户的需求，也有利于拓展公司业务和扩大销售。另外也可以减轻企业税收负担，提高企业形象等。

通过例子，我们来具体看一下一般纳税人和小规模纳税人的缴税计算方式和税额的差别：

例如：生产某产品的进货成本是 100 元，经过加工后，再以 110 元卖出去。

一般纳税人纳税：

增值税为（110－100）×17％＝1.7 元（提供加工生产的税率为 17％）

小规模纳税人纳税：

增值税为 $110×3\%＝3.3$ 元。

2）企业所得税

对于财政收入来说，企业所得税是仅次于增值税的第二大税收来源。顾名思义，企业所得税是对企业所得（大约可理解为利润）征税。除个人独资企业和合伙企业以外的其他企业，需要在利润的基础上缴纳企业所得税，税率通常为 25%。

计算公式为：企业所得税＝利润总额×25%。

公司赚取利润后，需要按照规定缴纳企业所得税。但是，缴纳完企业所得税后并不意味着剩余利润就可以完全分给股东。因为股东从企业分红，还需要缴纳个人所得税。在缴纳完个人所得税后剩余的部分才归股东合法所有。不少创业者在不清楚税务风险的情况下，擅自分红且未缴纳个人所得税，这样存在较高的税务风险。事实上，对于分红事宜，只要规划合理，是存在税收筹划空间的。

例如：

① 企业的研发费用可以按 100% 的税率进行扣除，而高新技术企业可在此基础上再多扣除（即加计扣除）75% 的税率。

② 申请成为"高新技术企业"，可以享受 10% 的企业所得税减免，按照利润的 15% 缴纳。

这两项规定，到底能为高新技术企业减轻多少税收，我们通过一个例子来看一下。

假如，某企业的净利润为 150 万元，研发费用为 100 万元。

非高新技术企业的研发费用可以扣除 100 万，即需要对扣除后的 50 万元进行征税，即 50 万元×25%＝12.5 万元。

而高新技术企业的研发费用可以多扣除 75%，即可以扣除 175 万元，如此计算下来，高新技术企业应缴纳所得税额为 0。

所以，建议符合条件的企业尽快申请为高新技术企业。

3）个人所得税

个人所得税也是财政收入的重要来源，但一提到个人所得税，几乎所有人都会想到工资超过 5000 元后应缴纳个人所得税，可个人所得税的征税范围比这要宽泛的多，"工资、薪金所得"只是个人所得税征税范围中的一种。个人征税范围及税率见表 3-3。

个人征税范围及税率　　　　　　　　　　　表 3-3

征税范围	税率
工资薪金	3%～45%
个体工商户的生产经营所得	5%～35%
企事业单位的承包经营、承租经营所得	5%～35%
劳务报酬所得	20%～40%
利息、股息、红利所得	20%
财产转让所得	20%
财产租赁所得	20%
偶然所得	20%
稿酬所得	20%

续表

征税范围	税率
特许权使用费所得	20%
其他所得	20%

由表 3-3 可知，个人所得税征税范围较为广泛且税率普遍偏高，当你不创业、不经营公司、不出售房产的时候，可能只有"工资、薪金所得"与你有关。而一旦成为了创业者，你就不能再无视个人所得税中其他的征税项目了。

和企业所得税一样，个人所得税涉及面较广且计算复杂，但正因为如此，就有了税收筹划的空间。事实上，个人所得税的税收筹划已经非常普遍，比如年终奖、季度奖金等，只要稍微改变一下工资的发放形式，马上可以起到降低税负的作用（属于合法范畴，很多大公司都是这样操作）。当公司员工的工资较高时，创业者一定要考虑个人所得税的税收筹划，以便给员工带来更多的福利。例如，企业可以合理利用"全年一次性奖金"达到减税的目的。"年末双薪制"是最普遍的年终奖发放形式之一，大多数企业，尤其是外企普遍会使用这种方法。年终奖的准确叫法是"全年一次性奖金"，年终奖个税计税方法是一种比较优惠的算法，是全年仅有的一次可以除以 12 计算合适税率的税收优惠。

例如：年底了，小李得到了 2 万元（月薪大于等于 3500 元）的年终奖，20000÷12≈1667，其得数 1667 对应的适用税率为 10%，对应的速算扣除数为 105 元，那么小李需要缴纳的年终奖个税应纳税额为：

$$20000 \times 10\% - 105 = 1895 \text{ 元}$$

而如果不以全年一次性奖金计算，小李将为这 2 万元缴纳的个税额为：

$$(20000 - 3500) \times 25\% - 1005 = 3120 \text{ 元}$$

企业要利用好"全年一次性奖金"的税收优惠政策，减轻税负，还需要注意以下事项：

① 纳税人取得全年一次性奖金，单独作为一个月工资、薪金所得计算纳税。在一个纳税年度内，对每一个纳税人，该计税办法只允许采用一次。

② 纳税人取得除全年一次性奖金以外的其他各种名目奖金，如半年奖、季度奖、加班奖、先进奖、考勤奖等，一律与当月工资、薪金收入合并，按税法规定缴纳个人所得税。

③ 由于个人所得税的法定纳税主体是个人，企业为员工承担的个人所得税不能税前扣除，在年度汇算清缴时，企业应进行纳税调整，调增应纳税所得额。

4）其他税种

以上 3 种税是绝大多数公司都能遇见的税种，无论对企业和财政收入来说，上述税种都是名副其实的"大税"。除此以外，附加税（城市维护建设税、教育费附加、地方教育费附加）、印花税等"小税种"也较为常见，但它们税负水平较低、计算简单、税收筹划空间小，创业者也大可不必为之操心。

3. 创业融资管理

融资是新创企业迈入企业发展的第一个门槛，资金方面的匮乏成为制约企业成长的重要因素。为了获取充分的资金，创业者以及创业团队尽可能拓展融资渠道，为企业的成长奠定必要基础。

（1）创业启动资金估算

启动资金是指开办企业必须购买的物资和必要的其他开支的总费用。任何创业都需要成本，最基本的开支是必不可少的。

1）启动资金的类型

① 固定资产投资。固定资产投资是指为企业购买的价值较高、使用寿命长的设备或物品。有些学生创业项目占用很少资金，如零售业、服务业等；而有些学生创业项目却需要大量的投资才能启动，如生产制造业等。因此，高职学生创业者应根据企业的法律形态和自身情况，以最少的资金投入获得最大的固定资金利用率，让企业少担风险。

② 流动资金。流动资金是指企业维持日常运转所需要支出的资金。

2）固定资产投资预测

固定资产投资是企业开业时必需的投资，而且固定资产成本的回收期较长，有的甚至需要长达数年后才能收回这笔钱。但是作为创业者，必须在创业之初对此项支出做出合理预算，才能保证企业顺利开业。这项投资一般包括场地、建筑物和设备。

① 场地和建筑物。一是租用办公室或生产厂房；二是购买现成的办公室或生产厂房；三是自己建造需要的办公室或生产厂房。

② 设备。设备是指企业需要的机器、工具、办公家具等，甚至还有车辆等交通工具。

3）流动资金预测

企业进行生产运营，需要有原材料、员工、充足的货币资金做保证，使企业能正常进行生产运营。因此，流动资金需求量也是创业者必须考虑的。创业之初，企业所需流动资金支出一般包括以下部分：

① 原材料和库存商品。无论是生产企业、服务业，还是商业企业，必须有足够的库存保证生产和运营的顺利进行。预计的库存越多，所需要的采购资金也越大。因此，要将库存降低到最低限度，以保证流动资金的流动性。

② 人工费。人工费是指企业以货币形式支付给员工的劳动报酬。此项支出也是流动资金中重要的支出。

③ 日常工作支出。企业为了维持正常的运营，除了有相关的场地、原材料、库存商品和员工支出外，还发生相关的办公支出。包括电话费、水电费、网络费、招待费等，这些费用应包括在日常工作支出中。

④ 广告费用。一个新的企业，为了让外界了解你的企业以及产品，创业初期都需要进行相关的宣传，以此树立企业形象。这就相应地有广告宣传和广告支出，产生广告费用。

⑤ 场地租赁费。如果企业的经营场地或设备是租赁来的，在企业开办之初还应支付相应的租赁费。租金一般是按季或年预付，因而会占用更多的流动资金。

⑥ 其他费用。企业的日常经营需要大量的流动资金，除以上所列之外企业还可能发生许多其他支出，如差旅费、设备维护费、车辆使用费等，这些都会占用一定量的流动资金。

（2）创业资金融资渠道

创业资金融资渠道将在项目5中作详细介绍。

3.3.3　企业法务管理

高职学生在创业时，每一个环节都离不开法律，劳动合同、交易合同的订立，如何给员工上保险、如何为企业的财产规避风险，高职学生创办企业的主要税种又有哪些，在我们的创业过程中又如何注意避免知识产权纠纷？如果作为一个创业者不懂法或者不重视法律，就有可能陷入违法的深渊，而且也无法很好地保护自身权益。本节将介绍与创业相关的一些法律问题。

1. 初创阶段需要考虑的法律问题

（1）相关登记手续

创办阶段需要考虑的法律问题包括企业法律形式的选择，会计和税收事务，知识产权保护，合同相关法律等。

企业注册完成之后要按照法律规定办理相应的会计和税收事务。因此，创业者需要了解《中华人民共和国会计法》《企业会计准则》《小企业会计准则》等法律法规，自行建立会计制度、进行会计核算，也可以委托记账公司等专业机构办理会计事务。创业企业还需要建立健全税收记录，依法纳税；也可以委托外部专门的记账公司或会计公司代理纳税业务。

创业企业还应按照《中华人民共和国商标法》《中华人民共和国专利法》《中华人民共和国著作权法》等的规定，保护好企业的知识产权，尊重他人的知识产权。企业创办阶段如果涉及融资租赁业务或者借款业务的，还需要遵循《中华人民共和国民法典（合同编）》等的规定，保护企业的合法权益。

【拓展阅读】

与新办企业直接相关的基本法律见表 3-4。

与新办企业直接相关的基本法律　　　　　　　　　　　　　表 3-4

法律名称	相关基本内容
中华人民共和国企业法	公司法、个人独资企业法、合伙企业法、个体工商户管理条例、中外合资合作企业法、乡镇企业法等
中华人民共和国民法典	个体工商户、农村承包经营户、个人合伙、企业法人、联营、代理、财产所有权、财产权、债权、知识产权、民事责任等； 一般合同的订立、效力履行、变更和转让、权利义务终止、违约责任等。具体合同有买卖、借款、租赁、运输、技术、建设工程、委托等
中华人民共和国劳动法	促进就业、劳动合同和集体合同、工作时间和休息休假、工资、职业安全卫生、女职工和未成年工特殊保护、职业培训、社会保险和福利、劳动争议、监督检查等

（2）合伙协议

创业团队在公司注册前，需要签订"股东协议"，这是未来公司运营的基石。由于初始创业者大多都是关系密切的亲戚、同学或朋友，往往羞于谈及权力、利益、责任分配问题，而且在准备创业时更注重外部业务开拓而不重视内部建构，公司基础打不好，其他都是空中楼阁，微不足道。

在创业初期的激情过后，公司发展壮大后或遭受挫折时，就很有可能会在上述问题上产生纷争，如果不能妥善处理就会导致创业中途失败。

为了能够有效地规避这类问题的发生，就要求在创业伊始通过合伙协议或公司章程等制度性文件来明确各个创业者之间的权利义务划分。这些制度性文件能够有效地避免和解决以后利益分配、债务承担不公平的问题。

创业者可以就各自占创业事项多少利益比例，各自承担的债务比例，各自的工作内容，如何引入新的创业伙伴和退出机制等问题都作出明确约定。一旦发生法律纠纷，这是保护所有人合法权益的有力武器，在制定协议环节建议咨询专业律师。

（3）劳资问题

没有规范的公司制度，容易引发劳资纠纷。创业公司大多机构简单，没有充足的资金，没有规范的管理制度，这些都决定了创业型企业首先面临的不是赚钱的问题，而是能否活下来和活多长的问题。创业者的注意力集中在减少成本、创造利润上。恰恰相反，国家制定《中华人民共和国劳动合同法》（以下简称《劳动合同法》）的本意是为了保护工人利益，这正好与创业时期企业降低成本的需求相矛盾。因此，这也决定了企业对法律的需求主要体现在解决员工劳动争议纠纷方面。

2. 企业经营阶段的法律问题：合同的签订

（1）与用工人员签订劳动合同的主要内容

具体内容包括必备条款和约定条款两大类。劳动合同的必备条款是指法律规定必须具备的条款。根据《劳动合同法》第17条的规定，劳动合同必备条款具体包括：

1）用人单位的名称、住所和法定代表人或者主要负责人。

2）劳动者的姓名、住址和居民身份证或者其他有效身份证件号码。

3）劳动合同期限。

4）工作内容和工作地点。

5）工作时间和休息休假。

6）劳动报酬。

7）社会保险。

8）劳动保护、劳动条件和职业危害防护。

9）法律法规规定应当纳入劳动合同的其他事项。

（2）与劳动者签订书面劳动合同的注意点

1）审查劳动者的主体资格：要查验劳动者的年龄、身体条件、学历及资质等。

招聘过程中的入职审查是对入职者的身份、履历进行核实的过程，其重要目的是防止未与原单位解除劳动合同关系的人员或者负有竞业禁止义务的人员进入本企业。《劳动合同法》第91条规定，用人单位招用与其他用人单位尚未解除或者终止劳动合同的劳动者，给其他用人单位造成损失的，应当承担连带赔偿责任。因此企业在新员工入职审查过程中应当要求有工作履历的应聘者提供与原用人单位解除劳动关系的书面证明。

在入职审查过程中，身份证明的审查也是非常重要的。公安部有专门的查验公民身份证真实性的平台，企业应当积极运用这一平台查验新入职员工的身份情况。如果新入职员工的身份证丢失，要求新入职的员工提供"无违法犯罪行为证明"也是其中一个办法。

2）主动告知义务：如实告知劳动者工作内容、工作条件、工作地点、职业危害、安全生产状况、劳动报酬，以及劳动者要求了解的其他情况。

《劳动合同法》规定用人单位应当如实告知劳动者工作内容、工作条件、工作地点、职业危害、安全生产状况、劳动报酬，以及劳动者要求了解的其他情况用人单位应当将直接涉及劳动者切身利益的规章制度和重大事项决定公示，或者告知劳动者。在实践中，法院审查这一点主要是看是否通过了公示程序。鉴于网站公告、电子邮件传送、宣传栏公告这三种公示方式都不易于举证。所以企业在公示时尽量采取书面形式。

3）试用期：《劳动合同法》规定，劳动合同期限 3 个月以上不满 1 年的，试用期不得超过 1 个月；劳动合同期限 1 年以上不满 3 年的，试用期不得超过 2 个月；3 年以上固定期限和无固定期限的劳动合同，试用期不得超过 6 个月。以完成一定工作任务为期限的劳动合同或者劳动合同期限不满 3 个月的，不得约定试用期。而且，试用期包含在劳动合同期限内。试用期的工资不得低于本单位同岗位最低档工资或者劳动合同约定工资的 80%，且不得低于用人单位所在地的最低工资标准。

4）不能收取押金、扣押身份证：用人单位违反规定，以担保或者其他名义向劳动者收取财物的，由劳动行政部门责令限期退还劳动者本人，并将以每人 500 元以上 2000 元以下的标准处以罚款。

5）慎用临时工概念：劳务派遣一般在临时性、辅助性或者替代性的工作岗位上实施。劳务派遣单位应当与被派遣劳动者订立 2 年以上的固定期限劳动合同，按月支付劳动报酬。

6）不得解聘怀孕女职工：为了保护劳动者的权益，疑似职业病患者在诊断或者医学观察期间的；患病或者非因工负伤，在规定的医疗期内的；女职工在孕期、产期、哺乳期的等，用人单位不得解聘劳动者。用人单位单方解除劳动合同，应当事先将理由通知工会。用人单位违反法律、行政法规规定或者劳动合同约定的，工会有权要求用人单位纠正。

（3）经营活动中交易合同的签订

合同的签订是指缔约人为意思表示并达成合意的状态。合同的订立是一个非常重要的阶段，因为依法订立合同是合同生效的前提，是履行义务、享有权利解决纠纷和请求法律保护的依据。合同的订立，一般要经过要约、承诺两阶段，特殊情况下，法律、行政法规规定应当办理批准、登记等手续生效的，还必须办理相关手续。看似简单明了的合同订立程序，实际上也隐藏着风险。

当事人采用合同书形式订立合同，自双方当事人签字或盖章时合同成立。因此，在订立合同时约定合同须签字并盖章合同生效的，则签字并盖章；签字应由法定代表人或授权代理人等有权签字人亲自签字，盖章应为公司具有对外法律效力的公章；合同或者多方合同的签订，应当一起签字或盖章，确认各自及授权。

经营合同签定时的相关法律知识内容非常多，请同学们根据工作需要随时补充相关法律知识学习。

（4）购买保险

1）员工社保

依法参加社会保险也是企业的法定义务，新设企业应当在领取营业执照之日起 30 日内申请办理社会保险登记。社会保险登记也实行属地管理，新设企业可向所在地社会保险经办机构提出申请，企业申请办理社会保险登记时，应当填写社会保险登记表，并提供以下证件和资料的原件及其复印件（一份）：

① 工商营业执照（或批准成立文件、其他核准执业证件）。

② 银行基本账户开户许可证。

社保机构受理申请后，将在自受理之日起 10 个工作日内审核完毕；符合规定的，予以登记，发给社会保险登记证。

2）企业财产保险

企业财产保险是一切工商、建筑、交通运输、饮食服务行业、国家机关、社会团体等，对因火灾及保险单中列明的各种自然灾害和意外事故引起的保险标的的直接损失、从属或后果损失和与之相关联的费用损失提供经济补偿的财产保险，它以企业的固定资产和流动资产为保险标的，以企业存放在固定地点的财产为对象的保险业务，即保险财产的存放地点相对固定且处于相对静止的状态。企业财产保险具有一般财产保险的性质，许多适用于其他财产保险的原则同样适用于企业财产保险。投保的企业应根据保险合同向保险人支付相应的保险费。保险人对于保险合同中约定的可能发生的事故因其发生，给被保险人所造成的损失，予以承担赔偿责任。

（5）知识产权保护

知识产权又称为智力成果权，是指人们对其智力成果所享有的权利。知识产权是一种无形财产权，它与房屋、汽车等有形资产一样，都受到国家法律的保护，都具有价值和使用价值。有些重大专利驰名商标或作品的价值要远远高于房屋、汽车等有形资产。

知识产权主要包括著作权（版权）、专利权、商标权、地理标记权、未公开信息专有权（商业秘密权）等。知识产权具有无形性、专有性、地域性、时间性、法定性等特征。大部分的知识产权需经法定程序授予，才能得到法律的保护，而且对知识产权的保护有一定的时间限制，超过这个时间，智力成果就会进入到公有领域，成为全社会的财富。

1）著作权（版权）

著作权是文学、艺术、科学技术作品的原创作者，依法对其作品所享有的一种民事权利。版权是法律上规定的某一单位或个人对某项著作享有印刷出版和销售的权利，任何人要复制、翻译、改编或演出等均需要得到版权所有人的许可，否则就是对他人权利的侵权行为。知识产权的实质是把人类的智力成果作为财产来看待。

2）专利权

专利权是指一项发明创造（包括发明、实用新型或外观设计）向国务院专利行政部门提出专利申请，经依法审查合格后，国务院专利行政部门向专利申请人授予的在规定的时间内对该项发明创造享有的专有权。专利权的取得方式有两种：原始取得和继受取得。原始取得是指专利申请权人通过向专利行政部门申请而获得专利权的方式。继受取得是指以买卖、赠予等方式获得专利权的方式。

3）商标权

商标权是商标专用权的简称，是指商标主管机关依法授予商标所有人对其注册商标受国家法律保护的专有权。商标注册人依法支配其注册商标并禁止他人侵害的权利，包括商标注册人对其注册商标的排他使用权、收益权、处分权、续展权和禁止他人侵害的权利。

商标是用以区别商品和服务不同来源的商业性标志，由文字、图形、字母、数字、三维标志、颜色组合或者上述要素的组合构成。

4）商业秘密

商业秘密，是指不为公众所知悉、能为权利人带来经济利益，具有实用性并经权利人采取保密措施的技术信息和经营信息。因此商业秘密包括两部分：非专利技术和经营信息。如管理方法、产销策略、客户名单、货源情报等经营信息；生产配方、工艺流程、技术诀窍、设计图纸等技术信息。商业秘密关乎企业的竞争力，对企业的发展至关重要，有的甚至直接影响到企业的生存。

5）计算机软件著作权

随着产业的迅猛发展，计算机软件作为一种重要的智力成果越来越需要保护。根据《计算机软件保护条例》的规定：计算机软件，是指计算机程序及其有关文档，我国对计算机软件给予著作权的保护。软件著作权人享有的权利包括：①发表权，即决定软件是否公之于众的权利；②开发者身份权，即表明开发者身份的权利以及在其软件上署名的权利；③使用权，在不损害社会公共利益的前提下，以复制、展示、发行、修改、翻译、注释等方式使用其软件的权利；④使用许可和获酬权，即许可他人全部或部分使用其软件的权利和由此而获得报酬的权利；⑤转让权，即向他人转让使用权和使用许可权的权利。

【拓展阅读】

通过市场调查识别可能有的创业机会

（1）通过市场调查来识别创业机会

有一句话对创新创业的高职学生来说非常重要，这就是"没有调查就没有发言权！"高职学生在创新创业之前一定都要做调查研究，现在设想你是创业者，要调查火车站附近的快餐供应情况，首先，要在各家快餐店附近蹲点考察数日，具体考察内容包括：买快餐的客人大概是些什么人；各个时间段的客流量；客人往返的路径；客人喜欢哪些菜式；快餐店的人手分配情况。

依据这份考察报告，你再去考虑创业快餐店，你就会发现轻松多了。

现在的问题是：如果你打算在某小区开设一家"五合一多功能复合砂浆"涂料专供店，你如何开展市场调查？

请分组讨论，根据情况进行实地考察，形成市场调查报告。

（2）围绕目前市面上流行的智能手机及其使用功能情况，寻找一个创业机会，形成创业思路和实施的主要步骤。

项目实践 🔍

创业项目的市场定位和营销策略

1. 实践目标

（1）通过 STP 市场分析策略对自身创业项目的市场和产品进行分析；

（2）根据市场调查、资料分析等途径制定出合理的营销策略。

2. 实践要求

（1）场地要求要有独立的空间（教室或工作室）；

（2）创业项目以历程的项目或团队自身项目作为分析对象。

3. 实践步骤

（1）确定创业项目；

（2）针对目标产品或服务开展市场调研；

（3）确定市场战略后，制定营销策略。

4. 完成市场营销方案

项目小结

　　有创业想法，就需要开始做创业的准备，创办企业要想获利就得有顾客。一家新开的企业要想吸引顾客，必须有自己的特色。你必须生产顾客需要的产品并让顾客能方便地购买，而且要设法让顾客购买更多的产品。因此，你需要做市场调查来了解顾客和竞争者信息，有了这些信息，你才可以围绕产品、价格、地点、促销四大市场营销要素制订可行的市场营销计划。

　　当然，对初创者来说，选择创业的模式是非常重要的事情，本项目对如何选择创业的模式进行了介绍。一旦决定创办企业，就需要学习管理企业和经营企业的各种知识。

组建与管理创业团队

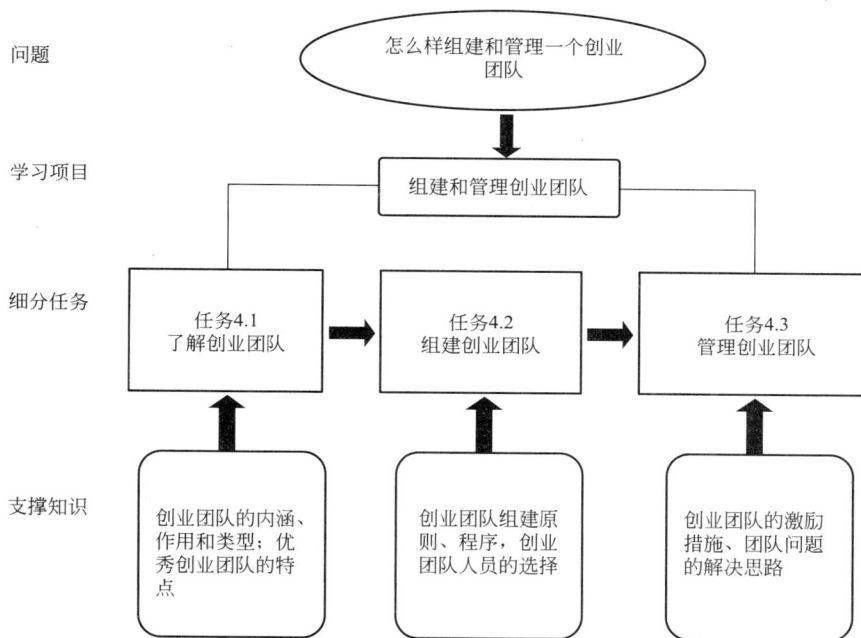

问题	怎么样组建和管理一个创业团队
学习项目	组建和管理创业团队
细分任务	任务4.1 了解创业团队 → 任务4.2 组建创业团队 → 任务4.3 管理创业团队
支撑知识	创业团队的内涵、作用和类型；优秀创业团队的特点 / 创业团队组建原则、程序，创业团队人员的选择 / 创业团队的激励措施、团队问题的解决思路

项目4　知识（技能）框架图

对于初创团队，合伙人比商业模式更重要。

——真格基金创始人　徐小平

【知识目标】

1. 掌握组建创业团队的方法；
2. 了解优秀创业团队的特点；
3. 了解团队管理的基本知识；
4. 了解激励团队的方法；
5. 了解创业团队建设中的应注意的问题。

【技能目标】

1. 能独立组建一个创新创业团队；
2. 具有管理一个新创企业团队的能力。

　　无论一个人多么能干、多么有干劲，一个人能做的事毕竟是有限的，要想把事业做大做强，就得靠一群志同道合的人一起团结协作，所以如果创业者不具备创建团队、运作团队的能力，不努力提高自己在这方面的能力，那他就什么也做不成。

任务 4.1　了解创业团队

4.1.1　什么是创业团队

1. 创业团队的内涵

狭义的创业团队是指在创业初期（包括企业成立前和成立早期），由一群才能互补、责任共担、愿为共同的创业目标而奋斗的人所组成的特殊群体。广义的创业团队不仅包含狭义创业团队，还包括与创业过程有关的各种利益相关者，如风险投资商、供应商、专家咨询群体等。

2. 创业团队的组成要素

一般而言，创业团队由四大要素组成：

（1）目标。目标是将人们的努力凝聚起来的重要要素，从本质上来说创业团队的根本目标都在于创造新价值。

（2）人员。任何计划的实施最终还是要落实到人的身上去。人作为知识的载体，所拥有的知识对创业团队的贡献程度将决定企业在市场中的命运。

（3）团队成员的角色分配。即明确各人在新创企业中担任的职务和承担的责任。

（4）创业计划。即制定成员在不同阶段分别要做哪些工作以及怎样做的指导性计划。

3. 创业团队的作用

美国钢铁大王安德鲁·卡内基曾说过："把我的厂房、机器、资金全部拿走，只要留下我的人，4 年以后我又是一个钢铁大王。"一个好的创业团队对新创企业的成功起着举足轻重的作用。创业团队至少有以下几方面的作用：

（1）能提高机会识别、开发和利用能力；

（2）使管理者有时间进行战略性思考，把相关问题留给团队解决；

（3）能促进团结和合作，提高员工的士气，增加满意感；

（4）促进成员队伍的多样化；

（5）提高团队和组织的绩效。

【拓展阅读】

大雁的合作

大雁有一种合作的本能，它们飞行时都呈 V 形。这些雁飞行时定期变换领导者，因为为首的大雁在前面开路，能帮助它两边的雁形成局部的真空。科学家发现，大雁以这种形式飞行，要比单独飞行多出 12% 的距离。

启示：分工合作正成为一种企业中工作方式的潮流被更多的管理者所提倡，如果我们能把容易的事情变得简单，把简单的事情也变得很容易，我们做事的效率就会倍增，合作就是简单化、专业化、标准化的一个关键，世界正逐步向简单化、专业化、标准化发展，于是合作的方式就理所当然地成为了这个时代的产物。合作可以产生一加一大于二的倍增效果。据统计，诺贝尔获奖项目中，因协作获奖的占 2/3 以上。在诺贝尔奖设立的前 25 年，合作奖占 41%，而现在则跃居 80%。

4. 创业团队的类型

创业团队大体上可以分为三种：星状创业团队（Star team）、网状创业团队（Nesh team）和从网状创业团队中演化来的虚拟星状创业团队（Virtual star team）。

【拓展阅读】

大佬们的伙伴

"领军人物好比是阿拉伯数字中的 1，有了这个 1，带上一个 0，它就是 10，两个 0 就是 100，三个 0 是 1000。"这是柳传志讲的一句名言，在一个团队中没有领军人物不管带多少个 0 结果都是 0，但是，从另一个方面来讲，光有 1 或者有两个 1，都没有 0 也是不行的。不管是马云的"18 罗汉"还是史玉柱的"4 个火枪手"都说明了这个问题。史玉柱二次创业初期，很长一段时间，身边的人连工资都没的领。但是有 4 个人始终不离不弃，他们后来被称为 4 个火枪手：史玉柱大学时期的"兄弟"陈国、费拥军、刘伟和程晨。马云创业的时候，初期的 50 万元是 18 名员工一起凑出来的，9 年过去后，这 18 个人中有做到总裁级的孙彤宇，也有还是经理的麻长炜，但没有任何一个人从阿里巴巴流失。除此之外，MySee 创始人高燃，他第一次冲动创业失利，之后的 MySee 三人创业团队，两人来自清华新闻系，一人来自北大计算机系，充分利用团队的社会资源和技术实现理想。还有郑立的"分贝网"：个人创意生成后随即拉来儿时三个伙伴，四人艰苦创业，依靠"天道酬勤、勤能补拙"创出天地、凝聚团队。还有李想的"汽车之家"："像农民般正直"，每到一个发展的坎儿，就有得力伙伴准时加入，背后有"老大哥"的支持，诚恳待人、有跟随者。

启示：通过几个有标志性的案例，我们不难得出，创业成功不是单打独斗、个人英雄式的传奇故事？而是精诚合作、创业团队式的理性实践？其实，所有的创业团队都有共同之处，用我们老话讲就是"三个臭皮匠顶个诸葛亮"。只有构建一个好的团队，才能取得创业成果的长足发展。

4.1.2　优秀创业团队是什么样的

相对于个人来说，创业团队可以发挥更大的效能，共同负担企业发展的责任与目标，以团队的合力创造出"1+1>2"的业绩。一个优秀的创业团队往往具有以下几个特点：

1. 志同道合，目标明确

创业团队要根据发展规划制定科学的发展目标。在目标设置时，要统筹兼顾，做到近期目标、中期目标、长期目标准确对接，科学合理。要让团队成员熟知他们工作应该达到的目标。当然，制定的目标要根据情况切实可行。过高或过低都可能会挫伤团队成员的积极性。必要时在团队目标的前提下，明确细分团队成员的具体目标。让成员清楚自己应该努力的方向和进度。在此基础上，通过建立健全制度和科学的运行机制，明确目标责任，严格考核成员履行职责的情况，实行有效的奖惩办法，确保目标任务落到实处。

2. 同心同德，充满信心

团队成员必须对企业长期经营发展充满信心，对企业经营要付出辛苦和汗水，不能因一时利益或困难退出团队，要清醒地认识到创业将会面临的挑战和遇到的困难。这样，团队成员为了成功，才不至于有观望徘徊思想，遇到困难才能破釜沉舟，付出百分之百的努力，才能全身心地投入到工作中去，才能凝聚共识，同心同德，将事业推向成功。当然，为了能形成利益共同体，不能只有语言上的承诺，还要有一定的运作制度，特别是利益上的约束。

3. 相互补充，相得益彰

优秀创业团队成员的能力个个都是很强的，每个人都是某个方面的专才，这些人员的能力通常是不相同的。有的人创新意识非常强，对企业发展战略和新产品或新服务项目开发有着至关重要的作用；有的人策划能力极其强，能够全面考虑企业面临的机遇与风险，分析成本、投资、收益的来源及预期收益，甚至还包括公司管理规范章程、长远规划设计等；有的人执行能力较强，具体负责生产经营和销售，他们在联系客户、接触终端消费者、拓展市场等方面都有较强的执行力；有的人技术水平很高，生产经营技术是其专长；还有的创业团队拥有财务、法律、审计等方面的专业知识人才等。只有各个层面拥有不同类型的人才，组成人才团队，在创业实践中才能形成"八仙过海各显神通"的局面，才能形成成员间能力的互补，才能有助于强化团队成员间彼此的合作，才能充分发挥团队的整体功能，做到相互补充，相得益彰。当然，建立优秀的创业团队并非一蹴而就。在创业的过程中，创业成员也可能因为不同的原因出现调整，不断优化，逐渐孕育形成完美组合的创业团队。

4. 完善股权，利益共享

"平均主义"和"大锅饭"是懒惰的温床。股权分配上的平均主义也许并非合理，团队成员的股权分配不一定要均等，但必须要遵循大家认可的规则进行分配，尽量做到合理、透明与公平。要按照贡献与报酬相符的原则，防止发生某些具有显著贡献的团队成员，拥有股权数较低，贡献与报酬不一致的不公平现象。通常创始人与主要贡献者会拥有比较多的股权，一般来说，只要能与他们所创造价值、贡献相配套，就是一种合理的股权分配。另外，为了鼓励干事创业，也可以留有一定比例的股权，用来奖赏以后有显著贡献的创业成员，在利益分配上留有余地，富有弹性。

5. 居安思危，富有激情

保持持久的创业激情，就会拥有昂扬的斗志，这对于保持创业团队的战斗力非常重要。团队成员能够不时提出可行性建设性意见和及时发现存在的问题隐患，对于创业过程将大有裨益。这是团队成员关心事业发展，尽职尽责的表现。在创业的过程中，创业团队要注意吸收对创业项目有热情的人员加入团队，要让所有成员如企业初创时期那样，时刻保持旺盛的精力和创业热情。让大家清楚地认识到：任何人无论专业水平多么高，如果对事业的信心不足，将无法适应创业的需求，消极因素对创业团队所有成员产生的负面影响可能是致命的。

【拓展阅读】

团队与团伙的区别

常能听到，"我们是一个团队""我们的团队如何如何""我们要有团队精神"等的说法，在很多时候，大家会问企业的朋友，到底什么是团队？

回答可能说，是一群人共同协作、努力、分工等，其实我们说的一群人，那只不过是一个团体而已。如果仅是团体还好，可怕的是，我们很多企业养的不是团队，而是一个团伙！

任务4.2 组建创业团队

人才资源是企业的根本，一个企业要是不能拥有自己优势的核心人才资源，其成功的可能性几乎为"零"。为此，组建一个合适的、具有战斗力的创业团队就是创业者的当务之急。

4.2.1 创业团队的组建原则与程序

1. 创业团队的组建原则

（1）合伙人原则。一般企业都是招员工，而员工都是在做"工作"。但创业团队需要招的是"合伙人"，因为合伙人做的是事业，一个人只有把工作当做事业才有成功的可能，一个企业只有把员工当做"合伙人"才有机会迅速成长，所以，创业团队要先解决价值分配障碍，然后去找自己的"合伙人"。

19. 创业团队的内涵

（2）相似性原则。创业团队成员要有相似的、相互认同的价值观和经营理念，这样有助于交流沟通，从而形成有凝聚力的整体，促使团队最大限度地发挥效能。团队中没有个人英雄主义，每一位成员的价值，表现为其对于团队整体价值的贡献。每一位成员都应将团队利益置于个人利益之上，个人利益是建立在团队利益基础上的，因此成员必须愿意牺牲短期利益来换取长期的成功果实，而不计较短期薪资、福利、津贴等，将利益分享放在成功后。

20. 创业团队的组建原则

（3）互补性原则。建立优势互补的团队是创业成功的关键。"主内"与"主外"的不同人才，耐心的"总管"和具有战略眼光的"领袖"，技术与市场两方面的人才，都不可偏废。创业者寻找团队成员，首先要弥补当前资源能力上的不足，要针对创业目标与当前能力的差距，寻找所需要的配套成员。好的创业团队，成员间的能力通常都能形成良好的互补，而这种能力互补也会有助于强化团队成员间彼此的合作。

（4）动态开放原则。创业团队在不同发展阶段，有不同特点，组建创业团队时，应注意保持团队的动态性和开放性，使真正匹配的人才能被吸纳到团队中来。

2. 创业团队的组建程序（图4-1）

（1）制定战略目标与重点。明确自己事业的方向与工作重点至关重要。这对于选择创

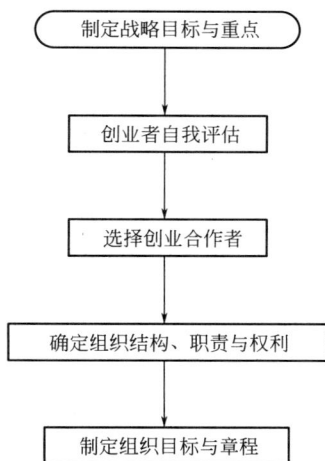

图 4-1　创业团队建立步骤

业合作者以及后期整个团队章程的制定等都起着决定性作用。

（2）创业者自我评估。主要指创业者的各项能力、素质以及现有的资源进行自我测评，明确自己的优势与劣势，为后期寻找相似或者互补的团队成员（创业合作者）、寻找补充性的资源，提供重要参考依据。

（3）选择创业合作者。创业团队的人数在初创期间不宜过多，以便于股权的分配、内部统一集中管理、达成一致以及高效率的执行，当然，具体规模应该根据战略目标与重点确定。

（4）确定组织结构、职责与权利。进行初期内部的组织结构设计，简单、高效、便于沟通交流与操作执行即可。同时，明确各自的职责与权利，具体包括组织所赋予的职责与权利范围，以及团队成员的授权范围，形成书面的创业合伙协议书。

（5）制定组织目标与章程。制定组织目标与章程，主要目的是统一创业团队的努力方向、价值取向以及行为规范，使得创业团队的方向、文化和行为达成一致，确保创业发展不偏离轨道。章程的具体内容主要包括：使命与目标、团队文化、决策原则、团队行动纲领、职责与分工、绩效考核方法、与利益相关者的沟通及关系处理、团队成功的度量标准。

4.2.2　创业团队的人员选择

合作伙伴的选择，对事业发展前途至关重要。创业者要认真考察合作伙伴是否具有以下特质：首先要有相同的创业目标，对未来的事业，要有相同的预期，要有努力实现的愿望和行动；其次合作伙伴的品格要诚实可信，要有较高的合作能力，能成为默契配合的"亲密搭档"；再次，具有过硬的技术优势或资金实力，彼此之间能优势互补。招募人数，应依据行业特点和团队发展实际情况，合理安排。

1. 创业团队成员基本要求

一个优秀的创业者或者说是创业团队的成员，应该要有激情、有见识、有胆识和有人脉。

（1）激情。创业者必须具备激情，这种激情会感染周边所有的人。在一种激情的环境中，每个人的心态都会变得积极主动（加班加点往往就是激情的一种肤浅体现）。这种激情同时也是一种带动作用，感化作用，会激励整个团队，甚至团队的新成员行动起来。

（2）见识。创业者必须有好的见识，这种见识是对创业项目的独到认识，对创业项目走势的准确判断，能预见别人看不到的趋势以及机会。不一样的见识，所选择的创业项目也会不一样，甚至于创业动机和创业理念也不一样。一个有见识的人，才能够对创业项目做出好的选择。

（3）胆识。就是要有胆量，能勇于做决定，喜欢冒险。创业本身就是富有挑战性的一

个事情，如果一个没有胆识的人是不可能真正选择创业道路的。每个人都能够大声地、坦率地表达自己的观点，并能倾听别人的观点；执行时要能够做到求同存异，而不会固执的只看到自己的想法，只认为自己正确。

（4）人脉。善于利用人脉，每个人都会有自己的一个生活圈子或是朋友圈，善于发现其中的合作伙伴，因为从现有的圈子里选择伙伴肯定要比你凭空去找要容易的多；人脉其实是你创业团队成员自身资源的一个集中体现，因此在选择团队成员时，可以充分考虑其所拥有的社会资源，这里的社会资源可以指客户资源、资金资源、供应链资源、市场资源、政府资源等。

2. 如何判断团队成员的优劣

（1）识别成员的创业动机

创业动机是指引起和维持个体从事创业活动，并使活动朝向某些目标的内部动力。它是鼓励和引导个体为实现创业成功而行动的内在力量。在选择创业团队成员的时候，首先需要判断的是团队成员的创业动机。一般较常见的创业动机有：

1）最大限度地实现自身价值，获得成功的满足感。一些掌握一定的专业技能或者管理经验的专门人才，不满足现状，为了最大限度地发挥自己的潜能和特长，实现自身价值，获得个人在事业上的成功，从中得到满足，自创企业谋求发展。

2）争取更高的利润，改善生活状况。现在小企业中有一定数量的业主是下岗或无业人员，他们为了改善生活状况；还有一定数量的业主虽然有自己的工作，但不满足现状为了争取更高的利益和利润而"下海"。

3）拥有自己的企业，可以独立自主，按照自己的意愿行动。有些人由于性格使然，他们不甘心屈居他人之下，受他人支配自己的生活，主张自我支配生活。

4）争取较大的自由度和灵活的工作时间。自创企业可以为自己争取一个较自由、较灵活的时间和空间，可以无拘无束地享受生活，这也是一部分业主创办小企业的动机之一。

（2）开展创业素质测评

创业者素质是完成创业活动与任务所具备的基本条件和特点，创业者素质是指创业者实现成功创业所具有的独特品质和能力，它是创业行为的基础和根本因素，包括：创业者心理素养、创业技能、创业基础知识等。

1）创业者内在心理素养。指创业行为习惯和思维方式的内在、深层次特质，对人的创业行为表现起着关键性的作用，包含创业动机、创业者品质、创业者价值与角色定位、创业者自我认知、深层次创业知识等5个测评因素。

2）创业技能。指为了实现创业目标、有效地利用自己掌握的知识而需要的创业能力，包含机会识别能力、学习开拓与创新能力、社交与资源整合利用能力、组织经营与战略管理能力、风险决策能力等5个测评因素。

3）创业基础知识。指为了成功创业所需要知道的事实型与经验型信息，包含企业运作与市场开发知识、商业基础知识、创业行业背景知识、专业技术基础知识、法律基础知识、对经济形势与产业政策认知等6个测评因素。

创业者内在心理素养，是人内在的、难以测量的部分，不容易通过外界的影响而得到改变；创业技能和创业基础知识是创业者外在表现，是容易了解与测量的部分，相对而言也比较容易通过学习培训、反复的训练和经验的积累来改变和发展。

【拓展阅读】

从《西游记》看创业团队的合作

《西游记》主要描述了唐僧、孙悟空、猪八戒和沙僧师徒四人一起去西天取经，沿途遇到八十一难，最后取得真经的故事。《西游记》作为中国四大名著之一，其故事中不仅包含了博大精深的传统历史文化精髓，还蕴含了丰富的现代创业管理之道。如果把唐僧师徒四人看成一个创业团队，那么这个团队的创业目标就是去西天取经，如此一来，他们成功完成既定目标的经验之路，对于我们现代的创业团队来说，就起到了很大的借鉴作用。首先，通过南海观世音的巧妙组合唐僧的队伍中成功纳入了孙悟空、猪八戒和沙僧三位成员。在取经队伍中，领导者是师傅唐僧，另外三人则是团队中的普通成员，经历种种艰险之后，他们终于克服了各种磨难，到达西天取得了真经。

分析：在唐僧师徒的团队里，每个成员都有自己的优点和缺点。那么，为什么唐僧师徒能够成功呢？他们取得成功的关键在哪呢？首先，唐僧是一个执着于自身追求并且十分坚定自身目标的人，对心中的信念始终坚定不移。唐僧作为一个领导者必须具备的条件就是能够始终坚定自己的信念、做到不抛弃不放弃。其次，唐僧具有降服人才的能力，他的紧箍咒往往能在关键时刻让孙悟空妥协。孙悟空敢想、敢做、敢当且极具创造性，是一个团队中必不可或缺的人物。但是，这种人往往个性太强，具有强烈的自我意识，容易与其他成员产生矛盾。这时就需要领导者从中调解，充当润滑剂的作用，增强团队的凝聚力。此外，孙悟空还有丰富的人脉关系，在西天取经的路上得到了很多人的帮助。猪八戒虽然好吃懒做，但他性格温和、憨厚单纯，总能在漫漫的西行之途中为大家带来欢乐。每当唐僧和孙悟空发生一些摩擦的时候，猪八戒是他们之间沟通的桥梁，起到了缓和成员关系的作用。他还能够知错就改，积极听取他人的意见，在取经途中做到了悬崖勒马，甚至是浪子回头。最后，沙僧虽然在四人中看似可有可无，但少了他还真不行。沙僧的任劳任怨、踏实肯干以及善良忠心让他在团队中承担了后勤类的工作，并且能够持之以恒的胜任这份工作。在一个团队中，沙僧这一类型的人应该是数量最多的，他们在团队里一直默默奉献，虽然没有领导和骨干风光，但是他们对于一个团队来说，最宝贵的价值就是能够勤勤勉勉、兢兢业业的完成每一项任务。从唐僧师徒成功的例子中可以看出，一个优秀的创业团队，就必须要有坚定信念的领导者，同时还要具备不同特征的人才，团队成员要具有团队精神，并且能够保持团队的稳定发展以及获得必要的外部资源。只有这样才能使企业不断地发展壮大，在商场上开拓出属于自己的一条成功之路。

任务 4.3　管理创业团队

团队管理是一门科学，也是一门艺术。任何一个创业者，要想带出卓越的团队，都不能不懂得管理。创业者掌握了管理方法，可以确保整个团队始终生机勃勃，让团队战斗力如虎添翼。

4.3.1 如何进行团队激励

1. 股权激励

股权激励是企业为了激励和留住核心人才，而推行的一种长期激励机制。有条件的给予激励对象部分股东权益，使其与企业结成利益共同体，从而实现企业的长期目标。常见的有股票期权、限制性股票、股票增值权、分红权/虚拟股票四种模式。

（1）股票期权

股票期权是一种选择权，是允许激励对象在未来条件成熟时购买本公司一定数量的股票的权利。公司事先授予激励对象的是股票期权，公司事先设定了激励对象可以购买本公司股票的条件（通常称为行权条件），只有行权条件成就时激励对象才有权购买本公司股票（行权），把期权变为实在的股权。

（2）限制性股票

公司预先设定了公司要达到的业绩目标，当业绩目标达到后则公司将一定数量的本公司股票无偿赠予或低价售与激励对象。授予的股票不能任意抛售，而是受到一定的限制，一是禁售期的限制：在禁售期内激励对象获授的股票不能抛售。禁售期根据激励对象的不同设定不同的期限。如对公司董事、经理的限制规定的禁售期限长于一般激励对象。二是解锁条件和解锁期的限制：当达到既定业绩目标后激励对象的股票可以解锁，即可以上市交易。解锁一般是分期进行的，可以是匀速也可以是变速。

（3）股票增值权

股票增值权就是公司授予激励对象享有在设定期限内股价上涨收益的权利，承担股价下降风险的义务。公司授予激励对象一定数量的股票增值权，每份股票增值权与每股股份对应。公司在授予股票增值权时设定一个股票基准价，如果执行日股票价格高于基准价，则两者的价差就是公司奖励给激励对象的收益，激励对象获得的收益总和为股票执行价与股票基准价的价差乘以获授的股票增值券数量。奖励一般从未分配利润中支出。如果执行日股票价格低于基准价，则要受到惩罚，如股票执行价与股票基准价的价差的 1/2 从激励对象的工资中分期扣除。

（4）分红权/虚拟股票

虚拟股票和分红权类似，公司授予激励对象的是一种股票的收益权，而非真实的股票。激励对象没有所有权、表决权，不能出售股票，离开公司自动失效。

2. 激励员工

激励是一种有效的管理方法，它能直接影响员工的价值取向和工作观念，激发员工创造财富和献身事业的热情。激励的作用是巨大的，常见的激励员工类型有作风激励、水平激励、情感激励、赏识激励等。

（1）作风激励

每个领导都掌握着一定的权力，在一定意义上说，实施领导的过程，就是运用权力的过程。领导爱岗敬业、公道正派，其身正其令则行，就能有效地督促下属恪尽职守，完成好工作任务。风气建设是最基本的组织建设，而领导的作风在风气建设中起着决定性的作用。

（2）水平激励

领导的知识水平和工作能力是领导水平的重要体现，这就要求领导者善于捕捉各种信息，扩大知识面，使自己具备一种不断同外界交换信息的、动态的、不断发展的知识结构。当代员工都有日趋增强的成就感，他们都希望以领导为参照系数，发挥、发展自己的知识和才能。更好地实现个人价值的增值。高水平的领导者能产生强大的非权力影响力，来增强组织的凝聚力。

（3）情感激励

情感需要是人的最基本的精神需要，因此领导就要舍得情感投资，重视人际沟通，建立感情联系，增强员工和领导在感情上的融合度。情感联系一经确立，员工就会把快速优质地完成领导交办的任务作为情感上的补偿，甚至能不去计较工资、奖金等物质因素。建立情感联系，领导者必须改变居高临下的工作方式，变单向的工作往来为全方位的立体式往来，在广泛的信息交流中树立新的领导行为模式，如人情往来和娱乐往来等。领导会在这种无拘无束、员工没有心理压力的交往中得到大量有价值的思想信息，增强彼此间的信任感。

（4）赏识激励

社会心理学原理表明，社会的群体成员都有一种归属心理，希望能得到领导的承认和赏识，成为群体中不可缺少的一员。赏识激励能较好地满足这种精神需要。对一个有才干、有抱负的员工来说，奖百元千元，不如给他一个发挥其才能的机会，使其有所作为。因此，领导要知人善任，对有才干的人，都要为其实现自我价值创造尽可能好的条件，对员工的智力贡献，如提建议、批评等，也要及时地给予肯定的评价。肯定性评价也是一种赏识，同样能满足员工精神需要，强化其团队意识。

【拓展阅读】

从《中国合伙人》看创业团队的管理

很少有一家伟大的企业是由个人单枪匹马完成的，所以创业需要好的团队。在电影《中国合伙人》中的三位主角，代表了不同的创业伙伴类型。

成东青是当之无愧的老大，虽然他是"海龟"眼中的"土鳖"。做企业老大最重要的是隐忍、坚强、担当，对于企业操盘节奏和火候的把控。成东青完全具备这些基因。他静候最佳的上市时机，对于股权计划胸有成竹后再抛出，面对非理性的民族情绪指责时冲锋在前顶住巨大压力据理力争。他是企业的创始人又是掌舵人，更是企业的精神领袖。他有着奉献与牺牲精神，有良好的大局观，荣辱不惊，韧性十足，有主心骨，当断则断，不动摇。

孟晓俊是 CEO 的最佳人选。他的执行力很强，高度也够，有足够的爆发力。在企业里，是属于能领会公司的战略意图并带领团队实现目标的人，是开疆拓土冲锋陷阵的将才。按性格学说来分析，是属于力量型性格的人。他的不足在于自制力与格局修为还有所欠缺。如果换成成东青出了国，我相信他也能在国外生存发展创业成就一番事业。力量型性格的人有一个长处是在关键问题上的把控得好，如同他在成东青最需要他的时候重返企业，陪成东青和王阳去美国打官司一样。

王阳在企业中是类似于创意总监或技术总监，是技术型的人才。此外他还是企业的润滑剂，调和矛盾，在大家吵得不可开交时劝架。是他把孟晓俊重新拉回了团队。同时他也是三人中最懂得生活的人。

刚创业的企业股东不宜太多，二人或三人足矣。如果三个人以上的创业团队今后企业发展出现分歧时比较麻烦。创始人为了企业不偏离自己的初衷，一定要有控股权。

4.3.2　如何解决团队问题

1. 创业团队常出现的问题

（1）创业团队成员想法不一，各有所图

常见的情形有：1）核心成员全局观不够，从合作精神不足，到专注个人或小集体利益，最后形成宗派顽疾，阻碍企业发展。2）核心成员不稳定，从互不认同到分歧不断，逐渐冲突增加，直至团队分裂，这些现象往往在企业发展早期表现得更明显，对企业的伤害也更严重。3）班子在业务方向、做事方式和待遇等方面意见不一致，这种情况持续存在，会明显减弱企业的执行力，CEO往往是造成这类问题发生的核心因素。

（2）素质和能力欠缺

常见的情形有：1）德行有亏对团队造成影响。例如，CEO或其他管理人员心胸狭窄、不能容人、缺乏公正、任人唯亲等，让团队成员对其产生信任危机，严重的将导致团队瓦解。2）业务能力不足导致不能服众。例如，如果创业阶段的CEO只负责人事或者财务，时间长了有可能大家对他不是太认可。因为创业时期能早点解决生存问题，给大家赚钱是最重要的。

（3）分工不明确，缺乏团队精神

常见的情形有：1）团队内部不明确，整个团队领导一个人说了算。2）在看法方面达不成共识，直接影响实际执行。3）缺少团队合作规则，没有奖惩机制。4）团队成员全局观不够，认为自己是最重要的。

【拓展阅读】

创业团队构建的风险成因

创业团队的组建基本可以分成三种模式：关系驱动、要素驱动和价值驱动。关系驱动是指以创业领导者为核心的人际关系圈内成员构成团队。他们因为经验、友谊和共同兴趣结成合作伙伴，彼此发现商业机会后共同创业。要素驱动是指创业团队成员分别贡献创业所需的创意、资源和操作技能等要素。由于这些要素完全互补，团队成员之间处于相对平等的地位。价值驱动是指创业成员将创业视为一种实现自我价值的手段，他们的使命感很强，成功的冲动也很强。不同的组建模式适用的条件不尽相同。如果盲目照搬照套某种组建模式，会给企业带来巨大的风险。现在应用最广泛的是关系驱动模式，它比较适用中国文化的特点，其团队的稳定性相对较高。但是，关系的远近亲疏经常会成为制约团队发展的瓶颈。要素驱动模式比较符合西方文化的特点，现在的互联网创业团队大多属于这种模式，如果成员之间磨合顺利，可以缩短企业成功所需的时间，但是如果磨合不顺利，就很容易发生解散风险。价值驱动模式中的团队成员虽然是为了追求自我实现组合在一起，但

是一旦产生分歧，就是路线斗争，没有妥协的余地。

2. 解决创业团队问题的方法

（1）注重创业团队精神的培育

创业团队精神的培育包括以下内容：第一，培育共同的企业价值观；第二，注重发挥领导者自身影响力的作用；第三，激发团队成员参与创业活动热情；第四，团队成员有共同的危机和忧患意识；第五，团队成员之间形成良好的协调和经常性的沟通。

（2）合理分工，明确每个岗位的主要职责

按照成员的性格特点与知识基础，安排相适应的团队角色。把岗位的工作职责制成岗位说明书，岗位说明书规定了某一特定领域里要做的工作。

岗位说明书应该包括：①岗位的名称；②该岗位的工作说明，即这个岗位所从事的具体工作；③该岗位的上、下级；④该岗位员工所应具备的素质和技能。

（3）建立规章制度并严格执行

俗话说："没有规矩不成方圆。"最初创业时就把该说的话说到，该立的字据一定要立，不要碍于情面。把最基本的责、权、利说得明白透彻，尤其股权、利益分配更要讲清楚，包括增资、扩股、融资、撤资、人事安排及解散等。这样在企业发展壮大后，才不会出现因利益、股权等分歧导致团队之间的矛盾，使得创业的最终失败。

（4）所有人都需要不断地学习

既然选择了创业，就拥有了自己的事业，领导者为了企业更好的发展，就需要不断地去学习，还需要带着团队一起去学习，将不断地学习当做是整个团队的生活方式，让每一位成员都能培养自己的学习能力，提升工作技能和综合素质，从而实现共同事业的发展。

（5）树立榜样，发挥领队优势

作为团队领导者需要有掌握全局的能力和高尚的人格魅力，当做出正确决策的时候能让成员从心底里佩服自己，被自己的人格魅力所打动。在创业过程中出现错误，要主动承担错误，并积极寻找改正的方法，承担错误所带来的后果，实施正确有效的补救，让团队成员更加信服，从而彻底"征服"团队里的成员。创业者需要对所处环境有清楚的认识，能够在团队中间起到好的带头作用。

小组活动

棉花糖挑战

1. 活动目的

体验团队合作，在一个小组里，组员们要分工合作，所搭的棉花糖塔的结构没有固定的形式，这期间可能会出现组员意见不合的时候，就需要各组员间相互配合和协调。

2. 活动道具

棉花糖1块、棉线1捆、胶带1条、意大利面20根、剪刀1把。

3. 活动规则

（1）分组：小组的人数根据现场的人数和场地空间来定，人数平均分配，一般每组

4 人；

（2）时间：游戏时间可根据实际情况来规定，一般为 18 分钟；

（3）要求：每一组的成员利用上面提供的道具，在规定时间内搭一座棉花糖塔，棉花糖必须在塔的顶部，完成的小组举手示意，由教师进行测量，测量的高度为棉花糖到桌面距离，最高的那个小组获胜，组数多的话，可以选出前三名。注意：棉花糖不能被破坏，意大利面可以剪断，如果不小心折断了，可以换取新的，但必须拿着全部折断的意大利面来换；不能将塔座粘到桌子上，也不能用绳子从天花板吊下来，然后挂上棉花糖算高度。

教师每隔 5 分钟提醒一次，最后的 3 分钟每隔 1 分钟提醒一次。

4. 活动分享

项目小结

创业团队是指在创业初期（包括企业成立前和成立早期），由一群才能互补、责任共担、愿为共同的创业目标而奋斗的人所组成的特殊群体。一个好的创业团队对新创企业的成功起着举足轻重的作用。

任何一个创业者，要想带出卓越的团队，都不能不懂得管理。激励是一种有效的管理方法，它能直接影响员工的价值取向和工作观念，激发员工创造财富和献身事业的热情。

项目5

Chapter 05

整合创业资源

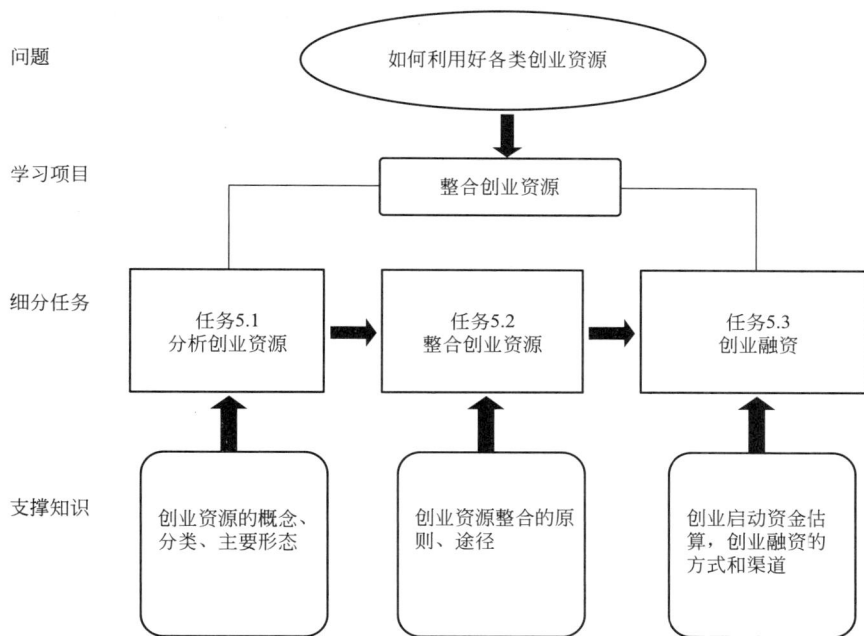

项目5　知识（技能）框架图

> 短暂的激情是不值钱的，只有持久的激情才是赚钱的；一个人的激情没有用，很多人的激情非常有用。

【知识目标】

1. 了解创新创业资源的概念；
2. 了解创业资源整合的原则；
3. 熟悉创新资源的类型和形态；
4. 掌握创业资源整合的途径；
5. 掌握创业融资的渠道和策略。

【技能目标】

1. 能整合各种创业资源；
2. 能顺利完成创业融资。

创业的过程就是创业者建立、整合和拓展资源的过程。创业者能否成功地开发出机会，进而推动创业活动向前发展，通常取决于他们掌握和能整合到的资源，以及对资源的利用能力。优秀的创业者在创业过程中所体现出的卓越创业技能之一，就是创造性地整合和运用资源，尤其是那种能够创造竞争优势，并带来持续竞争优势的战略资源。

任务 5.1　分析创业资源

5.1.1　创业资源的概念和分类

1. 什么是创业资源

创业资源就是你拥有的能支持你的创业项目的资源。对于创业者而言，只要是对其创业项目和创业企业的发展有所帮助的要素，都可以纳入创业资源的范畴。新创企业在创造价值的过程中需要的特定资产，包括有形与无形的资产，它们是新创企业创立和运营的必要条件，主要表现形式为：创业人才、创业资本、创业机会、创业技术和创业管理等。创业资源当中最基本的就是人力资源和资金，除此之外还包括了诸如销售渠道、技术支持、咨询机构、潜在客户、政府机构等各种形式多样的社会资源。

24. 创业资源

2. 创业资源的类型

从"归属权"的角度来看，可以把创业资源划分为内部资源和外部资源。

（1）创业者的内部资源

创业者的内部资源主要是创业者自身所"拥有"的能力，能够自由支配和使用的各种资源，如员工、土地、厂房、设备、材料、资金、技术等，甚至也可以是创业者及其员工的时间，也就是人们通常所说有形资产及无形资产。拥有一份良好的内部资源，对创业者个人来说无疑是重要的。

1）现金资产。是指创业者本人及家庭可以随时支配的现金和银行存款，请注意是"可以支配"的，所以创业要取得全家的支持，也要为家庭的生活留有余地。当然，易于变现的国债、股票等可以视同现金资产。

2）房产和交通工具。这种资源一方面可以作为创业的硬件资源，另一方面可以作为现金资产的补充，在需要的情况下，可以作为抵押品向银行或其他投资人申请融资。当然你更要弄清楚房产和交通工具是否可以支配，如果是按揭方式购置的，就要大打折扣了。

3）技术专长。这里说的技术专长，包括有形的和无形的。有形技术专长是指已申请成功的发明专利、实用新型专利和外观专利，或者是某一领域公认的专家，如注册会计师、律师、高级美工师、设计师、工程师、医生、心理咨询师等。无形技术专长是指专有技术、科研成果或者对某个特定行业和领域的深入研究。

4）信用资源。你有没有信用污点，如果没有，估计一下你能够通过你长期积累的信用资源干些什么事，或是有人根据你的信用愿意给你投资，或是有人愿意借钱给你，或是有人愿意为你铺货，至少有人愿意在你还没有支付工资的情况下为你工作。创业者具备良好的个人信用、诚信资源是有推动创业计划作用的关键因素之一。

5）商业经验。即创业者对市场经济和商业规则的了解程度，尤其是对你即将进入的行业的深入理解。各行各业之间千差万别，没有深入的研究和实践就贸然闯入，很有可能就成为创业的绊脚石。

6）家族资源。创业者的家族资源介乎内部资源与外部资源之间。包括：经济支撑、商业经验、学习机会、人脉关系等。

（2）创业者的外部资源

外部资源指的是创业者或者是创业企业并不具有"归属权"，但是通过某些利益共同点而可能在一定程度上加以配置和利用的各种资源。常见的外部资源如材料供应商、技术供给者、销售商、广告商，以及相关政府部门等，实际上就是商业环境中的相关条件性资源。在必要且条件成熟的情况下，创业者为了减少交易或者沟通成本，可以通过技术性的安排，把某些外部资源转化为内部资源。如职业资源和人脉资源。

5.1.2 创业资源的主要形态

1. 场地资源

场地资源是要素资源中最基础的资源，每一个企业都需要办公场地。对生产型的企业还需要用于生产的厂房，厂房的选址需考虑环境因素和成本问题，如道路交通是否通畅；是否有利于原料和其他资料的运输；场地租金、劳动力成本和技术技能水平。传统经营型和服务型企业对企业场所的要求也比较多，要考虑场地内部的基础设施建设情况；是否拥有便捷的计算机通信系统；良好的物业管理和商务中心，以及周边是否有方便的交通和生活配套设施等。知识密集型企业也很注重场地环境，更多体现企业形象与文化，也成为吸引人才和其他合作资源进入看重的条件。

2. 资金资源

资金资源对于任何一个企业都非常重要，创业企业发展过程中的不确定性和脆弱的风险承担能力导致其资金供给出现障碍，而且常常由于资金方面的限制、融资渠道不畅、投融资双方沟通障碍等问题，使得好技术、商业计划得不到实施，或者出现实施过程中被迫中断甚至退出的情形。融资问题使创业企业的灵活性优势也难以得到发挥，加剧了企业在财务上的脆弱性，成为比大企业更容易陷入破产境地的一个重要原因。及时的银行贷款和风险投资，各种政策性低息或无息扶持基金，以及写字楼或者孵化器提供的较低租金等，都为初创企业发展提供了良好的资金来源。

3. 人力资源

人力资源是创业企业发展除场地、资金等硬件设施外，更重要的能动因素。高素质人才的获取和开发，成为现代企业可持续发展的关键。当代企业管理中的人才已经由传统的"劳动力"概念转变为"人才资本"的概念。企业需要的是能够为我所用的人，从创业管理的角度来说，初创企业更需要能够与"企业绑在一架战车上的斯巴达斗士"。因此，在合适的位置选择合适的人，是任何一个企业发展过程重要的人力资源管理规则。

4. 技术资源

技术资源在当今创业时代是企业成长与发展强大的助推器，技术的进步可以极大地影响企业的产品、市场、服务、供应商、分销商、客户甚至营销方法等，从而改变相对成本和竞争地位。高科技新创企业更是靠研发和生产科技产品占据优势。积极引进寻找有商业价值的科技成果，加强和高校科研院所的产学研合作，将有助于加快产品研制和成型的速度，缩短产品进入市场的时间，为企业的市场竞争提供有力支持。华为多年来走的是一条自主研发和创新的道路。据世界知识产权组织最新报告显示，2014年华为以3442件的申请数超越日本松下公司，成为当年申请国际专利的冠军。过去十年中，华为研发投入累计达1880亿元人民币，17万员工中研发人员占到45%。

5. 政策资源

政策资源不仅包括关于企业发展的相关的政策制度，还包括配套的措施及法律法规。掌握和了解更多的政策资源，有利于及时、准确地了解政策并结合国家发展和人民需求，发现和捕捉到更多更好的创业机会和创业项目。从中国的创业环境看，国家和地方政府以及一些社会机构都给予创业企业大量优惠的扶持政策，在政策允许和鼓励的条件下，为初创企业提供更多的国内外人才、贷款和投资、具有明确产权关系的科技成果、各种服务和帮助以及场地优惠等。

6. 信息资源

良好的信息资源环境是企业运营的基础和保障。信息的传递包括企业内部之间的信息传递、企业和外部环境之间的信息传递。一个成功的、有效率的企业信息一定是畅通的、及时的、准确的。信息传递的不平衡是绝对的，平衡是相对的，信息传递不平衡带来的信息失真、信息失效、信息丢失等会给企业带来巨大的损失。专业机构对于信息的搜集、处理和传递，可以为创业者制定研发、采购、生产和销售的决策提供指导和参考。对于高科技新创企业来说，由于竞争十分激烈，就更加需要丰富、及时、准确的信息，以争取到更多的要素资源。这种信息如果由创业者通过市场调研分析获得，成本可能过高。因此，常常由专业机构提供。

梁伯强本来是广东一家产销人造首饰的大户，1998年他无意间看到报纸上的一则新闻，说一位领导以国产指甲钳质量不高为例，要求轻工企业努力提高产品质量。这为他带来一个信息，就是国内还没有生产质量很好的指甲钳企业，他意识到一个新的市场机会出现，于是他做起指甲钳来。经过多年努力，现在他是国内最大的中高档指甲钳供应商，年销量两亿元。

7. 文化资源

文化资源是企业内在软实力的具体体现。企业文化是企业全体员工的行为习惯总和。良好的企业文化资源是培养高素质人才的有效途径，同时也是提升企业形象，增加企业附加值的重要手段。对于新创企业来说，文化资源尤为珍贵。文化对于创业企业和创业者有着极大的精神激励作用，令新创企业以更大的动力和能力有效组合要素并创造价值。

硅谷成功的一个很重要的原因是因为那里的浓厚文化氛围，如鼓励冒险、容忍失败等。雕爷牛腩是一家"轻奢餐"品牌，是向电影《食神》的原型人物——香港食神戴龙以500万元购得，拟用一种大家认同的文化聚拢讲求品味的顾客，同时店面的装修、互联网上的互动都是为了共同构筑一个餐饮文化。

8. 品牌资源

品牌资源是指企业品牌本身以及围绕品牌的创建、传播、培育、维护、创新等方面而涉及的一切可利用资源，包括品牌本身、企业内部可利用资源和企业外部可利用资源。例如，资本资源、技术资源、传媒资源、文化资源等。从品牌的系统管理角度理解，首先可将品牌视为企业的一种重要资源，其次围绕着品牌资源的开发与利用，企业需要整合一切可利用资源，最后形成品牌资源的系统管理流程。

美国宝洁公司是世界最大的日用消费品公司之一经营着 300 多个品牌产品，畅销 140 多个国家和地区，其中包括洗发、护发、护肤用品和婴儿护理用品、化妆品、饮料、食品、织物、家用护理用品等，实行"一品多牌"的战略，拥有多个世界知名的品牌，在中国，大家熟悉的有飘柔、潘婷、海飞丝、玉兰油、汰渍、舒肤佳等。

任务 5.2　整合创业资源

25. 创业资源整合原则

创业者能否成功地开发出机会，进而推动创业活动向前发展，通常取决于他们掌握和能整合到的资源，以及对资源的利用能力。许多创业者早期所能获取与利用的资源都相当匮乏，而优秀的创业者在创业过程中所体现出的卓越创业技能之一，就是创造性地整合和运用资源，尤其是那种能够创造竞争优势，并带来持续竞争优势的战略资源。

5.2.1　创业资源整合的原则

创业资源整合指创业者对不同来源、不同层次、不同结构、不同内容的创业资源进行识别与选择、汲取与配置、激活和有机融合，使其具有较强的柔性、条理性、系统性和价值性，并创造出新的资源的动态过程。

1. 渐进原则

对于任何一个创业企业来说，有利的创业资源都难以完全发掘、配置和利用。因此，必须遵循渐进的原则，根据对资源的需求程度以及资源开发和利用的成本、收益和不确定性三者的综合考虑，逐步地寻找和利用各种创业资源。对于每一种创业资源，都应当选择一个适当的整合时机，以降低资源的维护成本。

2. 共赢原则

发掘和应用的每一种创业资源实际上都是一个相对独立的利益体。因此，在开发和使用这些资源时，就不能从创业企业的自身利益出发，而必须坚持双赢的原则。尤其是长期使用的创业资源，更要重视对方的既得利益。

3. 量力原则

对于不同的资源需要渐进开发和使用，即使对于同一种创业资源，也存在着逐步开发的问题。尤其是对于创业团队和创业企业来说，资源开发的能力和经验都相对较弱，因此，就要采取量力的原则，按部就班地对某一种创业资源进行开发和使用。

5.2.2　创业资源整合的途径

1. 善用资源整合技巧

（1）学会拼凑

很多创业者都是拼凑高手，通过加入一些新元素，与已有的元素重新组合，形成在资源利用方面的创新行为，进而可能带来意想不到的惊喜。创业者通常利用身边能够找到的一切资源进行创业活动，有些资源对他人来说也许是无用的、废弃的，但创业者可以通过自己的独有经验和技巧，加以整合创造。例如，很多高新技术企业的创业者并不是专业科班出身，可能是出于兴趣或其他原因，对某个领域的技术略知一二，却凭借这个略知的"一二"敏锐地发现了机会，并迅速实现了相关资源的整合。

（2）步步为营

创业者分多个阶段投入资源并在每个阶段投入最有限的资源，这种做法被称为"步步为营"。步步为营的策略首先表现为节俭，设法降低资源的使用量，降低管理成本。但过分强调降低成本，会影响产品和服务质量，甚至会制约企业发展。其次表现为自力更生，减少对外部资源的依赖，目的是降低经营风险，加强对所创事业的控制。很多时候，步步为营不仅是一种做事最经济的方法，也是创业者在资源受限的情况下寻找实现企业理想目标的途径，更是在有限资源的约束下获取满意收益的方法。习惯于步步为营的创业者会形成一种审慎控制和管理的价值理念，这对创业型企业的成长与企业向稳健成熟发展期的过渡，尤其重要。

2. 发挥资源杠杆效应

尽管存在资源约束，但创业者并不应被当前控制或支配的资源所限制，成功的创业者善于利用关键资源的杠杆效应，利用他人或者别的企业的资源来完成自己创业的目的：用一种资源补足另一种资源，产生更高的复合价值；或者利用一种资源撬动和获得其他资源。其实，大公司也不只是一味地积累资源，他们更擅长于资源互换，进行资源结构更新和调整，积累战略性资源，这是创业者需要学习的经验。

对创业者来说，容易产生杠杆效应的资源，主要包括人力资本和社会资本等非物质资源。创业者的人力资本由一般人力资本与特殊人力资本构成，一般人力资本包括受教育背景、以往的工作经验及个性品质特征等。特殊人力资本包括产业人力资本（与特定产业相关的知识、技能和经验）与创业人力资本（如先前的创业经验或创业背景）。调查显示，特殊人力资本会直接作用于资源获取，有产业相关经验和先前创业经验的创业者能够更快地整合资源、实施市场交易行为。而一般人力资本使创业者具有知识、技能、资格认证、名誉等资源，也提供了同窗、校友、老师以及其他连带的社会资本。

3. 设置合理利益机制

资源通常与利益相关，创业者之所以能够从家庭成员那里获得支持，就因为家庭成员之间不仅是利益相关者，更是利益整体。既然资源与利益相关，创业者在整合资源时，就一定要设计好有助于资源整合的利益机制，借助利益机制把包括潜在的和非直接的资源提供者整合起来，借力发展。因此，整合资源需要关注有利益关系的组织或个人，要尽可能多地找到利益相关者。同时，分析这些组织或个体和自己以及自己想做的事情的利益关系，利益关系越强、越直接，整合到资源的可能性就越大，这是资源整合的基本前提。

利益关系者之间的利益关系有时是直接的，有时是间接的，有时是显性的，有时是隐形的，有时甚至还需要在没有的情况下创造出来。另外，有利益关系也并不意味着能够实现资源整合，还需要找到或发展共同的利益，或者说利益共同点。为此，识别到利益相关者后，逐一认真分析每一个利益相关者所关注的利益，这点非常重要，多数情况下，将相对弱的利益关系变强，更有利于资源整合。

然而，有了共同的利益或利益共同点，并不意味着就可以顺利实现资源整合。资源整合是多方面的合作，切实的合作需要有各方面利益真正能够实现的预期加以保证，这就要求寻找和设计出多方共赢的机制。对于在长期合作中获益、彼此建立起信任关系的合作，双赢和共赢的机制已经形成，进一步的合作并不很难。但对于首次合作，建立共赢机制尤其需要智慧，要让对方看到潜在的收益，为了获取收益而愿意投入资源。因此，创业者在设计共赢机制时，既要帮助对方扩大收益，也要帮助对方降低风险，降低风险本身也是扩大收益。在此基础上，还需要考虑如何建立稳定的信任关系，并加以维护、管理。

任务 5.3　创业融资

26. 创业融资

融资是新创企业迈入企业发展的第一个门槛，资金方面的匮乏成为制约企业成长的重要因素。为了获取充分的资金，创业者以及创业团队要尽可能拓展融资渠道，为企业的成长奠定必要基础。

5.3.1　创业启动资金估算

启动资金是指开办企业必须购买的物资和必要的其他开支的总费用。任何创业都需要成本，最基本的开支是必不可少的。

1. 启动资金的类型

（1）固定资产投资。固定资产投资是指为企业购买的价值较高、使用寿命长的设备或物品。创业者应根据企业的法律形态和自身情况以最少的资金投入获得最大的固定资金利用率，让企业少担风险。

（2）流动资金。流动资金是指企业维持日常运转所需要支出的资金。如购买原材料、发放工资、各种费用支出以及不可预见费（罚款、盗窃、丢失等）。

2. 固定资产投资预测

固定资产投资是企业开业时必需的投资，而且固定资产成本的回收期较长，有的甚至需要长达数年后才能收回这笔钱。但是作为创业者，必须在创业之初对此项支出做出合理预算，才能保证企业顺利开业。这项投资一般包括场地、建筑物和设备。

（1）场地和建筑物。一是租用办公室或生产厂房；二是购买现成的办公室或生产厂房；三是自己建造需要的办公室或生产厂房。

（2）设备。设备是指企业需要的机器、工具、办公家具等，甚至还有车辆等交通工具。

3. 流动资金预测

企业进行生产运营，需要有原材料、员工、充足的货币资金做保证，使企业能正常进行生产运营。因此，流动资金需求量也是创业者必须考虑的。创业之初，企业所需流动资金支出一般包括以下部分：

（1）原材料和库存商品。无论是生产企业、服务业，还是商业企业，必须有足够的库存保证生产和运营的顺利进行。预计的库存越多，所需要的采购资金也越大。因此，要将库存降低到最低限度，以保证流动资金的流动性。

（2）人工费。人工费是指企业以货币形式支付给员工的劳动报酬。此项支出也是流动资金中重要的支出。

（3）日常工作支出。企业为了维持正常的运营，除了有相关的场地、原材料、库存商品和员工支出外，还发生相关的办公支出，包括电话费、水电费、网络费、招待费等，这些费用应包括在日常工作支出中。

（4）广告费用。一个新的企业，为了让外界了解你的企业以及产品，创业初期都需要进行相关的宣传，以此树立企业形象。这就相应地有广告宣传和广告支出，产生广告费用。

（5）场地租赁费。如果企业的经营场地或设备是租赁来的，在企业开办之初还应支付相应的租赁费。租金一般是按季或年预付，因而会占用更多的流动资金。

（6）其他费用。企业的日常经营需要大量的流动资金，除以上所列之外企业还可能发生许多其他支出，如差旅费、设备维护费、车辆使用费等，这些都会占用一定量的流动资金。

5.3.2　创业融资的方式

融资方式是指企业融资所采用的具体形式和工具。企业的全部资本按不同属性可以分为股权资本和债务资本两种类型。

1. 股权资本融资

股权资本也称为权益资本、自有资本，是企业依法取得的并长期拥有的、自主调配运用的资本。股权资本融资方式主要包括：

（1）吸收直接投资。即按照"共同投资、共同经营、共担风险、共享利润"的原则吸收政府、法人、个人和外商投入资本的融资方式。直接投资中的出资者都是企业的所有人，出资方式主要包括现金出资、实物出资、知识产权出资、场地出资等。创业投资属于吸收直接投资。

（2）发行股票。通过发行股票这种有价证券来筹集自有资本。股票持有人即为股东，按投资的资本额度享受所有者的资产收益并参与公司的重大决策。股票按股东权利和义务分为普通股和优先股。普通股是公司发行的代表着股东享有平等的权利义务，不加特别限制，股利不固定的股票；优先股是公司发行的优先于普通股股东分取股利和公司剩余财产的股票。

2. 债务资本融资

债务资本也称为借入资本，是企业依法取得并依约运用、按期偿还的资本。债务资本融资方式一般包括：

（1）银行借款。即各类企业按照借款合同从银行等金融机构借入长期和短期债权资本的一种筹资方式。

（2）商业信用。即企业通过赊购商品、预收货款等商品交易行为筹集短期债权资本的一种筹资方式。这种方式比较灵活，为各类企业所采用。

（3）发行债券。即企业发行向债权人定期支付利息和到期偿还本金的债券以筹集资本。

（4）租赁。即企业按照租赁合同租入资产从而筹集资本的方式。各类企业都可以采用租赁方式租入所需资产，并形成企业的债权资本。

5.3.3 创业融资的渠道

融资渠道是指筹措资金来源的方向和通道，体现着资金的源泉和流量。结合高职大学生创业的特点，融资渠道有自有资金、亲友融资、银行贷款、天使资金、政策性基金等种类，而民间借贷、风险投资、融资租赁、发行企业股票、发行企业债券则非常困难。创业者应对各种融资渠道的特点、融资成本、获取条件等进行详细了解，才能选择最有利的融资方法。

1. 自有资金

创业者为企业融资时，第一个渠道就是来自创业者自身的资金。研究发现，近70%的创业者依靠自己的资金为企业提供融资，即使具有高成长潜力的企业，如名列美国500强的企业，在很大程度上都依赖于创建者的存款提供最初始资金。一方面，创业者比任何投资者都清楚新创企业的商业机会和前景，创业者投入资金本身就是对企业的一种支持和信任。

另一方面，投资者也希望创业者能将自己的钱投到新企业，说明对其本身创业项目的信心，创业者自我融资能缓解新企业的部分资金压力，但当新企业所需资金压力较大时，就需要其他的融资方式了。

2. 亲友融资

筹集创业启动资金还有一种有效的途径就是向亲友借钱，它属于负债筹资的一种方式，一般不需要承担利息，没有资金成本。因此，这种方式只在借钱和还钱时增加现金的流入和流出。用这个方法筹措资金速度快、风险小、成本低，缺陷又体现在向亲友借钱创业，会给亲友带来资金风险，甚至是资金损失，如果创业失败就会影响双方感情。最理想的方式是说服亲朋好友对项目进行投资，明确产权关系和双方责任。

3. 政策融资

各级政府为了优化产业结构，支持新创企业的发展，提供了大量的政策性支持，包括利用财政补贴、优惠贷款、税收优惠以及一些专项基金的方式为创业企业提供支持。如针对大学生创业的创业贷款、针对失业人员再就业的小额担保贷款、针对科技型中小企业的创新基金等，还有很多地方性优惠政策。

目前，值得大学生创业者关注的融资优惠政策主要有：①国家和地方各级政府的科技计划和引导基金，如国家的863计划、973计划、星火计划、火炬计划等科技计划，各类成果推广及科技兴贸计划，中小企业科技创新基金等。当然，各类科技计划及创新基金主要资助具有自主创新能力、科技含量高、市场前景好的研究开发项目，如软件、生物、医药等。地方各级政府也推出了一系列创业引导资金、孵化资金、产业资金等。②创业小额贷款，政府为切实解决创业者资金瓶颈问题，努力为中小企业发展以及青年创业提供更多的金融支持，引导广大青年自主创业和自谋职业推出的创业优惠政策。许多地方政府也推出了一系列贷款优惠政策，如青年创业小额贷款、大学生创业小额贷款、创业贷款贴息项目及各类微型信贷产品等。③小额担保贷款，是指通过政府出资设立担保基金，委托担保机构提供贷款担保，由经办商业银行发放，以解决符合一定条件的待就业人员从事创业经营自筹资金不足的一项贷款业务，包括自谋职业、自主创业或合伙经营和组织起来创业的开办经费和流动资金。国家规定个人申请额度最高不超过 5 万元，各地区对申请小额担保贷款额度有不同规定，许多地区额度还高于 5 万元，合伙经营贷款额度更大。小额担保贷款期限一般不超过 2 年，可延期 1 年。

4. 银行贷款

银行贷款是融资的主要方式，从目前的情况看，银行贷款有以下四种：①抵押贷款，指借款人向银行提供一定的财产作为信贷抵押的贷款方式；②信用贷款，指银行仅凭对借款人资信的信任而发放的贷款，借款人无须向银行提供抵押物；③担保贷款，只以担保人的信用为担保而发放的贷款；④贴现贷款，指借款人在急需资金时，以未到期的票据向银行申请贴现而融通资金的贷款方式。

银行贷款融资的优点在于程序比较简单，融资成本相对节约，灵活性强，只要企业效益良好，融资较容易。但是对初创企业而言，由于一般要提供抵押或担保，往往附加比较苛刻的前提条件，其目的是约束创业者的资金使用和创业行为，或者企业经营不善时拥有处置的权利，所以较难筹集。

5. 风险投资

风险投资是指由职业的创业投资者管理的专门进行创业投资的方式，可以分为：专业风险投资公司、风险投资资金和大企业附属的风险投资公司三种。投资赢利的主要模式是通过承担高风险来博取高回报，一般在企业中以入股的形式投入资金，最后以上市或者转让的形式退出创业企业，套取现金。

风险投资的对象大多数是属于初创时期或快速成长时期的高科技企业，如 IT、生物工程、医药等企业。风险投资基金具有其他融资来源所不具有的优点：①无需创业企业的资产抵押担保，手续相对简单；②通过风险投资基金融资没有债务负担；③可以得到专家的建议，特别是高新技术产业，风险投资通过专家管理和组合资源，降低了由于投资周期长而带来的行业风险。但是风险投资对所投项目选取会有比较严格的要求，如优秀团队、好的商业模式等，相对投资成长期的项目较多，种子期、初创期的较少。

6. 天使投资

天使投资是自由投资者对有创意的项目或小型的初创企业进行一次性的前期投资，是一种非组织化的创业投资形式。他们通常在项目构思阶段就进入，重在获取高额的回报率。天使投资有三个特点：①直接向企业进行权益性投资；②不仅提供资金，而且提供知识和社会资源服务；③过程简单，资金到位及时。

天使投资者通常是以下两类人：一类是成功的创业者，他们主要是基于自己的经验提携后来者，另一类是企业的高管或高等院校和科研机构的专业人员，他们拥有丰富的创业知识和洞察能力。这些投资者就像天使一样，希望通过自己的资金和专业经验辅导和帮助那些正在创业的人们，以自己的企业家精神来激发后者的创业热情，延续或完成他们的创业梦想。

【拓展阅读】

什么是天使投资

天使投资，是权益资本投资的一种形式，是指富有的个人出资协助具有专门技术或独特概念的原创项目或小型初创企业，进行一次性的前期投资。它是风险投资的一种形式，在根据天使投资人的投资数量以及对被投资企业可能提供的综合资源进行投资。

天使投资的基本特征如下：

（1）天使投资的金额一般较小，而且是一次性投入，它对风险企业的审查也并不严格。它更多的是基于投资人的主观判断或是由个人的好恶所决定。通常天使投资是由一个人投资，并且是见好就收。它是个体或小型企业的商业行为。

（2）很多天使投资人本身是企业家，因而了解创业者面对的难处。天使投资人是起步公司的最佳融资对象。

（3）他们不一定是百万富翁或高收入人士。天使投资人可能是你的邻居、家庭成员、朋友、公司伙伴、供货商或任何愿意投资公司的人士。

（4）天使投资人不但可以带来资金，同时也可以带来联系网络。如果他们是知名人士，也可提高公司的信誉。

7. 担保机构融资

目前，各地有许多由政府或民间组织的专业担保公司，可以为包括初创企业在内的中小企业提供融资担保。担保机构大多实行会员制管理的形式，属于公共服务性、行业自律性、自身非营利组织。创业者可以积极申请，成为这些机构的会员，以后向银行借款时，可以由这些机构提供担保。与银行相比，担保公司对抵押品的要求则显得更为灵活。担保公司为了保障自己的利益，往往会要求企业提供反担保措施，有时会派员到企业监控资金流动情况。

小组活动 🔍

用思维导图画出你们团队的创业资源

1. 活动目的

（1）学习了解思维导图法；

（2）初步了解创业资源的种类。

2. 活动要求

（1）先画出个人资源图；

（2）整合资源、并分析列出项目所缺资源。

项目小结 🔍

创业的过程就是创业者建立、整合和拓展资源的过程。创业资源分为内部资源和外部。内部资源主要是创业者自身所"拥有"的能力，能够自由支配和使用的各种资源，如员工、土地、厂房、设备、材料、资金、技术等。外部资源指的是创业者或者是创业企业并不具有"归属权"，但是通过某些利益共同点而可能在一定程度上加以配置和利用的各种资源。常见的外部资源如材料供应商、技术供给者、销售商、广告商，以及相关政府部门等，实际上就是商业环境中的相关条件性资源。

创业资源整合指创业者对不同来源、不同层次、不同结构、不同内容的创业资源进行识别与选择、汲取与配置、激活和有机融合，使其具有较强的柔性、条理性、系统性和价值性，并创造出新的资源的动态过程。创业资源整合要遵循渐进原则、共赢原则、量力原则等。

创业融资按不同属性可以分为股权资本和债务资本两种类型。融资渠道有自有资金、亲友融资、银行贷款、天使资金、政策性基金等种类，而民间借贷、风险投资、融资租赁、发行企业股票、发行企业债券则非常困难。

Chapter 06

项目6

识别和管理创业风险

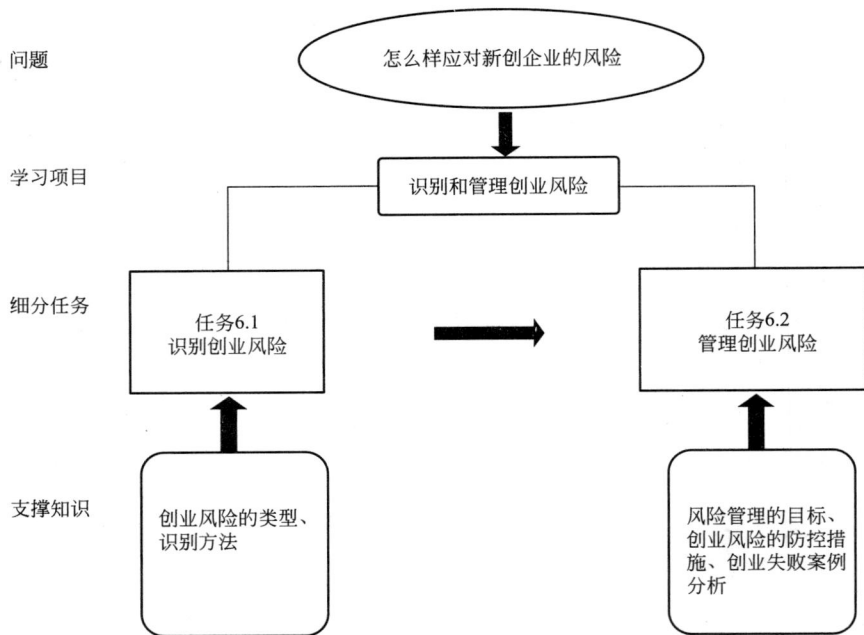

问题　　　　怎么样应对新创企业的风险

学习项目　　识别和管理创业风险

细分任务

任务6.1
识别创业风险

任务6.2
管理创业风险

支撑知识

创业风险的类型、
识别方法

风险管理的目标、
创业风险的防控措
施、创业失败案例
分析

项目6　知识（技能）框架图

创业者每天要考虑的不应该是如何才能赚大钱、企业如何才能大发展，而应该是如何才能生存下去。因为，生存才是硬道理。

【知识目标】

1. 掌握创业风险的类型；

2. 熟悉创业风险的识别方法；

3. 了解风险管理的目标；

4. 熟悉创业风险防控的措施；

5. 了解创业失败的一些案例和经验。

【技能目标】

1. 能树立风险意识，提高风险识别能力；

2. 能够结合自身情况，正确防控创业风险。

　　创业风险是创业者及其团队在创业过程中遇到或发生的危险，这种风险使创业活动很难推进，甚至会导致创业失败。识别创业风险是防范和应对创业风险的前提。

6.1.1 创业风险的类型

27. 识别
创业风险

按风险来源创业风险可分为团队风险、市场风险、技术风险、财务风险、环境与政策风险等。

1. 团队风险

团队风险是由于创业者、创业团队及其员工等人的因素对创业活动的开展产生不良影响或未能实现创业目标而产生的风险。团队风险的具体表现有创业者自身的素质和能力有限，创业团队成员的知识和技能水平有限，管理过程中用人不当，创业者、创业团队及其员工由于思想意识上的差别而产生矛盾等。

【拓展阅读】

某快餐创业者内乱失败案例

2009 年 8 月，某快餐企业广州总部爆发的一场"功夫表演"，在投资界和创业界颇为轰动：共同创始人及公司大股东 B 委任其兄 C 为"副总经理"，并派到总部办公，但遭到"真功夫"实际控制人、董事长 A 的拒绝后，引发剧烈争执。

要理清该企业的管理权矛盾，还得从头说起。1994 年，A 和好友 B 在东莞长安镇开了一间"蒸品店"，后来逐渐走向全国连锁。该企业的股权结构非常简单，B 占 50%，A 及其妻 D（B 之姐）各占 25%。2006 年 9 月，A 和 D 协议离婚，D 放弃了自己的 25% 的股权换得子女的抚养权，这样 A 与 B 两人的股权也由此变成了 50：50。

2007 年该企业引入了两家风险投资基金：共注入资金 3 亿元，各占 3% 的股份。融资之后的股权结构变成：A、B 各占 47%，VC 各占 3%，董事会共 5 席，构成为 A、B、D 以及 VC 的派出董事各 1 名。

引入风险投资之后，公司要谋求上市，打造出一个现代化公司管理和治理结构的企业是当务之急。但 A 在建立现代企业制度的努力触及另一股东 B 的利益，该企业在 A 的主持下，推行去"家族化"的内部管理改革，以职业经理人替代原来的部分家族管理人员，先后有大批老员工离去。公司还先后从其他快餐企业共引进约 20 名中高层管理人员，占据了公司多数的要职，基本上都是由 A 授职授权，B 显然已经被架空。

双方矛盾激化。2011 年，广州市公安机关证实 A 等人涉嫌挪用资金、职务侵占等犯罪行为，并对 A 等 4 名嫌疑人执行逮捕。

AB 双方对混乱争夺让 ×× 资本顶不住股东压力，而选择退出。2012 年，×× 资本将所持有的 3% 股权悉数转让给另一公司。至此，真功夫股权又再次重回了 AB 两家对半开的局面。

三年之后，A 案尘埃落定。根据广州中院二审判决，A 构成职务侵占罪和挪用资金罪被判维持 14 年刑期。随着 A 刑事案件终审判决生效，A 所持有的 41.74% 股权已进入司法拍卖程序，有传言股权估值高达 25 亿元。

案例启示：

（1）个人利益与团队发生冲突时，个人利益服从团队利益。

（2）领导人要有高尚的品德，纯洁的灵魂、宽阔的心胸、宽容的心态对待员工。

（3）追加投资要慎重、慎重、再慎重。

2. 市场风险

指创业过程中会遇到这样那样的市场不确定性而导致创业风险甚至失败。针对大学生创业的市场风险基本上是商品风险，即创业行业选择错误或者所生产产品过于单一，无法抵挡市场变化带来经营风险。

【拓展阅读】

三株集团的成败

××集团是一个曾经辉煌的保健品企业"帝国"，一个曾经令人激动，又曾经让人扼腕的民族企业的旗手。××集团成立于 1994 年，从 1994～1996 年的短短三年间，销售额从 1 个多亿跃至 80 亿元，但到了 1997 年，全国销售额却比上年锐减 10 个亿。接着，又传闻××申请破产的消息。1999 年，××集团的 200 多个子公司已经停业，几乎所有的工作站和办事处全部关闭。2000 年，全国销售近乎停止。××集团旋风式的成功，曾让很多人内心充满着崇敬和迷惑之情，自由落体式的坠落又使人冷静地做面壁式的思考。

很多人试图从各种角度探寻其成功、失败的原因，也有很多精辟的阐述。本案例仅从营销学的角度探寻企业失败的主要原因是：①重营销，轻产品；②营销的危机管理不当；③产品单一，经营风险很大。当一种产品出现问题，就是企业的全部产品的问题，如果此时有其他多种产品支撑，绝不至于企业破产。

案例提示：选择应适应市场，并有发展前景的产品。产品质量是企业的生命。

3. 财务风险

财务风险是指经营损失的不确定性及盈利的不确定性。这里主要指企业因资金链断裂而陷入困境。财务风险主要为：资产质量风险、筹资风险、投资风险和对外担保风险四大类。

（1）资产质量风险

是指现有资产（含流动资产和长期资产，下同）的变现能力达不到资产自身的账面价值，而可能给公司带来的风险。资产质量风险宜采用详细风险评估。资产质量风险具体分为：应收款项质量风险、存货质量风险、固定资产质量风险三大类。应收款项质量风险指公司经营过程中产生的应收款项，不能全部（或部分）收回，或收账资金成本较大而导致的风险。存货质量风险指生产经营用主要原材料、半成品、产成品（含发出商品），因可变现能力低于账面价值（如损毁、陈旧过时、市场售价低于成本、有账无物等）而给公司造成的风险。固定资产质量风险指现有固定资产（含在建工程）因其本身技术落后、损毁或使用效率低下导致的绩效已经低于预期，发生了减值的情形而给公司造成的风险。

（2）筹资风险

指因债务筹资从事负债经营，而引起的到期不能偿债（或未来偿还债务能力不确定），而给公司带来的风险。

（3）投资风险

指长期股权投资项下核算的项目产生的投资报酬率达不到预期而可能给公司带来的风险。

（4）对外担保风险

指公司给外单位（包括子公司）或个人融资进行的担保行为，可能因被担保单位（或个人）财务状况不佳（或恶化）而带来的偿债风险。针对大学生创业的财务风险，以上各项都有可能存在，严格按照各项指标进行控制。

4. 技术风险

技术风险是指伴随着科学技术的发展、生产方式的改变而产生的威胁人们生产与生活的风险。这里主要指技术创新所需要的相关技术不配套、不成熟，技术创新所需要的相应设施、设备不够完善。由于这些因素的存在，影响到创新技术的适用性、先进性、完整性、可行性和可靠性，从而产生技术性风险。针对大学生创业的技术风险主要是行业技术创新速度、他人的技术模仿、社会对技术的接受程度、国家或地区产业政策变化等，还有创业团队内部不具备研发技术能力。

5. 环境与政策风险

环境与政策风险是指由于创业者及其创业活动所处的社会、政治、经济、法律环境和政策环境等变化，以及由于意外灾害导致创业者或创业企业蒙受损失的可能性。如战争、国际关系变化、有关国家政权更选、政策变化、宏观经济环境发生大幅度波动或调整，法律法规的修改，或者创业相关事项得不到政府许可，合作者违反契约等给创业活动带来的风险。

环境与政策风险往往是创业者及其团队自身所不能左右和掌控的，主要是由于创业活动的外部环境与外部合作方的不确定性与变化造成的。对此，创业者应更多地关注企业的外部动向，培养敏锐的市场洞察力，做好相应的风险防范预案以应对这些风险的发生。

6.1.2 创业风险的识别方法

创业风险识别是创业者依据企业活动，对创新企业所面临的现实及潜在风险，运用各种方法加以判断、归类并鉴定风险性质的过程。风险识别是应对一切风险的基础，只有识别了风险，才有化解的机会，同时风险也是一种机会，应该开拓、提高其积极的作用。创业风险识别的常用方法有以下三种：

1. 环境分析法

环境分析法是指通过对环境的分析，明确机会与威胁，发现企业的优势和劣势，找出这些环境可能引发的风险和损失。企业环境的构成极其复杂，自然、经济、政治、社会、技术等环境构成企业的宏观环境，而投资者、消费者、供应商、政府部门和竞争者等构成企业的微观环境。运用环境分析法，重点是分析环境的不确定性及变动趋势。例如，市场是否有新的竞争对手进入，竞争对手变动趋势是什么，市场需求因素对企业产品销售将产生什么影响等。这些不确定因素往往使企业的经营难以预料。这就要分析环境中的变动因素及其相互作用的产生对企业的各种制约和影响。此外，还应从整体角度分析外部环境与内部环境的相互作用及其影响程度。

2. 财务报表分析法

通过报表分析，可以为发现风险因素提供线索。同时由于财务报表的自身特点，可以使管理人员便于掌握资料，提高风险识别工作效率。项目 3 已对财务报表作了详细介绍，在此不再赘述。

3. 专家调查法

专家调查法是一种重要而又广为应用的风险识别方法，它是引用专家的经验、知识和能力，又发挥专家的特长，对风险的可能性及其后果做出估计。一般来说，运用专家调查法的基本步骤是：①选择主要的风险项目，选聘相关领域的专家；②专家对各类可能出现的风险进行评估、打分；③回收专家意见并整理分析，再将结果反馈给专家；④把专家的第二轮结果汇总，直到比较满意为止。

【拓展阅读】

大学生创业五大风险

风险一：项目选择太盲目。

大学生创业者在创业初期一定要做好市场调研，在了解市场的基础上创业。一般来说，大学生创业者的资金实力较弱，选择启动资金不多、人手配备要求不高的项目，从小本经营做起比较适宜。

风险二：缺乏创业技能。

一方面，大学生应去企业打工或实习，积累相关的管理和营销经验；另一方面，积极参加创业培训，积累创业知识，接受专业指导，提高创业成功率。

风险三：融资渠道单一。

如果没有广阔的融资渠道，创业计划只能是一纸空谈。要结合自身情况，选择适合自己的融资渠道。

风险四：社会资源贫乏。

平时应多参加各种社会实践活动，扩大自己人际交往的范围。创业前，可以先到相关行业领域工作一段时间，通过这个平台为自己日后的创业积累人脉。

风险五：管理过于随意。

要想创业成功，大学生创业者必须技术、经营两手抓，可从合伙创业、家庭创业或从虚拟店铺开始，锻炼创业能力，也可以聘用职业经理人负责企业的日常运作。

资料来源：新华社报告整理

任务 6.2 管理创业风险

创业风险是创业过程中不可避免的现象，正视风险并想方设法去化解，是每个创业者必须具备的能力，也是创业过程中的重要任务。一般情况下初创企业规模较小，实力不强，抗风险能力较弱，因此，有效地实施风险管理对初创企业尤为重要。

6.2.1　风险管理的目标

美国著名风险管理专家克莱蒙认为，风险管理的目标是保存组织生存的能力，并对客户提供产品和服务，以保护公司的人力与物力，保障企业的综合盈利能力。概而言之，风险管理的目标包括以下几个方面：

1. 维持企业与组织及成员的生存和发展

这是风险管理的基本目标和首要目标。风险管理方案应使企业和组织能够在面临损失的情况时得到持续发展。实现这一目标，意味着通过风险管理的种种努力，能够使经济单位、家庭、个人乃至社会避免受到灾害损失的打击。

2. 保证组织的各项活动恢复正常运转

风险事故的出现会给人们带来程度不同的损失和危害，进而影响或打破组织的正常状态和人们的正常生活秩序，甚至可能会使组织陷于瘫痪。实施风险管理能够有助于组织迅速恢复正常运转，帮助人们尽快从无序走向有序。

3. 尽快实现企业和组织稳定的收益

企业和经济单位在面临风险事故后，借助于风险管理，一方面可以通过经济补偿使生产经营得以及时恢复，尽最大可能保证企业经营的稳定性；另一方面，可以为企业提供其他方面的帮助，使其尽快恢复到损失前的水平，并促使企业尽快实现持续增长的计划。

4. 减少忧虑和恐惧，提供安全保障

风险事故的发生不但会导致物质损毁和人身伤亡，而且会给人们带来严重的忧虑和恐惧心理。实施风险管理能够尽可能地减少人们心理上的忧虑，增进安全感，创造宽松的生产和生活环境，或通过心理疏导，消减人们因意外灾害事故导致的心理压力。

5. 通过风险成本最小化实现企业或组织价值最大化

就总体而言，由于风险的存在而导致企业价值的减少，这就构成了风险成本。纯粹风险成本包括：（1）期望损失成本；（2）损失控制成本；（3）损失融资成本；（4）内部风险控制成本。通过全面系统的风险管理，可以减少企业的风险成本，进而减少灾害损失的发生和企业的现金流出，通过风险成本最小化而实现企业价值的最大化。

6.2.2　创业风险的防控措施

1. 风险防控的措施

（1）创业初期，就要规范有序

良好的开端等于成功的一半。创业伊始，创业者就必须要求自己规范化经营，当然这里的规范化并不是要求新建的企业硬件和外观的规范化，而是说工作作风和细节上，要规范化的经营、规范化的交际，以及建立创业者规范化的形象，甚至需要用规范用语在规范的信函上与客户交流。

做事越规范，大家越信任你。一个不注重规范化形象的企业，永远不会被客户看成严肃正规的企业，永远不会得到平等的机会而受到商业伙伴的尊重。相反，创业者越是注重形象的规范化，大家就越会相信你的工作，你的产品和服务也会受到欢迎。

左侧边栏：28. 创业风险识别方法　29. 风险防控的措施

（2）注重细节，掌握经营活动的每一个步骤

"千里之堤毁于蚁穴"，经验告诉我们，事业成败取决于细节。在创业初期，创业者要亲身参与经营活动的每一个细节，只有细致地了解了经营的全过程，才可以对成本和利润有真实的了解，追求利润最大化的同时，也应该尽量降低经营和管理成本。

有人说："成功在于细节""细节是魔鬼"，创业者只有对自己企业经营的每个环节都一清二楚，才可以找到问题所在，才可以控制成本和利润。

创业者所做的每个决定都是为了企业的生存，而企业的目标永远是追求利润最大化的，因此在经营管理中，不要把个人情绪和情感带到管理中，理性创业、理性管理才是发展之路。

（3）精细管理，做好企业的危机处理

快速处理，不回避、不推诿责任。任何企业在经营中，都会遇到大大小小的危机事件。这些事件大多数是意料之外，并且毫无征兆的。当这些危机出现时，创业者最要紧的是保持冷静，就像消防队员一样，先灭火，然后再查找原因，千万不要回避和推诿，要做一个敢于负责的人，坦诚地对待合作伙伴和客户。

提前准备，加强危机意识。提前做好企业危机处理预案，对不同危机出现的情况提前做出分析和应对方案的考虑。做好日常管理责任制，在出现任何问题时，都有指定业务的负责人。而且要实行"首问责任制"，一旦出现应急事件，不论是谁，第一个遇到危机发生就要第一个去协助解决，并且坚持到最后。

（4）注重诚信，做好企业的合同管理

诚信是企业生存和壮大的立足点，一个没有诚信的人会失去朋友，一个没有诚信的企业也会失去合作伙伴。创业者在树立企业诚信的时候，应注意遵守合同，信守承诺，这是一个需要时时注意的环节。在合作时及时签订合同，不仅有利于建立自己企业的诚信度，也可以作为一种自我保护手段，防止上当受骗。

不要因为都是熟人合作，就不签订交易合同。俗话说："凡是骗走你钱财的都是熟人"。创业者对熟悉的客户和朋友，也要按规章办事，应该签订合同的就要及时签订。不熟悉的人，人们通常都会有戒备心理，所以一般不会上当受骗。签订合同并不是说不信任谁，而是养成一个按规矩办事的好习惯，签合同是对合作者双方的共同约束，可以为企业今后的发展打下一个良好的基础。

2. 不同类型风险的防控

（1）现金风险的防控

防控现金风险的对策有：向有经验的专家请教，经常评估现金状况，理解利润与现金以及现金与资产的区别，经常分析它们之间的差额；节约使用现金，现金管理上应注意接受订货任务要与现金能力相适应。

（2）开业风险的防控

防控开业风险的对策有：在最熟悉的行业办企业，制订符合实际的而不是过分乐观的计划；在预测资金流动时，对收入要谨慎一点，对支出要留有余地，一般要留出所需资金10%的准备金，以应付意外；没有足够资金不要勉强上项目，发现问题时要立即调整。

（3）市场风险的防控

防控市场风险的对策有：以市场及消费者的需求为生产的出发点，时刻关注市场变

化，善于抓住机会；广泛收集市场情报，并加以分析比较，制定有效的市场营销策略；摸清竞争对手底细，发现其创业思路与弱点；对各种成本精打细算，杜绝不必要费用；健全符合自身产品特点的销售渠道网络；充分了解各主管机关职能及人员构成情况。

（4）人员风险的防控

防控降低人员风险的对策有：建立完善的雇员选择标准，综合考虑技术能力和合作能力两个因素；建立合理的信息沟通及汇报制度，使创业者能充分掌握员工及企业动态；制定有效的投资力度，从长计议，加强员工内部凝聚力；无论人员来源，寻找最胜任工作的人选；记录并跟踪新雇员情况，熟悉各个职员素质及发展，做到人尽其才；友好对待并鼓励新雇员，使其早日适应新环境，进入工作角色。

（5）财务风险的防控

防控财务风险的措施有：领导班子要有适当分工，密切监控和防范财务风险；请专家和银行咨询，选择最佳的资金来源以及最合适时机和方式筹措资金。

（6）技术风险的防控

防控技术风险的对策主要有：综合考虑企业自身技术能力、资金量和所需时间，选择技术获得途径；若选择引进技术，则要在引进技术前对所引进技术的先进性、经济性和适用性进行评价；加强对职工的技术培训，提高员工对高科技设备的操作熟练度，减少不必要的风险损失。

6.2.3　创业失败案例分析

任何创业都是艰难的，每个创业者在创业之初都可能经历几次失败。但失败并不可怕，要看从何种角度去解析，对失败解析得越深刻，就离成功越近。创业者要多研究、分析失败案例，总结经验教训，树立风险意识，培养管理风险的能力。

【拓展阅读】

30. 案例分析

凭激情，创办婚庆公司年赔 8 万

丁某和崔某是大学同学，2006 年 8 月，从沈阳××学院信息管理专业毕业，毕业后分别在化妆品公司和化工企业工作。2007 年 10 月，两人双双辞职，感觉婚庆是个朝阳行业，于是不顾家人的反对，向家人借款 12 万元，联手开了一家婚庆公司。然而她们的事业却一直步履维艰，目前尚未收回投资成本，一年下来赔了 8 万元。

收回成本遥遥无期

丁某和崔某都是外地人，在沈阳举目无亲。为了方便事业起步，他们选择以加盟的方式开店，光加盟费就花了 4 万元左右。2007 年 12 月，她们做成第一笔婚礼庆典，虽然收了 3000 多元，但扣除各种费用，最后还是赔钱。

丁某和崔某没有放弃，她们在努力用创意和服务赢得客户。沈阳有两位新人恋爱经历特别巧，他们幼儿园就是同学，高中时又在同一所学校，高考前凑巧坐前后桌，这样的缘分使一对新人走到了一起。丁某和崔某借用《向左走，向右走》电影主题为新人设计了一场舞台剧。婚礼的策划和布置令新人和亲朋好友特别满意。

以后，她们又陆续为 20 多对新人操办了婚礼庆典，每场价格在 5000～20000 元不等。

但利润极低。

再不成功就会放弃

现在，扣除各种费用，俩人每月能剩三四千元，但是相对当初投资的高额成本，这点杯水车薪远远不能让她们安下心来。婚庆生意为什么不好做呢？面对其他创业者的提问，丁某总结：最主要的是店铺选址太偏僻，"蜗居"在公寓里，宣传又没有做好，现在知名度不够。其次，店铺规模档次"高不成、低不就"，而目前沈阳市婚庆公司大大小小2000多家，大打价格战们没有价格优势。另外请司仪摄像师、租花车等，每次要支付一定的费用，再扣除场地费利已经很少了。再加上公司推广宣传力度不够，使得婚庆公司生意淡薄。

"反正感觉创业挺难的，有些累了，还不如给人打工挣死工资舒服。再坚持一年，如果还没有起色，我们会选择放弃。"丁某最后向其他创业者交流时说。

案例点评：

创业确实是一件需要非常慎重的事情，仅有激情是不够的。选准行业是创业成功的首要条件，但并不是创业成功的充分条件。真正成功的企业，往往是抢占了市场的空白商机，有自己的特色，并且有独创性。这样的企业发展起来遇到的阻力才会很小，也才能赚到钱。

【拓展阅读】

过于理想化，创办企业昙花一现

开业时的鲜花还在绽放，但仅仅坚持9天，公司却要宣告"破产"。面对媒体镜头，舒某有种说不出的滋味。

创业时信心十足

23岁的舒某是"陕西××科技发展有限公司"的创办人，2007年从西安××大学电子信息专业毕业，和许多大学毕业生一样，他跑过招聘会、托过家人找工作。后来虽然有一份不错的工作，但他却选择了辞职，他想在自己的专业上有所发展，舒某和同学、朋友等8人筹资7.8万元，开始创办自己的公司。这家公司主营域名注册、网站建设开发等项目，并取得了一种环保防水手电陕西总代理的业务。"把一件平凡的事做好就不平凡，把一件普通的事做好就不普通——这是我和我们公司的宗旨。"公司成立当天，舒某信心十足。

9天后陷入困境

公司先后招聘了20多名员工，而且大多数都是在校大学生，他们代理的产品也在不断地拓展市场。但是经营公司和上学完全是两回事，短短几天时间，舒某就感到了压力，而且当初承诺办理公司注册手续的代理公司在拿了他1万元后杳无音讯，一时资金短缺成了这家刚刚起步公司的绊脚石。

9天后，舒某一天没有吃饭，他拖着疲惫的身体跑学校、跑银行，但是没得到贷款，"原因很简单，现在我没有房子、汽车做抵押，也没公司当担保"。

在这个困境中，舒某没有跳出来，而是作出了一个决定，通知媒体，召开记者招待会让公司"破产"，其实，由于注册一直没办下来，因此从严格意义上来讲，舒某的公司还未成立便宣告夭折。

案例点评：

大学生刚刚从学校毕业，一般都过于理想化了，从刚才舒某公司的情况来看，他们之前根本没有或没有认真做过市场调研，哪些客户会使用他们的产品，或许他们自己都不清楚，这样推销就少了目的性，变成等人来买。

对于像舒某这样的公司，资金流动要求也不大，遇到一点资金困难就宣告破产，这有点太夸张。

【拓展阅读】

创业无计划，想法过于简单

某同学经过几年的努力工作和省吃俭用积蓄了一笔资金，把积蓄的15万元作为启动资金。她认为，个人创业必须有丰富的工作经验。所以在过去的工作中，她总是分内分外的事全都抢着干，从不计报酬。尤其是经营方面的事，更是竖着耳朵听，目的就是为了多学点本事，为自己开公司做准备。另外，她认为个人创业必须有一个好的项目。她选择了一个当时的朝阳项目——房地产租赁咨询。

2009年底在办齐所有手续后，门店终于开张，她勤勤恳恳努力工作，但怎么也没想到，最初的3个月几乎没有生意，直到第6个月才稍有收入，可生意很不稳定，半年来，她赔了3万元。她开始动摇了，觉得自己是在靠天吃饭，靠运气吃饭。她认为做生意不应该是赌博，肯定是哪儿弄错了。她不想再这样干下去了，她认为不能等到这15万元都赔光的时候才行动。她要去弄明白问题到底出在哪里。第7个月她关掉了公司。

案例点评：

导致该同学失败的原因很复杂，一个重要原因就在于没有一个完整的创业计划。小企业抗风险能力很低，考虑不成熟，一厢情愿，自然危机重重。另外就是没有考虑到创业的政策风险，没有想到房地产紧控，竟然连二手房市场也受到了极大冲击。要想创业成功，还要学会怎样避免"打水漂"。

【拓展阅读】

有项目有资金却输在了团队

某大学2007届毕业生小黄曾参加了市政府举行的全市落实创业政策恳谈会。会上，他一道出自己想建立一个大学生求职网站的想法就得到了市长的赞赏和支持。在市长的鼓励下，这个充满了创业激情的小伙子迅速完善了先前酝酿许久的创业计划书、架构起未来网站的基本框架。但一个绕不开的问题是，由于自己并不会写电脑程序，网站的建立必须由专业的技术人员来完成，这名技术核心人物在哪里？苦苦找寻数月无果，小黄只好暂时收起创业梦想，先找份工作，给别人打工。

大学最后一学期，迎接小黄的是一场接一场的招聘会、一次又一次的失望而归。"我们不停地奔波于各种招聘会，在海量的招聘信息里想要找到一个适合自己的企业却很难。"在与企业的接触中，小黄了解到企业也存在类似的烦恼。因为缺乏对学生的了解，企业仅通过一次招聘会或一次简单的面试签订用人协议，事后却发现招聘来的员工并不适合这份工作，为此浪费了大量人力物力。于是，他萌发出这样一个想法——办一个不同寻常的求职网站（笔者注：创业项目非常好，找到了切入点）。

小黄介绍说，在网站中，他将为企业和大学生搭建起一个长期稳定的接触平台，只要大学生和企业登录注册，双方就可以通过这个平台相互了解，企业甚至可以跟踪大学生在校期间的各方面表现，决定毕业时是否录用。

接下来的几个月，小黄开始了广泛的市场调研。他登门20多家企业，与人力资源管理部门负责人沟通了这一想法，网站的特色服务内容得到70%的人的肯定。"我会用两到三年的时间向外界推广网站，吸纳大学生和企业登录，并向企业收取一部分会员费。三年后，点击量有了一定提升，广告将成为网站盈利的又一渠道。未来，在继续完善网站服务内容的基础上，推出一系列连带产品，我相信这会有更大的发展前景。"实际上，小黄已明确了网站的盈利模式。至于网站的长远规划，小黄表示他已制定了相应的计划。

尽管制定了自己的创业计划、确立了盈利模式、进行了市场调研，也得到了父母兄长的资金支持，但小黄却忽视了创业最为关键的因素之一——组建得力的团队（笔者注：因为缺乏社会经验，难免考虑不到，有时候竟把最重要的东西给忽略了）。

"刚开始我以为这不是问题，懂程序的人多，肯定能吸引到这样的人。"直到制定创业计划的后期，小黄才向身边好友发布信息，结果只找到一个做网站的高中好友。"人太少了，编好这个网站的程序至少要两年。"小黄说，目前高校内具备这方面技术的人太少，而有丰富经验和能力的人却不愿意放弃工作跟他一起创业，好比没有左膀右臂，小黄孤军奋战的结果只能是退下阵来。

"合理的创业方案、资金和团队是创业的三大要素，缺一不可，之前我却没有认识到这一点。"小黄感到有些后悔。他说，如果当初有人能给他指导和提醒，或许就不会出现这样的错误，"学校应该开设创业指导选修课，给有创业想法的大学生一定的指引。"

目前，小黄暂时放下了自己的创业计划，开始忙于找工作。"等有了几年工作经验，我还会继续完成创业梦想。这几年，我会构建自己的生活圈，寻找创业的最佳团队。"

案例点评：

创业前对自己要有一个清醒的定位，这个定位不仅仅是对自己能力的定位，对创业成功与失败都要有一个清醒的定位。

在做一件事时，我们首先看的是合不合法，然后考虑的是经济上行不行，最后是这个团队能不能承接，这是一个步骤。但由于我们太急于把这个事情做成，或说前两个因素太好了，就忽略了最后团队的问题。而最后恰恰是这个因素使项目功亏一篑。

所以对合作伙伴的性格特性及能力一定要有清楚的认识，这对于团队的核心人物来说至关重要，让合适的人坐上合适的位置。

小组活动

风险投球

1. 活动目的

（1）学习团队合作和风险意识；

（2）体会团队风险、财务风险、竞争风险等。

2. 活动规则

（1）比赛共分为三轮，顺序按组别分别为1234、2341、3412；第一轮、第二轮投球时间为30秒，第三轮为1分钟；

（2）每轮投球前小组需预先购球，每组有8枚启动金币，第二轮购球金币不够时均可以以自己所获得分数抵值，每一分可购买一球。活动结束后各组需偿还8枚金币和利息共计10枚金币；

（3）每轮投球前小组需确定购球的数量，所购的球必须在规定时间内全部投出（一次只能投一个球），如有剩余，则按每剩1球扣1分给予相应扣分；

（4）赛前各组有2分钟准备时间，第二轮投球结束后小组有1分钟休息调整时间。站在不同的位置投球，投入且不弹出的即获得与位置标记数相应的分数。

项目小结 🔍

创业风险是创业者及其团队在创业过程中遇到或发生的危险。按风险来源创业风险可分为团队风险、市场风险、技术风险、财务风险、环境与政策风险等。

创业风险识别是创业者依据企业活动，对创新企业所面临的现实及潜在风险，运用各种方法加以判断、归类并鉴定风险性质的过程。创业风险识别的常用方法有环境分析法、财务报表分析法、专家调查法等。

风险防控的措施包括：创业初期，就要规范有序；注重细节，掌握经营活动的每一个步骤；精细管理，做好企业的危机处理；注重诚信，做好企业的合同管理等。

项目7

撰写创业计划书与路演

Chapter **07**

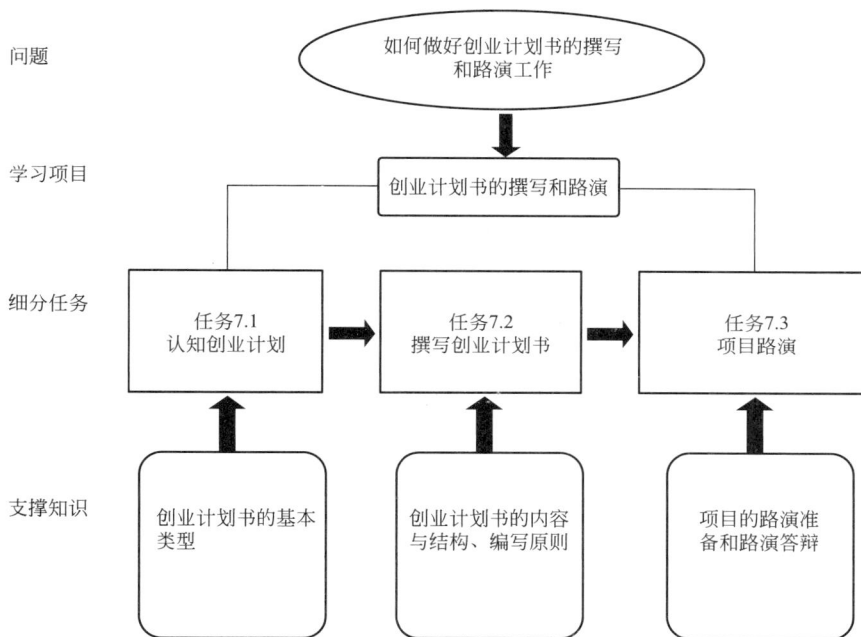

项目7 知识（技能）框架图

> 商业模式就是你能提供什么样的产品，给什么样的用户创造什么样的价值，在创造用户价值的过程中，用什么样的方法获得商业价值。
>
> ——奇虎360公司董事长 周鸿祎

【知识目标】

1. 掌握创业计划书的编写方法；

2. 了解创业计划书的类型和评价方法；

3. 了解创业计划书的编写原则；

4. 掌握项目路演的基本要求；

5. 了解项目路演的几个环节要求。

【技能目标】

1. 能独立编制创业计划书；

2. 具有路演的基本知识。

　　仅仅有创意是不够的，创意不能持久，必须把创意落实为行动。一份缜密、可行的创业计划书可以将一个不错的创意转变成为一个成功的企业。本项目旨在通过学习创业计划书的编制、推介，让学生了解创业计划书的重要性，以及创业计划书基本框架与内容，最后能通过参加创业竞赛、项目路演等方式有效推介创业项目，为创业做好必要的准备。

任务 7.1　认知创业计划

7.1.1　什么是创业计划

创业计划又称商业计划，是指按国际惯例通用的标准文本格式写成的项目建设书，是全面介绍公司和项目运作情况，阐述产品市场及竞争、风险等未来发展前景和融资要求的书面材料。

31. 创业计划

创业计划最初出现在美国，当时被当作是从私人投资者和风险投资者那里获取资金的一种手段。这些投资者会成为公司的合伙人，并提供资金。在寻求业务合作伙伴（包括客户、供应商以及分销商）时，提供创业计划已成为了必不可少的程序，更不用说对风险投资家和银行了。当然，不仅仅是新创公司需要使用创业计划，大公司也逐渐需要依靠特定项目的创业计划来帮助公司做出内部投资决策。

1. 创业计划是企业通向成功的路线图

每项重大业务或项目都需要有一个创业计划，它不但可以帮助企业把握住那些意料之中和意料之外的机遇，而且还可以帮助企业成功克服将来可能遇到的障碍。只有这样，企业才能在充满激烈竞争的独特商业环境中成功地生存下来。准备创业计划是企业准备创业过程的一部分。创业计划绝不是快速写出来，给大家传阅一遍，然后再束之高阁那么简单；它也不是从一本基础知识书，或者某个网站上摘录下来一个标准模板后，再对其稍加修改而生成的一个修正版本。准备创业计划是需要精力高度集中的一个过程，这一过程需要你客观思考你的商业理念、商业机会、竞争格局、成功的关键，以及在这一过程中所涉及的所有相关人员。经过分析你会发现，在这一过程中出现的问题远远多于你要回答的问题。

制订创业计划这个过程能让你的商业愿景逐渐变得清晰，能强迫你去提出一些公司未来发展可能遇到的重大问题，并试着作出回答。它能帮助你鉴定决定着企业生死的那些关键假设，对它们验明正身，看清楚是否是你一厢情愿的妄断，你的认知越充分，公司成功的概率越大。

2. 创业计划是创业者管理项目的工具

通过制订创业计划，能使管理团队对自己的创业项目有一个全面的了解，更清楚创业目标、主要工作任务和实现目标的方式、手段，坚定创业的信心，引导管理团队向创业目标奋斗。并且也能为管理团队提供必要的经营指导与评价标准，帮助管理团队跟踪、监督、反馈和度量公司业务展情况。优秀的创业计划书是一份有生命的文档，随着管理团队知识与经验的不断增加以及计划书的执行情况，它会不断完善。同时，创业计划书向新的合作伙伴提供了创业企业发展各方面信息，帮助创业企业寻找新的合作伙伴。

3. 创业计划为创业者获取风险投资提供试金石

风险投资者通常都是在阅读完创业计划书后，觉得有必要进一步了解创业项目时才会与创业者见面。一份高质量的创业计划书，是宣传推广新公司和新项目的资料，是与各方沟通的工具，它能更好地向风险投资者、银行、政府部门等相关机构介绍新公司及其发展规划，使投资者更快、更有效地了解投资项目，对创业企业充满信心，并对创业项目进行投资。

7.1.2 创业计划书类型

1. 常规型创业计划书

根据其目的不同有不同的形式。不同创业计划类型之间最大的差异是长度和详细程度。如果需要外部资金，创业计划的对象就是股权投资者或贷款人，其长度一般为 25～40 页。这类计划书也适用于对新员工的争取，也有助于向新供货商、新客户等利益相关方宣传你的企业价值。创业者需要认识到这些利益相关方，尤其是像风险资本家和专业贷款人这类的专业股权投资人，不可能从头到尾读完计划书。既然如此，创业者就需要将计划书写得易于他们方便快速地查阅。

2. 操作型创业计划书

主要针对创业者和整个团队，用于引导项目的筹备、启动和初期成长。这类计划书没有页数的特别规定，但通常都要超过 80 页。这两类计划书的基本组织格式相同，不同的是操作型计划书要更为详细。通过这些详尽的筹划，创业者才能真正深入理解问题的方方面面，而这种深入的理解对如何打造、经营其企业是非常重要的。

操作型创业计划是你和团队成员就某个商业机会所形成的所有资讯与智慧的集合。它在细节程度上达到精打细磨的程度，它不但详尽探讨本次商业机会，还细述企业启动的具体步骤。它对外部利益相关方而言常常是过于烦琐了，但对于你本人而言，具备重要价值。

3. 脱水型创业计划书

这种计划书比前两种都短很多，一般不超过 10 页。这种计划书的目的是提供对于这个企业的初步概念，是对人员、机会及财务要求等方面情况的简明描述。这样的计划书能检测一下对创业灵感的初始反应。这也是创业者能与其朋友分享的文件，你可以通过这种分享获取一些反馈信息，从而决定是否要花更多的时间与精力来准备比较详细的创业计划。

脱水型计划书对初步定义企业的性质与本质是很适合的。如果你是与团队合作一起完成计划书，那么一份脱水计划书就像一张线路图，它能确保每个人都有相同的愿景。你可以将计划书的不同部分分配给其他团队成员。比如一个人写营销计划，另一个人写发展计划。每个团队成员手中都有"脱水型计划书"做指引，在整合整个计划时需要调整的东西就不多了。脱水型计划书适用于在正式会晤前寄给相关利益方。以投资者为例，除非他们对这个创业计划很感兴趣，否则他们不可能把 40 页的计划看完，因此在写完完整的创业计划后，不妨回头再写一份对外使用、言简意赅的脱水型计划书。脱水型计划书能用于激发投资者、客户和供货商的兴趣。

4. 一页纸创业计划书

即 OGSM 方法，一种极具创新性的策略规划工具。OGSM 是由 Objective（长期目

标）、Goal（短期目标）、Strategies（策略）和 Measures（方法）四个英文单词的首字母组成。OGSM 方法能将长期目标、短期目标、策略和方法整合在一张纸上，用四步打造出一份可靠的创业计划，确保你的策略清晰、明确、易于实施和分享。

任务 7.2　撰写创业计划书

7.2.1　创业计划书的内容与结构

创业计划书的内容不是千篇一律的，创业项目不同，创业计划书用途不同，内容也不尽一致，但其基本结构都是大致相同的。大多数创业计划都包括以下几个组成部分：封面和目录、执行摘要、公司业务概述、行业分析、市场分析、竞争分析、营销计划、运营计划、管理层简介、财务计划、附录。

33. 创业计划书阅读对象

最普通的创业计划的结构是从简短的执行摘要入手逐渐过渡到更加详细的解释。因此创业计划的开头部分，即执行摘要和公司业务概述部分，是对你们业务的两个简要概述。计划的主体部分则应更加深入地分析影响该项业务发展的基本要素以及存在的顾虑，即你们的业务涉及哪些人、如何发展，涉及哪些产品或服务等。位于计划末尾处的附录应该提供最为详细的信息，比如财务数据、管理团队的履历等。

1. 执行摘要

执行摘要是一个让读者对你的创业计划做出快速决策的部分，它是创业计划精华的浓缩，是对风险投资的一个简要概述。执行摘要应该以一种最为直接的方式，规范地呈现出公司的客观事实，它要能够实现读者的期望值。

你的执行摘要应该包括：

- 存在无限商机的行业和市场环境；
- 独特的创业机会，即你的产品或服务解决了顾客的痛点或问题；
- 取得成功的关键战略，即你的产品或服务具有什么独特的卖点，说明你们将如何把产品或服务推向市场，或者相对于竞争者来说，你们公司有哪些更加高效的销售策略；
- 财务潜力，即预测一下投资风险、投资回报；
- 管理团队，即参与实现目标的那些人有什么特殊的能力或资源；
- 所需的资金或资源，你希望从读者那里得到什么，是资金还是其他资源。

建议：

（1）执行摘要不是创业计划的引言或前言，而是对整个创业计划的概括。

（2）把执行摘要看作是一个任务宣言可以让读者能够快速了解你的创业计划，迅速抓住读者的兴趣点。它像是一个电影预告，会引导观众继续看下去，直至看到完整的故事情节。所以要求语意精益求精，语句清晰流畅，语言富有感染力。

（3）摘要是创业计划终稿中最重要的部分，你可以先完成计划书的其他部分，等对创业计划有了更加深入的了解后，再回过头写摘要。摘要可以是1～3页，一般2页比较合适。

2. 公司业务描述

公司业务描述是通过对公司业务的发展历史、基本性质、业务目标等方面做出简单的、告知性的介绍，让读者明白你们公司业务发展的目标是什么，为什么一定会取得成功。在这一部分你要满腔热忱地告诉读者你会如何努力，以及你具备哪些方面的能力。

公司业务描述应该包括：

- 你的想法或业务所处的阶段（是处于设计阶段、初创阶段，还是准备扩张阶段）；
- 这项业务将会服务于哪些市场；
- 它属于哪个行业；
- 是什么样的产品或服务；
- 为什么大家要用它（该产品或服务会解决什么样的用户问题）；
- 目前财务状况如何；
- 项目负责人是谁（必须保证管理核心团队具备所需的经验和技能）；
- 公司地址会设在哪里。

建议：

（1）先写下公司业务描述，再起草创业计划，完成创业计划之后再重新修改公司业务描述。处于动态发展过程中的一些领域难免会发生一些变化，这么做可以帮助你明确具体是哪些领域发生了变化。

（2）如果你的产品或服务非常特别、专业，你可以用一定的篇幅解释它是什么，它会如何发挥作用，可以帮助读者重点关注你们业务的独特之处。

3. 行业分析

在这一部分中，你应该让读者了解该行业的规模、发展趋势以及关键特征。行业分析是评估一个有前景的商业机会价值的基本方面。一个完备的行业分析对一个新企业来说，也表明了企业可能达到什么，又不可能达到什么。

行业分析主要包括：

- 该行业目前正在生产哪种类型的产品或服务；
- 预期的增长速度是多少；
- 出现了哪些新型的发展模式；
- 哪些方面的因素有利于促进未来的发展；
- 是否有几家主要竞争者控制了整个行业的发展；
- 进入该行业需要你具备哪些资源、知识和技能；
- 在提供产品或服务方面，是否会受到国家或国际法规的限制；是否会受到巨额投资或复杂的技术知识领域的限制。

建议：

（1）在确定主要发展趋势时，要把你的信息来源全部记录下来。无论是从短期来看，还是从长期来看，在调研阶段所做的记录都会对你大有裨益。

（2）行业分析就如同一个参照点，它展示了行业中一般企业的运行情况，行业的总体发展趋势。在撰写创业计划的过程中要不断进行与行业分析的参照对比。

4. 市场分析

这部分重点说明目标市场，即选择购买或持续购买你们的产品或服务的那群人或那些公司，相对于竞争对手而言，你们的产品或服务能更好地解决他们的问题或更好地满足他们的需求。在这里你要回答两个问题：第一，你们在这个市场里有没有机会？第二，你们将如何充分利用这个机会？

市场分析包括：

- 那个市场有没有你的一席之地；
- 预测你的目标市场规模有多大；
- 市场对你们产品或服务的需求是否呈上升趋势；
- 你的目标客户是谁，他们来自于哪儿，他们有什么特性；
- 客户为什么要购买你们的产品或服务；
- 对于客户的问题你能提出什么样的解决方案；
- 你们的产品或服务能减轻客户的哪些痛苦。

建议：

（1）把你搜集到的全部信息统统记录下来。你对市场增长率或竞争对手反应的预测离不开现实的、可佐证的信息的支持。

（2）预测目标市场规模是一个棘手的命题，不要进行随便的预测，要能解释清楚你是怎么得出的结论。

5. 竞争对手

竞争对手是同一行业内与你们公司生产相似产品或服务的公司，也可以是你们的竞争行业，虽然他们生产的产品或服务可以被划分到另外一个行业里，却与你们面临相似的客户问题。你一定要告诉读者谁会是你们风险投资潜在的直接竞争对手，因为他们会对你们风险投资的成功构成威胁。知道谁会是你们的竞争对手，就会降低风险投资可能遭遇失败的风险。

竞争对手分析主要包括：

- 你的竞争对手是谁；
- 竞争对手的产品和服务，以及他们的优势和劣势；
- 竞争对手占有多大的市场份额；
- 他们的市场营销策略是什么；
- 他们的关键成功要素是什么；
- 你们的产品或服务与竞争对手的产品或服务有什么不同；
- 竞争对手会给你的风险投资带来多大的威胁。

建议：

（1）因为市场始终处于不断的变化之中，所以对竞争对手的调查也应该是一个动态的持续过程。

（2）企业的竞争者包括企业所面临的直接、间接、未来竞争对手。

6. 营销计划

营销计划是通向成功的路线图，它要详细描述你打算如何推销你的产品或服务，即你将如何说服客户购买你们的产品或接受你们的服务。制订一个考虑周详的市场营销计划，它可以帮助你和你的团队预先测试你的创意，探索不同的选择，为公司成功确定有效的发展战略；它有助于使你创业计划书的读者相信你的能力。该计划应该既能体现出你们的任务，又能体现出你们公司基本的经营理念。它还应该体现并运用你的市场调研的结果。

营销计划主要包括：

- 分析顾客需求、痛点；
- 预测销售额达到多少时，你们会达到盈亏平衡点；
- 你预计什么时候能达到那个点？你做些什么能达到；
- 搜集分析客户的购买行为（客户什么时候、在哪儿购买，如何才能买到，哪些关键因素让他们决定购买）；
- 确定每一个客户对你们公司的价值；
- 定义你的市场营销组合。

建议：

（1）你一定要根据你现有的资源和你的目标客户来选择适合你们的产品或服务，或者适合你们目标市场的营销组合；在制订具体的营销战略时，你应该不断从顾客的角度出发去洞察商机。

（2）营销计划是一个动态发展的计划，你要用它来监管你们业务的发展情况，并根据环境的变化来对市场营销计划做出必要的修改。

（3）你的营销计划不但要与创业计划中的其他部分相一致，而且它还要体现出你将如何实现具体的营销目标。

7. 运营计划

运营计划就是简要介绍一下你的日常任务流程，以及保证这些任务得以有序进行的公司发展战略。所谓运营就是指业务的进展过程，是把想法或原材料变成可以卖给客户的产品或服务过程。就像生产过程一样，运营计划也必须是一个动态发展过程。在运用该作业计划的过程中应该根据实际情况的需要对它进行经常性的修改。

运营计划主要包括：

- 确定盈亏平衡点；
- 公司怎样为此项业务的利益相关者创造价值；
- 确定取得成功的其他关键要素；
- 材料采购的优势；
- 生产或销售过程的技术革新；
- 得天独厚的地理位置；
- 想办法找到熟练工人或廉价劳动力；
- 高效的定价策略。

建议：

你可以采用明细流程图、生产过程描述等形式，以使你的计划书显得更加简单、明了。视觉辅助设备，比如图和表格等，可以使原本显得很复杂的信息以一种更加清晰的方式呈现在读者面前。

8. 管理团队

管理团队是创业计划中核心的部分，也是投资者重点关注的部分。你和团队成员就像胶水一样把各个不同的部分有机地结合在一起，形成一个完整的动态单位，推动着业务的整体向前发展。没有合适的人的要素，就没有绝佳的机会来把理念落到实处。因此，管理层简介是创业计划中的一个重要组成部分，是许多读者的首选。

管理团队部分主要包括：

- 描述你团队成员的优势；
- 他们曾做过哪些工作，取得过哪些成绩；
- 团队成员在这个公司、这个行业，或与该行业相关的领域有多少经验，以及他们有哪些人际交往的圈子；
- 他们会给该项业务带来哪些方面的知识、技能和特殊能力；
- 他们对这项事业的忠诚度如何；
- 他们希望从中得到什么；
- 承认并改进团队的缺点。

建议：

（1）无论面对哪种类型的读者，你都有必要在创业计划附录部分写上团队成员的个人履历。

（2）你可以在这一部分表达团队的管理哲学，并把它作为成员行为和决策指南，同时也侧面表达了公司的价值观，也体现了团队的凝聚力。

9. 财务计划

财务计划是创业计划的一个重要组成部分，告诉读者你们公司财政的现状和对未来的预测。你在这里所描绘出的财政状况代表着你对相关风险和投资回报的最佳估算，是商业成功的有形证据。因为它会把创业计划的其他几个部分，包括机遇、作业计划、营销计划和管理层队伍等，变成预期的财务业绩。创业计划的这一部分你要让投资者知道此项业务会给他们的投资带来哪些回报。你要清楚告之批准你贷款的贷款者你公司的融资能力，财政偿还能力。也许对于你来说最重要的是，需要知道自己是否能够实现财务目标，即你制订的所有计划，以及你所付出的所有努力最后是否能够得到回报。

财务计划主要包括：

- 明确你的业务资本需求量；
- 你希望他们能够给你提供多少资金；
- 你打算如何运用这笔资金；
- 提供财务预测；
- 制作损益表、资产负债表、现金流量表；
- 对销售额进行盈亏平衡分析；
- 你的商业投资用多少时间能达到盈亏平衡点；
- 对风险和回报进行评价。

建议：

（1）不要让你们公司承担过重的债务。债务看似非常有吸力，因为毕竟是现款，但如果债务过重就会使公司举步维艰，进而严重影响公司发展能力。

（2）你要亲自来做这些数字运算工作。即便你不是一个专门和数字打交道的人，即便你有专家给你意见，但你还是要亲自参与损益表和资产负债表的编制。

（3）如果你的新业务是投资初创型企业，那么在你的财务计划当中，你就要密切关注现金流量的问题。虽然大多数人都把利润放在第一位，但对于一个初创型企业来说，现金流量是更为重要的要素。

10. 附录

附录放在创业计划的后面，其主要目的是在不影响计划主体部分的情况下，向读者提供一些补充信息。你创业计划的附录中应该包括一套完整的财务信息，其中包括：损益表、现金流量表、资产负债表，以及资金来源与用途概况表。

7.2.2　创业计划书的编写原则

一份好的创业计划书必须是符合市场需求、呈现竞争优势和体现投资者利益的，同时要具体可行、便于实施并提出符合实际的客观数据。创业计划书的编写原则如下：

1. 市场需求导向

要充分认知企业的利润来自于市场需求，没有依据市场分析，所撰写的创业计划书将是空乏的、无说服力的。因此，创业计划书必须按照市场需求来撰写。

2. 数据客观实际

数据要尽量客观、实际，切勿凭主观的估计。通常，创业者容易高估市场潜力或报酬，而低估经营成本。在创业计划书中，创业者应尽量呈现出客观、可供参考的数据与文献资料。因此，在写计划书前应做好相关信息收集、准备好市场调查报告、财务数据分析、运营具体案例等资料。

3. 突出竞争优势与投资回报

整份计划书要呈现出具体的竞争优势，明确提出投资者的投资回报率。而且要显示创业者获取利润的强烈意图，而不仅是追求公司的发展而已。

4. 展现经营能力

要尽量展现经营团队的经营管理能力与丰富的经验背景，并显示对于该公司、市场、产品、技术，以及未来经营运作策略已有完全的准备。

5. 语言通俗易懂

尽管有的项目包含高新技术，对项目的分析需要用到一些专业术语，但在内容的表述上也要做到通俗易懂。只有少量的技术专家会在意复杂的技术原理，许多读者完全不懂技术，他们喜欢简单通俗的解说，排斥术语和行话。创业计划书可以适当配以图表，以图文并茂的形式将内容形象化、直观化。

6. 一致性

创业计划书前后基本假设或预测估算要相互呼应，也就是前后逻辑要合理。受创业者精力、计划书篇幅、完成时间等因素影响，一份创业计划书通常由多人合作完成，难免存在体制不一、风格迥异、结构松散等问题。

7. 完整性

创业计划书应包括企业经营的各项职能要点，尽量完整地提供投资者评估所需的各项资料信息，并附上其他参考佐证的资料。但内容的用词应以简单明了为原则，切勿烦琐，过于冗长。

总之，创业计划书的写作有一定的原则可依，有一定的技巧可讲，但并不意味着所有的创业计划书千篇一律。尽管如此，成功的创业计划书还是有一些共同的特征的，即客观真实、有效可行、创业性强、讲求逻辑。

任务 7.3 项目路演

7.3.1 什么是路演

路演（Road Show），顾名思义，是指在马路边进行的演示活动。来源于早期华尔街，当时股票经纪人在兜售手中的债券时，为了说服别人，总要站在街头声嘶力竭地叫卖。到后来，虽然有了交易大厅、有了先进的电子交易手段，但路演的习惯还是保留了下来，成为国际上广泛采用的股票发行推介方式，后又广泛用于各类推销性演说。商业计划书路演是指创业者通过演讲方式向投资人推销自己项目的方式。

项目路演就是企业或创业代表在讲台上向投资方讲解项目属性、发展计划和融资计划，一般分为线上路演和线下路演。路演可以让投资家在安静的环境里，在创业者声情并茂的展示下，真正读懂公司的项目，从而做出更为准确的判断。特别对于一些技术性强的项目，更能减少出现投资家看不懂和不理解项目的弊端。公司可以通过自己的精辟讲解和投资家之间的交流，快速对接自己的项目，减少融资之路上的弯路。

1. 项目路演流程

（1）确定路演地点、实践等要素；

（2）制作展示用的各项文稿活动多媒体材料；

（3）邀请参与嘉宾（或者直接参与他人组织的路演活动）；

（4）现场展示；

（5）后续跟进。

2. 项目路演展示主要内容

（1）投资概要（市场前景，项目产品情况详细介绍）；

（2）公司概况（公司简介、股权结构、管理团队、投资亮点、企业亮点）；

（3）行业分析（行业发展分析，现状、问题、趋势及国家相关产业政策）；

（4）竞争分析（竞争状况，优势分析——资源、合作模式、渠道、环境，SWOT分析）；

（5）商业模式（盈利模式，怎么赚钱，怎么传递价值，核心竞争力）；

（6）公司发展战略（公司战略目标，市场开拓目标和规划）；

（7）企业资金需求及使用计划（投入总资金和使用计划，财务收益预测）；

（8）投资退出机制（股票上市、股权转让、回购，股利）；

（9）风险分析及应对措施（竞争风险、管理、政策等）。

7.3.2 路演前的准备

1. 确定谁是你的听众

准备项目路演的第一步是尽可能多地搜集你的听众的信息，所有的风险投资公司都有自己的网站，上面会列有公司曾经投资的企业和合作伙伴，通过网络搜索和仔细调查也很容易找到有关天使投资者的背景信息。如果你参加的是各类创业竞赛，那么如果能在比赛前了解一点评委的基本信息及背景资料也会对你准备展示你的创业计划很有帮助。

你必须把重点放在听众认为最重要的部分，风险投资者可能比较关注你的企业的发展速度及预期收益率；对银行家来说，往往是你的现金流是否可以预测以及怎样将风险降至最低；如果是一个天使投资人，可能关注项目的成长性和发展空间等相关问题；如果是大赛评委老师，可能关注你的项目的创新点及项目的可行性论证。

2. 演讲内容的准备

如果创业者演讲的内容考虑欠妥或是遗失了一些关键因素，那么项目路演也很难取得成功。你不可能在 10～20 分钟时间内传递你所有创业计划书内的信息，你必须把重点放在听众认为最重要的部分。一些日常接触许多创业者以及他们的创业计划和演示的投资人，建议在准备创业计划 PPT 时最好遵循 "10-20-30 法则"。PPT 不超 10 张、演讲时间不超 20 分钟、字体不小于 30 号。许多商务演讲的专家学者都给出过一些创业计划演讲的模板。这些模板清楚地说明了幻灯片的数目、顺序以及每页涵盖的内容。虽然不同的项目因不同的需求也有所不同，但包含的大体内容并无二致，陈述一般需要使用 10～15 张幻灯片，不追求全面，要抓重点，尤其是投资者可能感兴趣的部分。

表 7-1 是集合不同方法的一个 10 张 PPT 的公用范例，当然你必须根据你创业计划的内容和你要达成的目标进行调整，采用合适的范例。

10 张 PPT 公用范例   表 7-1

第 0 张 背景页	公司名称/标志； 创始人姓名； 联系方式； 对演讲的听众表达致谢； 日期
第 1 张 概述	产品或服务的简介； 演讲要点； 简述项目的重要性和意义
第 2 张 问题	说明亟待解决的问题； 通过调查研究证实问题,顾客的想法,专家的观点； 问题的严重性
第 3 张 解决方案	说明你们公司的解决方案的独特性； 展示你的解决方案能在多大程度上促使顾客生活变得更富足、更高效或取得更大效用； 你将如何防止他人短期内复制你的方案

续表

第4张 目标市场	表明目标市场的具体定位； 展示目标市场规模、预期销售额和预期市场份额并说明你们将怎样实现你的销售额
第5张 竞争分析	说明你公司直接、间接的以及未来的竞争者； 展示你的竞争方格； 说明你的竞争优势
第6张 市场营销	说明你的总体市场营销策略； 描述你的定价策略； 说明你的销售渠道通路
第7张 管理团队	介绍你现有的核心团队成员（个人背景、专长、分工协作）； 团队的优劣势分析，并说明你将如何弥补劣势
第8张 财务规划	介绍未来3～5年你总体的收入规划和现金流规划； 按照行业规范给出你的计划销售利润率
第9张 融资诉求	公司目前为止所取得的主要进展； 介绍公司股权结构； 介绍发起人、管理团队、前期投资者已经投入多少资金，说明资金的使用情况； 说明融资诉求、你准备融资的数目及资金使用方式
第10张 总结	概括公司的最大优势； 概括创业团队的最大优势； 介绍公司的退出战略

3. 演讲的准备

商业演讲需要你快速切入主题，恰当地解释创业项目，语言内容仔细斟酌，同时不乏风趣灵活，结构上需要体现较强的系统性与逻辑性，同时在表达过程中可以自由添加或改变某些点作为介绍的拓展，一份背下来的介绍是无法激发听众的激情与兴趣的。

首先，你们要决定由谁来完成演讲。如果你是单独创业，很显然演讲由你单独完成，如果你们是一个团队，就必须决定到底由哪几位成员参加演讲，最好能让核心团队成员都能参与演讲，但最好不要超过4位，这也体现了团队成员间的分工协作。这样既可以激起听众的兴趣与注意力，使得演讲节奏变化有致，也使听众对参与演讲的人都有所了解。

其次，你们要训练自己言简意赅的表达能力，训练自己用一分钟来表达、阐述创业企业的性质与职能。你可利用定时器，训练自己在一分钟内阐述公司性质与目前状况，并请听众写出一名表达你公司性质与职能的话，把他们的答案与你自己说的内容进行比较，通过对比结果修正自我表达方式与内容。

最后，你需要进行反复演讲练习，在同事和其他听众面前大声的练习，以期准确控制演讲的时间和获得大家有用的反馈。最好能把自己说的内容拍摄下来，这样你可以作为旁观者来检查自己的言谈举止和演讲内容，并且如果你看着镜头能谈笑自如，那么你就知道自己可以随时上台了。观摩别人的演讲也是很好的学习，你可以观摩一些现场或网络的相关商业演说，从中能总结出一些成功和失败的经验。

7.3.3 路演答辩

1. 如何说服投资人

（1）路演时要展示专利或者获奖证书，作为投资人来讲，首先看你项目的领先性，但是投资人又往往不是这个领域的专家。其次，投资人会关心你的产品什么时候能出来？资本都是要获利的，天使投资人不可能等你 20 年。市场是瞬息万变的，如果产品研发周期过长，等产品出来，可能市场就没有了。

（2）商业模式上的创新，投资人会关注项目的领域是否专一，就算做大的市场，也要从最细小的点切入。很多人路演的时候喜欢谈平台，但要反思工作经验是否是能驾驭平台级产品。

（3）事先反思团队有没有明显的短板。无论对于技术创新型项目，还是商业模式创新型项目，团队都是投资人最关心的一点。技术创新的企业，往往缺乏运营和市场营销能力，投资人会看运营和市场营销团队，是否有相关的合伙人。对于商业模式创新的项目，最大的商业壁垒不是你会怎么做，而是能否在短时间内迅速积累起大量用户，所以团队是非常重要的。其中，投资人会着重关注产品经理是否优秀。投资人还会重点看创始人的履历，判断未来能做好什么，就会先看以前做过什么事。

2. 你该如何应对现场答辩与反馈

你要敏锐预见投资者可能会提出什么问题，为此你就可以做好准备。

（1）验明正身，你到底是谁？

（2）你要做什么？你的产品或服务到底有什么价值？

（3）你为什么要做这件事情？

（4）这件事情为什么重要？

（5）怎么做？你是不是有执行能力和成功的把握？

（6）为什么你能做这件事情（技术、团队、市场营销、销售、竞争、里程碑）？

（7）公司的股权架构是什么样的？

投资者可能会用很挑剔的眼光看创业计划，他们提出的问题可能会对你的项目成长有很大的帮助，会给创业者很大的启发。回答问题阶段是非常重要的，此时投资者往往考察创业者是否挖掘到问题的本质，以及对新创企业了解多少。

现场回答问题要注意：

（1）对问题的要点有准确理解，回答具有针对性而不是泛泛而谈；

（2）能迅速作出回答，回答内容连贯、条理清楚、重点突出；

（3）回答问题建立在准确的事实和可信的逻辑推理上；

（4）陈述和回答的内容要遵循整体一致性原则；

（5）团队成员在回答时有较好的配合，能协调合作、彼此互补，对相关领域的问题能阐述清楚。

3. 演讲中要注意哪些要点

（1）演讲中最好用遥控器，坐在电脑前演讲或者请团队成员翻阅 PPT，都不如自己掌控演讲进度。

（2）演讲不是你的讲义内容，演讲是一次有力的传递，是与听众的互动，你需要调动听众的情绪，它和讲义不一样。你需要有个详细的讲义，因为你不在的时候，人们可以看讲义来了解你的公司。

（3）不要盯着屏幕看，因为你在和你的听众建立一种联系。你要保持这种一对一的联系，屏幕应该在你身后出现，补充你，而不是代替你。

（4）在介绍关键点时，邀请听众辅助参与。

（5）最好能展示你们产品的样品。

小组活动 🔍

电梯创意演讲

1. 活动背景

"电梯演讲"的创意来源于麦肯锡公司的一次惨痛教训。在 30 层到 1 层的 300 秒钟内，麦肯锡公司的项目负责人由于没有准备而无法把结果说清楚，以致失去一位重要客户。从此，麦肯锡公司要求员工凡事要在最短的时间内把结果表达清楚，直奔主题和结果。60 秒创意电梯演讲活动给每位参与者提供 60 秒的自由演讲时间，参与者可以通过各种方式简明扼要地阐述他们的创意或产品。在真实情景中，创业者也许与投资人或重要客户的交流时间只有坐电梯的短短 60 秒甚至更短，怎样在最短的时间内表达自己的创意并吸引到对方对创业者来说显得尤为重要。

2. 活动目的

激发大学生创业意识和热情，让学生学会将复杂的想法和方案简洁精要的表达，说服听众，展示自己的创意和点子；锻炼创业者表达及整合能力，通过该活动让创业者学会如何进行有说服力的实效演讲、判断听众对什么感兴趣，让客户或投资者在极为短暂的时间内了解问题核心，使创业者在激烈的竞争中抓住机会。

3. 活动步骤

（1）课前准备：观看电梯演讲视频微课，了解电梯演讲要点；准备 60 秒的演讲，反复演练。

情景示例：学校众创空间即将开张，空间负责人杨老师正在寻找学生团队经营空间内的咖啡馆，小明有一个自己的点子和想法，今天，在电梯上正好碰到杨老师，于是小明走上前：杨老师……

（2）同学轮流上台，进行 60 秒演讲，演讲要求：

① 语出惊人，良好的开头等于成功的一半；

② 短小精炼，内容精辟围绕主题，时间控制在 60 秒；

③ 语言避免过于网络化，语言专业，语速平和，音量适中。

（3）各个小组打分（表 7-2）

打分标准　　　　　　　　　　　　　　　　　　　　　　　　　　　　表 7-2

评分项目	分值
演讲内容：围绕主题，内容有创意、说服力，能够迅速吸引注意	40 分
语言表达：语言自然流畅，简洁明了	30 分

评分项目	分值
形象风度：仪态端庄大方，举止自然得体，上下场致意、答谢	20分
综合印象：根据临场表现综合打分	10分
合计	100分

（4）自我总结与各小组评价（从点子的创新、演讲内容、语言表达、形象风度等方面）

4. 活动总结

项目实践

根据小组的创业计划书进行一次路演练习

1. 实践规则与准备

3～5个同学为一个小组，每组准备一份创业计划书，并制作路演PPT，准备15分钟的路演展示，8分钟答辩。

2. 建议实践学时数

2课时。

3. 路演评价表（表7-3）

路演评价表　　　　　　　　　　　　　　　　　表7-3

模块	指标	要素	分值	得分
项目情况	创业背景描述	公司概要	5	
	问题/痛点描述	想解决什么问题	5	
	解决问题方法	怎样解决问题	10	
	机会和目标市场	市场有多大，市场占有率，营销策略	10	
	产品（服务）和技术	产品和技术核心竞争力是什么	10	
	竞争	有多少竞争优势，能否持久	10	
	创始人、团队介绍	股权结构、团队结构和背景	10	
	财务规划	主要财务指标	10	
	融资计划	融资计划、风险回避和退出机制	5	
现场情况	思路清晰，逻辑严密，语言简洁		5	
	回答问题准确，通畅		10	
	精神饱满，自然大方		5	
	PPT结构清晰，内容完整，重点突出，形式美观		5	
总分	满分100分，总分超过70分为项目通过		100	

4. 教师对每个项目进行路演点评。

项目小结

　　一份好的创业计划书将汇总了一个创业者所需要的全部信息，它是一份非常重要的文件，使你的企业构思在变为现实之前有了一次纸上测试的机会。本项目引导、帮助学生掌握创新创业计划书的撰写技能，根据自身实际情况选择创业企业的组织形式。

　　创业计划项目路演就是创业者在讲台上向台下众多的投资者讲解自己的企业产品、发展规划、融资计划等。创业者可以通过自己的精辟讲解和与投资者之间的交流，快速对接自己的项目。这是一个非常重要的环节，希望创新创业团队结合自身的创业计划项目进行路演，真正走出课堂，走向市场。

Chapter 08

项目8

开启创新创业之旅

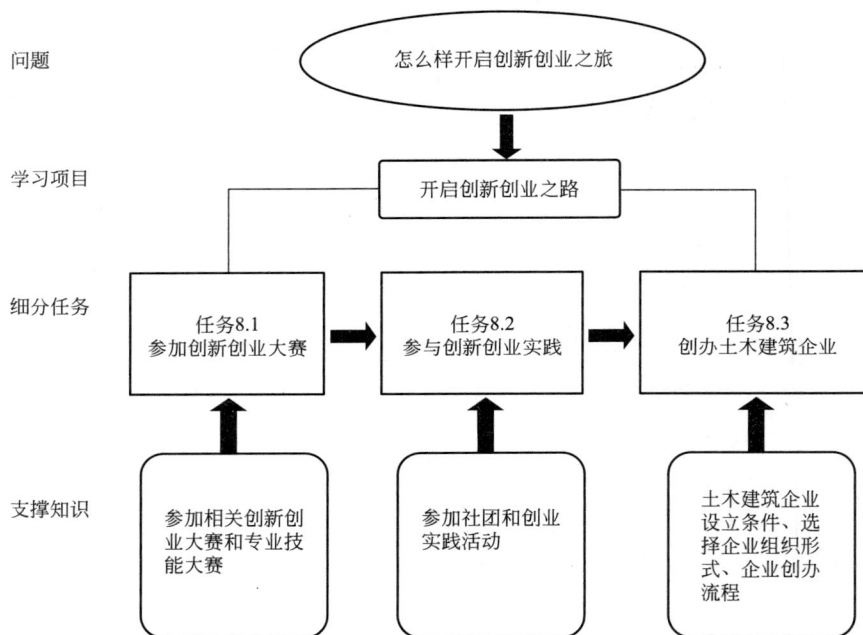

问题	怎么样开启创新创业之旅	
学习项目	开启创新创业之路	
细分任务	任务8.1 参加创新创业大赛	任务8.2 参与创新创业实践	任务8.3 创办土木建筑企业
支撑知识	参加相关创新创业大赛和专业技能大赛	参加社团和创业实践活动	土木建筑企业设立条件、选择企业组织形式、企业创办流程

项目 8　知识（技能）框架图

桑德斯经营肯德基成功的秘诀就是坚持不懈地行动。

【知识目标】

1. 了解相关创新创业比赛规程和要求;
2. 熟悉创新创业比赛的技能要求;
3. 了解专业技能比赛的相关要求;
4. 了解创办土木建筑类企业的流程和相关手续。

【技能目标】

1. 掌握参加创新创业类比赛的相关要求;
2. 掌握创办企业的一些程序要求。

在大学阶段,学习知识是我们的主要任务,所以要把我们的主要精力,用于课堂学习,知识的积累,然后再利用课外的时间,进行兼职,积累社会工作经验,对市场的创业渠道,有更多的了解,多接触各行各业的社会人士。只有我们尝试不断地去实践和学习,我们才有可能找到适合自己的创业方法,成功创业。在学校期间参加一些创新创业大赛和社团实践活动,也是一项非常有意义的事情。

任务 8.1 参加创新创业大赛

8.1.1 创新创业大赛

36. 创新
创业大赛

大学生学术科技竞赛作为创新教育的重要实践平台，引领着学校教学改革，选拔和发现了一大批在学术科技上有潜力、有作为的优秀人才。大学生学术科技竞赛深受广大同学的欢迎，每年数十万计的大学生在这个舞台上展示着他们的智慧与活力，一大批优秀的作品和精英人才脱颖而出。参加学术科技竞赛已经成为大学生学习的重要组成部分。

近年来，"以赛促教"已经成为教育教学改革的一个重要抓手，各级教育行政机构和行业协会纷纷通过组织各类职业技能竞赛，激发学生的学习热情，提高学生职业技能，培养学生的创新精神和创业意识。在调动学生的学习积极性、引导学生积累和运用知识的同时，也有效锻炼了学生的非智力因素，如增强信心、磨炼意志、提高竞赛意识、加强团队合作等。许多大学生用"一次参赛，终身受益"来描绘他们的感受。经历学术科技竞赛的洗礼，在校大学生既能充分品尝到科技攻关的艰辛，也享受到了创新创业的快乐和成功的喜悦，这些体验将伴随终生。

开展大学生学术科技竞赛，既使优秀的人才脱颖而出，同时又为他们的未来发展奠定良好基础。在赛事中取得一定成绩的学生，在就业、创业和出国深造等方面较其他学生都具有明显的优势。对国家而言，这种优势已成为一种可持续的人才效应。《中国教育报》曾报道："挑战杯"比赛对培养大学生的科学精神和创新能力发挥了重要作用，"挑战杯"创办 14 年来，已有近百万大学生直接或间接参与了这项赛事，"挑战杯"获奖者中已经产生了两位长江学者、6 个国家重点实验室的负责人、20 多位教授和博士生导师，3 人获得了教育部评选的中青年优秀教授奖，70％的获奖学生攻读了更高层次的学历、近 30％的参赛者出国深造。由此可见，"挑战杯"竞赛不仅仅是一次大学生科技成果的大展示，更是一块造就优秀科技后备人才的良好土壤。

大学生科技竞赛不仅推动了各高校的教学改革和学风建设，也提高了毕业生的创新精神和就业竞争力。参加过竞赛的学生，特别是获奖学生，得到了各用人单位的普遍欢迎。例如，广州城市职业学院毕业生因为在"中华茶艺技能大赛"中荣获佳绩，并考取人力资源和社会保障部门颁发的高级茶艺技师证书，而成为用人单位争着要的"香饽饽"。虽然究竟有多少学生因参与科技竞赛而顺利就业，目前尚没有确切统计，但绝大多数高校都认为，经过竞赛磨砺的毕业生，其创新意识、动手能力、团队合作精神普遍得到了提高，更为用人单位所赏识。

1. 专业类科技竞赛

专业类科技竞赛主要是指偏向某些特定专业的科技竞赛，竞赛内容是针对某些实际或设定的问题，利用专业知识寻求解决方案。此类竞赛主要注重学生对专业知识的实际运用能力，对学生的专业知识功底、创新思维、自学能力等要求较高。

（1）全国大学生电子设计竞赛

全国大学生电子设计竞赛采用全国统一命题、分赛区组织的方式，以"半封闭、相对集中"的组织方式进行。竞赛期间学生可以查阅有关纸介或网络技术资料，队内学生可以集体商讨设计思想，确定设计方案，分工负责、团结协作，以队为基本单位独立完成竞赛任务。为保证竞赛工作，竞赛所需设备、元器件等均由各参赛学校负责提供。

竞赛内容以电子电路（含模拟电路和数字电路）应用设计为主，可以涉及模-数混合电路、单片机、可编程器件、EDA 软件工具的应用。竞赛题目包括"理论设计"和"实际制作与调试"两部分。

竞赛时间和竞赛周期：全国大学生电子设计竞赛每逢单数年的 9 月举办，赛期 4 天（具体日期届时通知）。

（2）全国电子专业人才设计与技能大赛

该大赛是工业和信息化部指导的大中专学生学科竞赛，是面向大学生及中专生的群众性科技活动。

参赛学生必须按各分赛区规定的时间参加大赛，分赛区统一开赛，准时交卷。各赛区组委会须按时收回学生的作品并及时封存，并按规定交赛区专家组评审。大赛采用封闭集中的组织方式进行。比赛期间，学生需独立完成比赛任务，所需设备、元器件、技术资料，均由大赛组委会提供。

"嵌入式系统设计与开发"和"单片机设计与开发"项目的比赛时间为 5 小时，"电子设计与制作"和"电子组装与调试"项目的比赛时间为 4 小时。大赛选拔赛在各赛区指定赛点进行，总决赛在全国指定的赛场集中进行。

该项比赛为全国性大赛，覆盖全国各省市。根据报名情况，在各省市设立分赛区。比赛分为选拔赛和总决赛。一般情况下，每年 3 月开始报名，5—6 月开展选拔赛，9—10 月进行总决赛。

所有成绩优秀的参赛选手均可获得由工业和信息化部人才交流中心及大赛指导单位联合颁发的证书。决赛三等奖及以上获奖选手可获得金额不等的奖金奖品，并获得北京大学软件与微电子学院免试推荐研究生面试资格（选手须获得其所在学校的推荐资格），还有机会被推荐就业。

（3）全国大学生数学建模竞赛

全国大学生数学建模竞赛的题目一般来源于工程技术和管理科学等方面经过适当简化加工的实际问题。全国统一竞赛题目，采取通信竞赛方式，以相对集中的形式进行。

竞赛每年举办一次，一般在某个周末前后的 3 天内举行。大学生以队为单位参赛，每队 3 人（须属于同一所学校），专业不限；竞赛分赛区组织进行。原则上一个省（自治区、直辖市）为一个赛区。

各赛区组委会聘请专家组成评阅委员会，评选本赛区的一等奖、二等奖（也可增设三等奖），获奖比例一般不超过 1/3，其余凡完成合格答卷者可获得成功参赛证书。各赛区组委会按全国组委会规定的数量，将本赛区的优秀答卷送全国组委会。全国组委会聘请专家组成全国评阅委员会，按统一标准从各赛区送交的优秀答卷中评选出全国一等奖、二等奖。

（4）全国大学生嵌入式设计大赛

"博创杯"全国大学生嵌入式设计大赛是由中国电子学会嵌入式系统专家委员会和中国软件行业协会嵌入式系统分会主办的国内高校大型嵌入式系统设计竞赛活动。大赛内容主要涉及 ARM/SOPC 等高端嵌入式新技术，其覆盖面广，影响力大，已成为国内嵌入式大赛的第一品牌。

每年1—4月参赛报名；学生自愿参加，3人一队。参赛队依据分赛区划分；大赛采用全国统一报名。分赛区预赛：4—6月。各参赛队伍分别进行作品设计，按分赛区预赛时间统一提交作品。经组委会评审评出预赛获奖作品。获分赛区一等奖、二等奖的队伍（获奖比例20%）入选全国总决赛。

全国总决赛在7月。各赛区提交预赛获奖作品，经组委会评审评出决赛获奖作品，同期举行决赛颁奖仪式。获奖人员可参加人才库交流及大学生创业交流活动，获得更多就业机会。

"博创杯"全国大学生嵌入式设计大赛的评奖，分为"赛区奖"和"全国奖"两种形式。各赛区竞赛组委会负责本赛区的评奖工作，赛区奖的评奖等级及各奖项获奖比例由各赛区根据实际情况自行确定。为鼓励学生广泛参与这一活动，凡按时完成竞赛内容、达到基本要求的参赛队均可发给"中国电子学会获奖证书"。

（5）全国大学生结构设计竞赛

全国大学生结构设计竞赛由教育部、住房和城乡建设部、中国土木工程学会联合主办，为教育部确定的全国九大大学生学科竞赛之一。

全国大学生结构设计竞赛的宗旨是培养大学生的创新意识、合作精神，提高大学生的创新设计能力、动手实践能力和综合素质，加强高校间的交流与合作。于2005年在浙江大学举行第一届全国大学生结构设计大赛，第二～十届分别于2008至2016年在大连理工大学、同济大学、哈尔滨工业大学、东南大学、重庆大学、湖南大学、长安大学、昆明理工大学、天津大学举行。大学生结构设计竞赛原则上每年举办一次，竞赛时间一般安排在下半年。

2. 综合类科技竞赛

综合类科技竞赛主要指竞赛作品涵盖工、理、管、文等多学科（如"挑战杯"全国大学生课外学术科技作品竞赛）或者竞赛内容需要多学科交叉配合完成（如全国大学生机器人大赛）的科技竞赛。

"挑战杯"全国大学生系列科技学术竞赛由共青团中央、中国科学技术协会、教育部、中华全国学生联合会共同主办，分课外学术科技作品竞赛和创业计划竞赛两类，每两年一届间隔举办，已被公认为中国大学生的"科技奥林匹克圣会"。

（1）"挑战杯"全国大学生课外学术科技作品竞赛

"挑战杯"已发展为学生科技创新的普及性大赛，并形成了以"挑战杯"为重点的系列科技赛事。如创新设计竞赛、数学建模竞赛、程序设计大赛、结构设计大赛、机械设计大赛、网站设计大赛等，这些竞赛吸引了不同学科的同学组成相应的参赛团队，促进了学科交融，营造了校园科技创新氛围，为更多的专业人才提供了展示的舞台。

课外学术科技作品竞赛的参赛内容包括在校学生申报自然科学类学术论文、哲学社会科学类社会调查报告和学术论文、科技发明制作三类作品；聘请专家评定出具有较高学术理论水平、实际应用价值和创新意义的优秀作品，给予奖励；组织学术交流和科技成果的展览、转让活动。

比赛每两年举办一次，报名时间一般是上一年。"挑战杯"全国大学生课外学术科技作品竞赛目前已形成校级、省级、全国的三级赛事，参赛同学首先参加校内及省内的作品选拔赛，优秀作品报送全国组委会参加决赛。

（2）"挑战杯"中国大学生创业计划竞赛

创业计划竞赛又称商业计划竞赛，是风靡全球高校的重要赛事。它借用风险投资的运作模式，要求参赛者组成优势互补的竞赛小组，提出一项具有市场前景的技术、产品或者服务，并围绕这一技术、产品或服务，以获得风险投资为目的，完成一份完整、具体、深入的创业计划。

在美国，创业计划竞赛不仅催生了闻名世界的"硅谷"，而且在大学的创业氛围中诞生了不少高科技公司。中国创业计划竞赛最早于 1998 年在清华大学举行。1999 年，由共青团中央、中国科学技术协会、中华全国学生联合会主办，清华大学承办的首届"挑战杯"中国大学生创业计划竞赛成功举行。竞赛汇集了全国 120 余所高校的近 400 件作品，全国高校掀起了一轮创新、创业的热潮，产生了良好的社会影响。在社会各界的关心和支持下，一批创业计划进入了实际运行操作阶段，技术、资本与市场的结合向更深的层次推进。经过十几年的市场洗礼，一部分学生创业公司正在逐步走向成熟，创业计划竞赛使大学生校园创新意识、创业能力的教育与培训工作得到了进一步发展，成为共青团、学生会组织参与素质教育的新载体，成为学生科技活动的新形式。

大力实施"科教兴国"战略，努力培养广大青年的创新、创业意识，造就一代符合未来挑战要求的高素质人才，已经成为实现中华民族伟大复兴的时代要求。作为学生科技活动的新载体，"挑战杯"中国大学生创业计划竞赛必将在培养复合型、创造型人才，促进高校产学研结合，推动国内风险投资体系建立方面发挥越来越积极的作用。

比赛每两年举办一次，竞赛分预赛、复赛和决赛三个阶段进行。5—6 月，各省（自治区、直辖市）组织本地预赛。8 月，举行全国竞赛复赛。全国评委会对作品进行评审，选出若干件优秀作品进入决赛。9 月底，进行全国竞赛决赛。评委会将通过书面评审、网络虚拟经营和秘密答辩三个环节，评出若干金银铜奖及其他单项作品奖。

8.1.2　专业技能大赛

1. 全国大学生节能减排社会实践与科技竞赛

全国大学生节能减排社会实践与科技竞赛是由教育部高等教育司主办、唯一由高等教育司办公室主抓的全国大学生学科竞赛，也是全国高校影响力最大的大学生科技竞赛之一。

该竞赛以"节能减排、绿色能源"为主题，紧密围绕国家能源与环境政策，紧密结合国家重大需求，在教育部的直接领导和高校积极协作下，起点高、规模大、精品多、覆盖面广，是项具有导向性、示范性和群众性的全国大学生竞赛。竞赛作品分为"社会实践调查"和"科技制作"两类，倡导大学生深入社会调查，发现国家重大需求，启发创新思维，形成发明专利。将人文素养融合到科学知识技能之中，使学以致用不仅体现于头脑风

暴，而且展现在精巧创造上。竞赛吸引了大陆 250 多所高校、港澳台以及部分海外高校的参与，已经形成了"百所高校，千件作品，万人参赛"的国际性规模。

全国大学生节能减排社会实践与科技竞赛专家委员会由两院院士、"973"首席专家、长江学者、杰出青年获得者等 130 余位国内知名专家学者组成，每年还特邀一定数量的企业专家参与评选。

2. 微软"创新杯"全球学生科技大赛

微软"创新杯"全球学生科技大赛始创于 2003 年，旨在鼓励青年学生发挥想象力和创新能力，投身科技创新，目前已成为世界上规模最大的学生科技竞赛，得到了联合国教科文组织的支持。2010 年"创新杯"全球学生科技大赛吸引了来自全球 100 多个国家和地区的 50 余万名学生参与。"创新杯"全球学生科技大赛为全球青年学生提供了一个激发技术创新潜力和利用科技创新解决社会面临的实际难题的平台，向学生展示了科技为真实世界所带来的各种机会，使来自世界各地的学生能够沟通和交流他们的科技创新体验。

教育部主办的中国大学生科技竞赛项目见表 8-1。

教育部主办的中国大学生科技竞赛项目　　　　　　　　　　表 8-1

序号	竞赛名称	举办情况
1	全国大学生机械创新设计大赛	两年一届双年号
2	全国大学生工程训练综合技能竞赛	每年一届
3	全国大学生广告艺术大赛	两年一届单年号
4	全国大学生数学建模竞赛	每年一届
5	全国大学生电子设计竞赛	两年一届单年号
6	全国大学生智能汽车竞赛	每年一届
7	中国 MEMS 传感器应用大赛	每年一届
8	全国大学生节能减排社会实践与科技竞赛	每年一届
9	全国高校学生 DV 作品大赛	每年一届
10	全国大学生结构设计竞赛	每年一届
11	全国大学生化学实验竞赛	两年一届双年号
12	全国大学生软件创新大赛	每年一届
13	全国大学生工程训练综合能力竞赛	两年一届单年号
14	全国大学生电子商务创新创意及创业挑战赛	两年一届双年号
15	全国大学生交通科技大赛	每年一届
16	全国大学生控制仿真挑战赛	每年一届
17	全国大学生物理实验竞赛	每年一届
18	全国大学生可持续建筑设计竞赛	每年一届
19	全国大学生物流设计大赛	两年一届双年号
20	全国高职高专实用英语口语大赛	每年一届
21	全国信息技术应用水平大赛	每年一届

8.2.1　社团实践

社团实践是高职学生参与社会实践的重要组成部分。高职学生社团与社团活动参与实践、高职学生社团发起与管理实践、高职学生社会实践专项活动参与等都是校内实践的主要方式。对于这些社会实践方式，立志成为优秀的创业者的在校高职学生都不能轻易放弃。当然，这些校内实践方式所产生的作用也各不相同，需要对其有相当清楚的了解和认识。

1. 校内外学生组织及其活动参与实践

校内外学生组织包括跨院系、班级学生组织，一般包括学生会、班委会以及各级党团组织等学生组织。特点是具有很强的组织性、事务性和严格的纪律性。参与此类学生组织及其活动，往往是高职学生在校期间可以获得较高层次的实践锻炼，对于了解国家党政机关的办事风格、管理模式、行为规则也会有不少启发和借鉴意义。

【拓展阅读】

小王的社团锻炼历程

高职学生小王通过一年时间在文学社、合唱团和话剧社的锻炼，兴趣和特长得到了进一步的发展，各方面的能力也得到了较大提高。大二下学期被聘任为学校合唱团的学生副团长，参与演出的校园先锋话剧《恋爱中的犀牛》《等待戈多》等都在学校得到了好评，他的文学阅读面进一步拓宽，写作的散文和诗歌屡屡在学校校报发表，并获得了一些文学创作竞赛的奖项。进入大三上学期，校学生会面向全校学生公开竞选主席团成员，这对小王来说又是一个很好的机会。由于在班级、社团都有良好的人际关系，他很快组织了自己的竞选团队，通过半个月时间精心的准备，最终参加竞选成功，成为校学生会主管文艺活动的副主席。小王所学的是商科专业，他的目标定位是毕业后能够成为一个成功的创业者或优秀的职业经理人。因此，从大学生社团活动的积极参与、自己的兴趣和特长得到了进一步发展到竞选校学生会副主席成功，对于小王来说具有重要意义。可以说，他又向自己的目标和人生梦想靠近了一步。如果他能够在校内实践之外，利用假期积极地参加校外实践，去一些企业实习，特别是到一些创业型的企业暑期实习，他的进步就会更大。

2. 学生社团与社团活动参与实践

以丰富学生动手实践，服务社会、服务社区为主题开展的公益类、服务类活动，以体现高职学生紧跟时代步伐，展现科学探索精神的科技学术类活动，以体现高职学生积极投身各种社会锻炼为目的的微创业实践类活动，以强健高职学生体魄增强身体素质为宗旨的体育健康类活动，以丰富高职学生"第二课堂"、体现高职学生青春风采的文化艺术类活动等，每个社团都根据自身特色开展更多主题活动。从社团和社团活动参与实践，进入到

创业活动实践是最直接的,因为高职学生社团是以共同的兴趣、爱好集合在一起的,而创业活动实际上也是这样,很多创业成功的例子都表明其团队创立和商业活动,开始的起点就是同班或同社团志同道合的三五好友的商量和对某一创业计划、"点子"的讨论。特别是一些创业社团如 KAB 协会、SYB 俱乐部"创业园之星"俱乐部等都是高职学生创业者诞生的沃土。

3. 适合在校高职大学生的创业点子

高职大学生们都希望在校内就会有赚钱的本领,可以积累一些创业的相关经验。高职大学生自主创业,以创业促就业,为社会发展注入创新活力,名目繁多的适合大学生创业的生意吸引了众多在校大学生。那么在校大学生有哪些创业好点子呢?

(1)校内休闲小食品店。在校园里食堂附近或是图书馆旁边,租一间 6 平方米左右的房子卖休闲小食品。有人来买时收钱即可拿到货物,快捷方便,再把卫生搞好,利润达到20%就可以了,薄利多销,是适合大学生创业的生意,如果场地合适,货源资金需求不大,成功的概率为 95%。

(2)校内自行车出租行。自行车是大学校内最通用的工具,适合大学生创业的生意,在学校里开一家自行车出租行,方便没有自行车的同学出行,也可以兼营存车售车业务。但随着校园里共享单车的普及,这项服务看来是很难生存的。

(3)大学生家教行业盛行。家教行业基本上成了大学生的市场,有很多家长指名找大学生做家教。家教、网络家教,适合大学生创业的生意很多。

(4)出卖时间的助人行业。比如代人去火车站接人,帮别人去送东西,帮别人照看家属等,这也是适合大学生创业的生意。

但不管从事哪一个创业的工作,对提高高职学生的各种能力大有裨益。

4. 高职学生社会实践专项活动参与

社会实践专项活动主要是指学生志愿者志愿服务活动。暑期"三下乡"活动、暑期"红色之旅"活动、青年学生创业与创新基地见习活动、大学生"挑战杯"创业计划大赛和创新创业竞赛等学生社会实践专项活动。这些专项活动的参与,有的可以在短时间内提升高职学生的服务意识、公益精神和爱国主义情怀,有的则可以通过见习或参赛,在一定的时间内极大地增强高职学生的创业与创新能力。

8.2.2 创业实践

1. 创业实践与创业活动

高职学生创业实践是指个人、团队或企业所从事的与创业密切相关的有目的、有计划的实践活动。大学生创业实践是相对于高职学生在校期间的理论学习和技能训练而言的,包括创业活动、与创业有关的社团活动和社会实践项目、参与专业学习中的创业课程实习实训,而创业活动是大学生创业实践的主要形式。

高职学生创业活动是创业者进入创业阶段以后、为创业项目的经营管理和商业推广而开展的一系列活动,包括前期的行业分析市场调研、风险评估公司的注册、开业与日常运营管理市场推广、公共关系、融资等许多环节。创业活动是直接以盈利为目的的商业行为活动,对高职学生创业者自然也会提出和社会上一般的创业者不同的一些要求:

（1）创业活动要求高职学生创业者更为积极地调整好心态，做好创业前的心理准备。通常而言，在校高职学生参与创业活动带有一定的盲目性，这种盲目性表现为过强的功利心和没有做好任何受挫的思想准备，一旦遭遇失败不仅影响自身的职业发展，还荒废了学业，甚至导致一定的心理疾病和缺失。因此，创业活动要求高职学生创业者在创业前要明确创业的目标，深思熟虑，不可急功近利，要做好创业失败的心理准备。同时还要尽量兼顾自己的学业，尽量把创业和自己长期的职业发展统一起来。

（2）创业活动要求高职学生创业者拥有一定的资源和能力，而更重要的是始终保持高涨的创业激情和不轻言放弃的创业梦想。激情和梦想，对学生创业者而言，没有比它们更能决定创业成败的要素了。资源和能力可以通过各种方式获取，而激情与梦想似乎是与生俱来的，是否具有创业者的潜质，用它们来衡量就已经足够了。将外部资源和内在能力连接起来，将一个个具有商业价值的创业计划转化为"看得见，摸得着"的商业利润，这正是梦想和激情的巨大力量。

（3）创业活动还要求高职学生创业者具有较为丰富的社会经验和特别优秀的商业道德。高职学生创业者在社会上成功的商业人士眼中，一是"初生牛犊不怕虎"，二是"毕竟稚嫩了一点"。有些学生在自主创业期间为了达到目的、获取利润不择手段，置国家法律和社会通行的商业道德准则于不顾，这是非常愚蠢的行为，也必然会付出相应的代价。必须指出，这些现象和高职学生创业者的社会经验不足是有很大关系的，因此，应当通过积极地参加社会实践积累社会经验，为成功创业构筑一道牢固的"防火墙"。

创业活动精彩而高有挑战性，在挑战和机遇并存的时候，需要积极地应对挑战，主动适应不断变动、竞争日趋激烈的商业环境，这样才能把握住机遇，做市场经济中的"弄潮儿"。只有创业的激情和梦想没有调整好创业心理，缺乏必需的社会经验和规则意识、契约精神，创业不可能获得成功。

2. 社会实践与创业者素质

一般来说，社会实践可以分为校内实践和校外实践。校内实践指的是在校高职学生不脱离校园学习生活和校园情境参与的社会实践，主要包括校内外学生组织及其活动参与实践、校内外学生组织建设管理实践、大学生社团与社团活动参与实践大学生社团发起与管理实践、大学生社会实践专项活动参与；校外实践指的是在校高职学生在正常的学习生活之余，脱离校园情境而从事的社会实践，包括课外兼职、校外实习与实训和学生暑期实习，而创业实践特别是创业活动也属于校外实践的范围。

高职学生社会实践与高职学生创业者素质的提高、养成有着至为密切的关联。可以说，一个积极参与社会实践的高职学生和一个整天满腹牢骚、怨天尤人而逐渐堕落为"宅男""宅女"的高职学生，其表现出来的精神风貌和毕业后面临的处境是完全不同的。对于把自己的人生理想和奋斗目标定位为创业者的高职学生来说，要实现这一理想，更好地达成目标，就必须珍惜在校学习的宝贵时间，利用课余时间积极主动地投身到社会实践中去。在参与社会实践的过程中，即将成为创业者的高职学生至少有五个方面的素质可以得到全面地提升，这五个方面的素质对于此后创业活动的成功都将产生巨大的促进作用：

（1）参与社会实践可以让个人的道德品质和规则意识得到提高。个人道德品质是一个人综合素质的基石，道德品质不仅与家庭教养、学校教育、自身性格和内在理念有关，也和一个人的社会实践经历有着密切的关联。同时，在现代市场经济社会，个人的规则意识也十分重要，缺乏遵循、认识、把握规则的意识，就不可能合理、适度、恰当地利用规则为自己的成功创造空间和条件，并且有可能犯下不可弥补的过错，付出本不需要付出的沉重代价。

（2）参与社会实践可以让个人的公民意识和契约精神得到提高。在校学生同样也是国家的公民，没有"天下兴亡，匹夫有责"的公民意识，就很难真正具备'敢为天下先'的创业精神，更不可能在创业时和创业成功之后，担当起一个企业家应有的社会责任。与现代公民意识相伴随的是作为市场经济参与者所必须具备的契约精神，市场经济是"契约经济"。因此，应当尽可能熟悉各类国家以及地方法律法规。与高职学生创业有关的地方政府文件和政策法规更应予以密切关注。如果不参与社会实践，只是埋头去钻研书本知识，会离现实社会很远，不可能成为一个优秀的创业者。

（3）参与社会实践可以让个人的团队合作精神和能力得到提高。不管是校内实践还是校外实践，都可以提高个人在团队当中的合作精神，增进其集体荣誉感和"分工协作"的意识。团队合作不仅是个人良好素质的体现，也是个人能力的体现，其中包含了表达、沟通、协调组织、交际等多方面的能力，这些能力的锻炼和增强，对于创业者素质提高和创业活动的成功有着不可替代的重要作用。

（4）积极地参与各种社会实践，可以丰富自己的社会阅历，积累创业所必备的社会经验。创业活动要求创业者具备一定的社会经验，社会经验只能从社会实践中直接获取。因此准备投身创业的高职学生利用各种机会参与社会实践，对于将来的创业生涯大有裨益。积极参与社会实践还可以打开视野，丰富人生、社会阅历，同样也是创业必需的社会经验的一部分，对于和不同类型的人交流、合作具有现实的指导意义。

（5）在参与社会实践的过程中，个人的实干能力和苦干精神也会不断增强。创业需要实干能力，比如策划一个大型商业推广活动的能力、撰写一份完整而具可行性的商业计划书的能力、执行力、组织能力、领导能力、整合各方面资源的能力等，这些都不是一朝一夕能够拥有的才能。因此，必须在校园里开始自觉、主动地寻求各种实践机会参与锻炼。"人生不如意事常十之八九"，创业更是一个十分艰辛的过程，需要付出比别人多得多的努力，要通过在校期间的社会实践磨炼自己，养成能吃苦耐劳的苦干精神。只有这样，才能克服重重困难、踏平坎坷、穿越风雨实现创业梦想。

任务 8.3　创办土木建筑企业

8.3.1　土木建筑企业设立条件

38. 创办土木建筑企业

土木建筑企业，这个名称的外延很大，其本意是从事与建筑土木行业相关的各类企业，包括建筑施工企业，如建筑工程、公路工程、水利工程等，也可以是建筑设计类企业、检测企业等，也可以是经营与建筑相关的建材、服务类企业。在这些企业的设立中，有些是需要按照政策要求办理资质许

可，有些就直接按照市场准入要求办理。

1. 法定依据

（1）《中华人民共和国建筑法》第十三条："从事建筑活动的建筑施工企业、勘察单位、设计单位和工程监理单位，按照其拥有的注册资本、专业技术人员、技术装备和已完成的建筑工程业绩等资质条件，划分为不同的资质等级，经资质审查合格，取得相应等级的资质证书后，方可在其资质等级许可的范围内从事建筑活动。"

（2）《建筑业企业资质管理规定》（2015 年住房和城乡建设部令第 22 号）第九、十二条："下列建筑业企业资质，由国务院住房城乡建设主管部门许可……申请第九条所列资质的，应当向企业工商注册所在地省、自治区、直辖市人民政府住房城乡建设主管部门提出申请……省、自治区、直辖市人民政府住房城乡建设主管部门应当自受理申请之日起 20 个工作日内初审完毕，并将初审意见和申请材料报国务院住房城乡建设主管部门……"第十、十三条："下列建筑业企业资质，由企业工商注册所在地省、自治区、直辖市人民政府住房和城乡建设主管部门许可……第十条规定的资质许可程序由省、自治区、直辖市人民政府住房和城乡建设主管部门依法确定……"第十一、十三条："下列建筑业企业资质，由企业工商注册所在地设区的市人民政府住房和城乡建设主管部门许可……第十一条规定的资质许可程序由设区的市级人民政府住房和城乡建设主管部门依法确定……"

2. 申请条件

（1）在××省行政区域内注册的从事土木工程、建筑工程、线路管道设备安装工程、装修工程的新建、扩建、改建等建筑施工活动的建筑业企业；

（2）依法取得工商行政管理部门颁发的《企业法人营业执照》；

（3）符合《建筑业企业资质管理规定》和《建筑业企业资质等级标准》所列条件。

3. 申报材料

（1）建筑业企业资质申请表（一式四份，电子文档一份）。

（2）附件材料（一式一套，需转相关部门审核的另增加一套）

具体有企业法人营业执照、企业章程、企业法定代表人任职文件、身份证明、企业经理和企业技术、财务、负责人的任职文件、职称证书、身份证及相关资质标准要求的技术负责人代表工程业绩证明资料、注册建造师资格证书、身份证；企业工程技术和经济管理人员的职称证书、身份证明、养老保险凭证；建筑企业资质标准所要求的企业设备、厂房等的相关证明。

（3）企业申请资质升级或增项除提供上述资料外还应提供下列材料：

企业原资质证书正本和副本、企业经审计的近三年的财务决算年报表、企业近三年建筑行业统计报表、安全生产许可证、企业完成的具有代表业绩中标通知书、施工合同、竣工验收资料。上述资料无法反映技术指标的，还应提供工程照片、图纸、工程决算资料等。

以上申报资料均需提交复印件，核验原件。

4. 办理程序

（1）向企业工商注册所在地县级以上人民政府建设行政主管部门提出资质申请；

（2）市、州或扩权试点县（市）建设行政主管部门在资质申请表内签署意见并将报送公函及企业申请材料报省政务服务中心建设厅窗口；

(3) 建设厅进行审查，并将结果在公众媒体上公示、通告；

(4) 属于省建设厅初审建设部核准的，初审后将初审意见和申报材料转报建设部；

(5) 取件人凭受理通知书、介绍信、营业执照、身份证办理领证手续。

需要说明的是：目前各省市相关政府管理部门都在大力精减办事手续，大力提倡"最多跑一次"，很多原先必须的资料现在都可由政府相关管理部门直接通过互联网完成资料工作，大大减轻了企业申请各类证照的负担。

8.3.2　选择企业组织形式

创业者在创业初该如何选择自己企业的组织形式，这主要取决于创业者的创业项目的特点以及自身的经济实力和投资者的人数。不同的企业组织形式反映了企业不同的责任形式、企业内部的组织关系，往细微处说还包括设立方式、内部表决程序、纳税方式和种类等。

就目前我国法律规定的企业组织形式主要包括以下三种：公司、合伙、个人独资企业。公司制企业根据《中华人民共和国公司法》的规定分为有限责任公司和股份有限公司。

创业者选择公司类型首先要了解各种类型的企业组织形式的区别和优、缺点（见表 8-2）。

初创者设立企业组织形式的优缺点　　　　表 8-2

特征／企业组织形式	优点	缺点
个人独资企业	1. 企业资产所有权、控制权、经营权、收益权高度统一。2. 企业业主自负盈亏和对企业的债务负无限责任成为了强硬的预算约束。3. 企业的外部法律法规等对企业的经营管理、决策、进入与退出、设立与破产的制约较小	1. 难以筹集大量资金。2. 投资者风险巨大。3. 企业连续性差。4. 企业内部的基本关系是雇佣劳动关系，劳资双方利益目标的差异，构成企业内部组织效率的潜在危险
合伙企业	1. 与个人独资企业相比较，合伙企业可以从众多的合伙人处筹集资本，合伙人共同偿还债务，减少了银行贷款的风险，使企业的筹资能力有所提高。2. 与个人独资企业相比较，合伙企业能够让更多投资者发挥优势互补的作用并且投资者更多，事关自己切身利益，大家共同出力谋划，集思广益，提升企业综合竞争力。3. 与一般公司相比较，由于合伙企业中至少有一个负无限责任，使债权人的利益受到更大保护，理论上来讲，在这种无限责任的压力下，更能提升企业信誉。4. 合伙企业盈利更多，因为合伙企业交的是个税而不是企业所得税，这也是其高风险成本的收益	1. 合伙企业是很难做大做强的。2. 连带责任会在一定情况下打消合伙人的积极性

续表

特征　　企业组织形式	优点	缺点
公司	1. 公司股东的有限责任决定了对公司投资的股东既可满足投资者谋求利益的需求,又可使其承担的风险限定在一个合理的范围内,增加其投资的积极性。 2. 公司特别是股份有限公司可以公开发行股票、债券,在社会上广泛集资,便于兴办大型企业。 3. 公司实行彻底的所有权与经营权分离的原则,提高了公司的管理水平。 4. 公司特有的组织结构形式使公司的资本、经营运作趋于利益最大化,更好地实现投资者的目的。 5. 公司形态完全脱离个人色彩,是资本的永久性联合,股东的个人生存安危不影响公司的正常运营	需要交纳所得税高

1. 个人独资企业

即个人出资经营、归个人所有和控制、由个人承担经营风险和享有全部经营收益的企业。以独资经营方式经营的独资企业有无限的经济责任,破产时借方可以扣留业主的个人财产。

2. 合伙企业

设立合伙企业主要依据合伙协议,性质上与公司章程大同小异。合伙企业分为普通合伙和有限合伙。区别在于普通合伙人要承担无限连带责任,有限合伙人则承担有限责任。但作为普通合伙人时,主体资格会受到限制,国有独资公司、国有企业、上市公司和公益性的事业单位、社会团体不得成为普通合伙人。在税负上,合伙企业和个人独资企业都只需缴纳个人所得税,相比较而言,税负较轻。

3. 公司制企业

设立公司制企业,要有公司章程,章程是公司的宪法,决定了公司决策的方式和程序,还包括了红利的分配方式,是公司赖以运行的基础。公司制企业的优点在于股东以其认缴的出资额对公司承担责任,这样对于投资者来说就大大减轻了投资风险。有限公司的股东人数在 50 人以下,有一定的人数限制,这也是由有限公司的人资两合性决定的。而股份有限公司股东人数没有限制,只对发起人作了限制,发起人数应当在 2～200 人。从税务因素考量,公司制企业既要缴纳企业所得税,在股东分配利润时又要缴纳个人所得税。相比较而言,公司制企业税务更重。

以上只是对各类企业组织形式的特点进行了简要概述,创业者在选择企业组织形式时还要对企业未来的发展和企业自身的特点进行综合考量,具体如何选择如有必要咨询身边的律师也是非常有必要的。

对于初创业的大学生来说,从设立条件、融资难易程度、注册资本、税收负担、管理效率等方面看,合伙企业较适合。刚刚走出校园的大学生,志同道合的朋友们想要合伙开一家店,毕竟资金方面有限。选择合伙企业不用缴纳法人所得税,只需缴纳创业者的个人所得税,大大减少了税收成本,非常适合资金缺乏、无专利技术、积极肯干的大学生。在良好的发展下(资金充足,经营管理经验足,技术完备),他们也可以转变为有限责任公司。同时，他们可以充分发挥企业和合伙人个人的力量，这样可以增强企业经营实力，使得其规模相对扩大。每个合伙人都有权参与企业的经营管理工作，这可以让每个大学生创业者充分锻炼自己，成长自己。

8.3.3　企业创办流程（图 8-1）

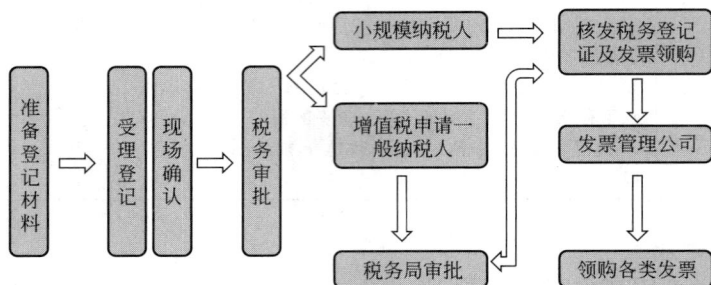

图 8-1　创办企业的一般流程

创办一家新企业不是一项简单的任务。一开始，你可能会从你了解的人那里得到建议，但过度分析每个评论或建议却不利于决策。创建一家公司前，需要从"税收方面""责任方面""适合的行业方面""未来的资本需求方面""公司的可控性"和"自己的管理能力"等几个方面去考虑，本章仅从创办一个企业所需要了解的基本知识方面做介绍。

1. 工商注册

注册一家公司不是很复杂，但第一次去办时，还是会感到比较复杂，最近几年，国家行政部门都在简政放权，注册公司的事情也越来越简单，一般通行需要以下几个步骤：去工商局企业核名（可以网上核名）→提交材料→领取执照→开张营业。正常经营之前还需要：银行开户→税务报到→申请税控和发票→社保开户。

另外，不同省份的程序上也会不一样，就像不同地域的行政人员的服务态度不一样，根据我们建筑企业经常全国跑的企业代表反映，一般经济发达地区，在注册公司等行政职能工作方面都比较方便，相对而言，经济不太发达的一些地区，反而办理这些事情时会感觉麻烦一些。

另外，根据注册公司的类型和行业，有些是需要前置条件的，比如道路运输是需要车辆的，食品流通需要实地的商业注册地址等。以下是常见普通有限公司注册的需要的材料。

（1）注册公司材料

1）所有股东投资人身份证原件。

2）公司名称。这个很关键，取一个有力量的名字对公司来说是件重要的事情，最好准备 5～10 个，现在重名率太高。从工商局的网站上去核名，有的地方需要到工商局去领取一张"企业（字号）名称预先核准申请表"，填写已准备好的公司名称，由工商局上网（工商局内部网）检索是否有重名，如果没有重名，就可以使用这个名称，并核发一张"企业（字号）名称预先核准通知书"。

3）公司经营范围。

4）确定公司注册资本。

5）公司的机构及其产生方法、职权、议事规则、公司章程。编写"公司章程"。可以在工商局网站下载"公司章程"的样本，修改一下就可以了。章程的最后由所有股东签名。

6）投资人出资比例。

7）公司法人代表。

8）公司注册地址。注册地址要是办公、写字楼、商铺用途且需要提供房产证复印件。要办理租房合同。以前开公司需要专门租一间商用写字楼，现在很多为了创业方便，有虚拟地址可以用，还有些孵化器可以按工位注册。租房后要签订租房合同，并让房东提供房产证的复印件。

（2）公司注册流程

1）核名：网上注册或者到工商局去领取"企业名称预先核准申请表"，填写准备的5~10个公司名称，由工商局检索是否有重名的公司。

2）编写"公司章程"：章程需要由所有股东签名。

3）注册地址：可以是商务楼也可以是租用的办公室，要求有租房的合同和工商局的备案。

4）营业执照，到公安局指定的刻章公司，去刻公章、财务章。

2016年，国务院办公厅发布《国务院办公厅关于加快推进"五证合一、一照一码"登记制度改革的通知》，使企业工商登记流程更加便捷。五证合一中的"五证"是指营业执照、组织机构代码证、税务登记证、社会保险登记证、统计登记证。

五证合一之后，企业只需在工商局办理营业执照，具体流程如下：

到工商局领取公司设立登记的各种表格，包括设立登记申请表、股东（发起人）名单、董事经理监理情况、法人代表登记表、指定代表或委托代理人登记表。填好后，连同核名通知、公司章程、房租合同、房产证复印件、验资报告一起交给工商局。大概5个工作日后可领取营业执照。

凭五证合一的营业执照到公安局指定的刻章公司去刻公章、财务章。后面步骤中，均需要用到公章或财务章。

5）银行开户：凭营业执照的正本原件，去银行开立基本账号。关于银行开户下一节将做详细介绍。

6）税务报道：领取执照后，30日内到税务局报到，核定税种。

国地税一户通是指企业、银行和税务机关三方签订的扣款协议，用于企业网上申报税扣款。公司需要按时申报国税和地税。申报的税种根据企业的经营类目而定，例如增值税、印花税、其他一些附加税费等。

签订一户通协议后，企业可以在线申报扣款。一户通协议的办理流程是先到企业所属国地税营业大厅领取一户通协议，填写信息后交由开户行确认盖章，最后交给所属国地税确认。

7）领购发票：在申请购发票结束后，公司就可以正式进入运营了。

2. 银行开户

当一个公司注册成立之后，就要去银行开立基本户，此时公司需要提供营业执照等一系列的原件及复印件。

（1）什么是企业基本账户

基本账户，是企业单位办理日常转账结算和现金收付账户，企事业单位的工资、奖金等现金支取，只能通过此账户办理。简单来说银行的基本存款账户一般就是指企业合同章上印有"开户行和账号"的账户，这个账户一个企业只能开一个，并要由人民银行批准。

也有一些创业者会说：现在有支付宝，微信可以收付款，有没有这个公司基本户都可以吧。其实不然，如果没有这个基本账户，你的公司要怎么对公收款，要怎么去开票，叫你的客户怎么安心给你钱而不要发票？所以说开户还是比较重要的。

（2）新办企业开户需要证件

1）企业法人应出具企业法人营业执照正本；非法人企业应出具企业营业执照正本；民办非企业组织应出具民办非企业登记证书；个体工商户应出具个体工商户营业执照正本。

单位开立账户时，应同时出具上述文件的原件及复印件一式两份。但一般银行现在的服务是比较好的，可以当场免费复印。

2）从事生产经营活动的纳税人还应出具税务部门颁发的税务登记证正本及复印件一式两份。

3）法人或单位负责人应凭本人身份证件及复印件办理，授权他人办理的应同时出具法人或单位负责人的加盖单位公章的授权书，以及法人或单位负责人和经办人的身份证件及复印件，开户行留存授权书和身份证复印件，放入开户档案中保管。

4）如果不是基本户开户，需要出具基本结算账户《开户许可证》正本及复印件一份。

（3）新办企业开户手续

1）银行交验证件。

2）客户如实填写《开立单位银行结算账户申请书》，并加盖公章。

3）户行应与存款人签订人民币单位银行结算账户管理协议，开户行与存款人各执一份。

4）填写关联企业登记表。

5）下面银行会送报人行批准核准。人行核准并核发《开户许可证》后，开户行会将《开户许可证》正本及密码、《开户申请书》客户留存联交与客户签收。

3. 税务登记流程

税务登记证是从事生产、经营的纳税人向生产、经营地或者纳税义务发生地的主管税务机关申报办理税务登记时，所颁发的登记凭证。除按照规定不需要发给税务登记证件的外，纳税人办理开立银行账户、申请减税、免税、退税等事项时，必须持税务登记证件。纳税人应将税务登记证件正本在其生产、经营场所或者办公场所公开悬挂，接受税务机关检查。

税务登记证办理流程如下：

（1）取得工商营业执照，然后带着营业执照副本及复印件，业主身份证及复印件，组织机构代码证，公司章程、注册资本评估报告，房屋产权证明或房屋租赁合同、到税务局办理税务登记。

（2）填写税务登记申请表，并缴纳登记证工本费（有的地区规定免缴）。

（3）纳税人应当自领取《营业执照》之日起 30 日内，向税务机关申报办理税务记。逾期办理的会被罚款，税法上规定是 2000 元以下罚款。所以要尽快去办理。

（4）办理税务登记受理后，主动联系税务管理人员。

税务登记创新上不是很复杂，新创办企业的高职学生拿到营业执照后可以先到税务部门去咨询一下。

测评一下你的创业能力

通过前面对创新创业知识的介绍，你已经对创新创业有了一个基本的了解，要想成功创办企业，另外一个重要的问题，就是你或者你的合伙人是否具备相关的经验、特殊能力和素质，包括创业的知识，企业管理者的决策、执行、沟通能力，相关的专业技能，以及应对企业风险的心理素质等。

请你完成表 8-3 的小测试，评价一下你的创业潜力，为你自我做一个评价。

A 栏和 B 栏里各有一些陈述，其中有一个更符合你的情况。

- 如果 A 栏里的陈述符合你的情况，请在 A 栏左边的空格里填写 2。
- 如果 B 栏里的陈述符合你的情况，请在 B 栏右边的空格里填写 2。

在自我评价时要求实事求是。这个测试只针对你个人，将帮助你评价自己是否具有成功经营企业的技能、经验和素质。

创业潜力小测试

表 8-3

（1）创办企业的动机

	A	B	
	我有一份工作	我没有工作	
	我从自己干过的每一份工作中都学到了一些东西，我发现工作很有意思	我认为工作只是为了挣钱。工作没有什么乐趣，我对工作兴趣不大	
	我想让我的企业成为我的终身事业	我想创业，是因为没有其他选择	
	我想拥有一家企业，这样我能够为我的未来提供更好的生活方式	我想创办企业是因为我想取得成功。富人都有自己的企业	
	我坚信，我能否成功更多地取决于我自己的努力	一个人不论做什么，要想成功，都需要其他人的大量帮助	
	总计	总计	

（2）主动性

	A	B	
	我不惧怕问题，因为问题是生活的组成部分。我会想办法解决每个问题	我发现处理问题很难。我担心这些问题，或者干脆不想这些问题	
	当我遇到困难时，我尽全力去克服。困难是对我的挑战，我喜欢挑战	如果我有困难，我试图忘掉这些困难，或者等待困难自行消失	
	我不是等待事情的发生，而是努力促使事情发生	我喜欢顺其自然并等待好事降临	

	A	B	
	我总是尝试做一些与众不同的事情	我只喜欢做我擅长的事情	
	我认为所有的想法都会有所帮助,我寻求尽可能多的想法,看看这些想法是否行得通	人都有很多想法,但是你不可能做所有的事情。我愿意坚持自己的想法	
	总计	总计	

（3）对企业的承诺

	A	B	
	我在压力之下工作得很好。我喜欢挑战	我在压力之下工作得不好。我喜欢平静和轻松	
	我喜欢每天工作很长时间,不介意利用业余时间工作	我认为工作以外的时间很重要,一个人不应该工作得太久	
	一旦需要作出决定,我常常能够尽快决定做什么	我不愿意为了我的企业而减少与家人及朋友在一起的时间	
	如果必要的话,我可以把社会义务,休闲娱乐和业余爱好放在一起	我认为在社交活动、业余爱好以及休息上多花时间是很重要的	
	我愿意非常努力地工作	我愿意工作并做必须要做的事情	
	总计	总计	

（4）坚忍不拔和应对危机的能力

	A	B	
	即使面对极大的困难,我也不会轻易放弃	如果存在很多困难,真的不值得为某些事去奋斗	
	我不会为挫折和失败沮丧太久	挫折和失败对我的影响很大	
	我相信自己有能力扭转局势	一个人能够独立做的事情只有那么多,命运和运气起很大的作用	
	如果有人对我说不,我会泰然处之,我会尽最大努力改变他们的看法	如果有人对我说不,我通常会感觉很糟并会选择放弃这件事	
	遇到危机时,能够保持冷静并找出最佳的应对办法	遇到危机时,我会感到慌乱和紧张	
	总计	总计	

（5）风险承担能力

	A	B	
	我坚信,要在生活中前进我必须冒风险	我不喜欢冒风险,即便是有机会得到很大的回报也是这样	
	我认为风险中也蕴含机会	如果可以选择,我愿意以最稳妥的方式做事	
	我只有在权衡了利弊之后才会冒风险	如果我喜欢一个想法,我会不计利弊就去冒风险	

即使投资全部亏掉了,我也愿意接受这样的现实	我很难接受投资全部亏掉的现实	
我清楚不是所有的事情都能够完全控制,哪怕我具有掌控权	我喜欢完全控制自己做的事情	
总计	总计	

（6）决策能力

A	B	
我喜欢作决定,而且能够轻松地作出决定	我发现作决定很难	
我能自己作出艰难的决定	在我作出艰难的决定之前,我会征求很多人的建议	
一旦需要作出决定,我常常能够尽快地决定做什么	我尽可能长地推迟作决定的时间	
在作决定之前,我会认真思考所有可能的选择	我凭感觉和直觉作出决定,我只知道眼下要做什么	
我不怕犯错误,因为我可以从错误中吸取教训	我经常担心会犯错误	
总计	总计	

（7）适应企业需要的能力

A	B	
我只提供顾客需要的产品或服务	我只提供我喜欢的产品或服务	
如果我的顾客想要更便宜的产品或服务,我将想办法满足他们的需求	如果我的顾客想要更便宜的产品或服务,他们就得找其他企业	
如果我的顾客想赊购,我要想办法用最低的风险为他们提供赊购服务	我不会向任何人赊销我的产品或服务	
如果将企业迁到其他地方能够获得更多的生意,我准备这样做	我不愿意重新选择企业地点	
我将研究市场趋势,力图改变我的工作态度和方法,以便跟上时代的发展	最好按照我已经知道的方法去工作,跟上世界的变化太难了	
总计	总计	

（8）沟通和谈判能力

A	B	
我喜欢谈判,并且经常在谈判中达到目的	我不喜欢谈判,按照其他人的建议去做更容易	
我与其他人沟通得很好	我与其他人的沟通有一些困难	
我喜欢倾听其他人的观点和建议	我对其他人的观点和建议一般不感兴趣	

在谈判过程中我常常愿意表达自己的观点	如果我参加谈判，我更愿意做一个听众，旁观事态的发展	
我认为，在谈判达到目的的最好方法是，努力寻找一个使双方都受益的方法	这是我的企业，因此我的意见最重要，谈判中总有人会输	
总计	总计	

（9）协调家庭、文化和企业的能力

A	B	
在企业能够负担的范围之内，我从企业拿出钱来供我和家人使用	我的家人需要多少钱，我就从企业拿多少钱	
如果我的朋友或家人有经济困难，我会拿预留给我个人的钱来帮助他们，而不会从企业拿钱	如果我的朋友或家人有经济困难，我将帮助他们，即便这样可能会损害我的企业	
我不能把大量的工作时间花在家人和社会义务上而忽略我的企业	家人和社会义务高于企业	
我的家人和朋友将与其他顾客一样为购买我的产品、服务或使用企业的资产付钱	我的家人和朋友将在我的企业得到特殊的待遇	
我不会因为他们是我的家人或朋友就允许他们赊账	我会常常允许我的家人和朋友赊账	
总计	总计	

（10）获得家庭支持的能力

A	B	
如果企业的决定将对家人产生影响，我会让家人参与决定	我不会让家人参与对他们有影响的企业决定	
因为对企业全心地投入使我没有很多时间和家人在一起，我的家人会理解	因为对企业全心投入使我没有时间和家人在一起，他们会感到不快	
如果我的企业在开始时不是很成功，并且给家里带来经济上的困难，我的家人愿意忍受	在创业之初，如果我的企业不是很成功，并且给家里人带来困难，我的家人会十分生气	
我的家人愿意帮助我克服企业遇到的困难	我的家人可能不愿意或没有能力帮助我克服企业遇到的困难	
我的家人认为，我创办企业是个好主意	我的家人对我创办企业感到担心	
总计	总计	

通过上面的测试能够评估你在企业经营方面的强项和弱项。根据你自己的情况完成测试后，分别将 A 栏和 B 栏里得分相加，然后把这些分数填入表 8-4 中。

• 如果你在 A 栏里的分数是 6～10 分，说明你在这方面的能力和素质是你的强项。在"强"下面画"√"。

• 如果你在 A 栏里的分数是 0～4 分，说明你在这方面的能力不太强。在"不太强"下面画"×"。

• 如果你在 B 栏里的分数是 0～4 分，说明你在这方面的素质或能力有点弱。在"有点弱"下面画"×"。

• 如果你在 B 栏里的分数是 6～10 分，说明你在这方面的素质或能力是弱项。在"弱"下面画"×"。

A 栏得分高，说明你在组织和经营企业方面有可能取得成功。

创业潜力得分　　　　　　　　　　　　　　　　　　　　表 8-4

个人素质/能力	A	6～10分 强	0～4分 不太强	B	0～4分 有点弱	6～10分 弱
(1)创办企业的动机						
(2)主动性						
(3)对企业的承诺						
(4)坚忍不拔和应对危机的能力						
(5)风险承担能力						
(6)决策能力						
(7)适应企业需要的能力						
(8)沟通和谈判能力						
(9)协调家庭、文化和企业的能力						
(10)获得家庭支持的能力						
总分						

• 如果你在 A 栏里的总分达到 50 分或更高，说明你具有一个好企业主所应具备的各项个人素质。

• 如果你在 B 栏里的总分达到 50 分或更高，说明你需要对你的弱项加以改进，将弱项转变为强项。

项目小结 🔍

创新创业贵在实践，同学们通过前面八个项目的学习，已经基本了解创新创业的基本情况，接下来就需要了解创新创业的实施环节，尤其鼓励同学们在学校期间在保证完成专业学习的前提下，尽量多地参与大学生科技活动平台、大学生科技创新实践教育平台和大学生科技创业实践教育平台等组织的各类创新创业活动。通过参加各类大赛活动是积累创新创业技能的重要途径之一。

创办土木建筑企业这是创新创业的最后实施成果，希望同学们在确实具备相应条件时按照企业登记的相关规定去实施。

参考文献

［1］蒋晓明，王中军. 高职学生创新创业基础［M］，北京：高等教育出版社，2017.

［2］吴勇，张荣烈. 大学生创新创业教育［M］，北京：北京师范大学出版社，2017.

［3］威健，张雅伦，张丽丽. 大学生创新创业实训［M］，北京：北京理工大学出版社，2018.

［4］杨乐克. 大学生创新创业教程［M］，北京：中国时代经济出版社，2014.

［5］汤锐华. 大学生创新创业实训手册［M］，北京：高等教育出版社，2016.

［6］张丰河. 大学生创新创业［M］，南京：东南大学出版社，2016.

［7］刘磊. 大学生创新创业基础［M］，北京：中国水利水电出版社，2015.

［8］吕云翔，唐思渊. 大学生创新创业教程［M］. 北京：清华大学出版社，2018.

［9］李爱华，杨淑琴. 大学生创新创业教育［M］，上海：上海交通大学出版社，2018.

［10］徐楠. 高职院校大学生创新创业成果集［M］，北京：中国经济出版社，2017.